Strade blu

NON FICTION

Massimo Picozzi
Alfonso Signorini

BLU COME IL SANGUE

Storie di delitti nell'alta società

MONDADORI

Dello stesso autore
nella collezione Strade blu

Un oscuro bisogno di uccidere

Con Carlo Lucarelli

Serial Killer
Scena
del crimine
Tracce criminali
La nera
Il genio criminale

www.librimondadori.it

Blu come il sangue
di Massimo Picozzi e Alfonso Signorini
Collezione Strade blu

ISBN 978-88-04-0459485-7

I edizione aprile 2010

Indice

Blu come il sangue

A Rina e Stefano.
Che non ci sono più.
MASSIMO PICOZZI

Prefazione

Era un po' che ci pensavamo.

Ma l'occasione giusta è arrivata per caso, complice un vecchio articolo di giornale. Dentro c'era la cronaca di un incontro particolare, quello tra due mostri sacri della letteratura: Francis Scott Fitzgerald e Ernest Hemingway.

Mica due tipi qualunque, anzi, a dirla tutta, una coppia di personaggi davvero fuori dal comune.

Il primo, l'autore de *Il grande Gatsby*, morirà a 46 anni, distrutto dall'alcol e dal dramma di Zelda, la sua compagna malata di schizofrenia. Il secondo, cui dobbiamo capolavori come *Il vecchio e il mare*, *Per chi suona la campana* e *Addio alle armi*, finirà invece per suicidarsi, a 62 anni, tirandosi un colpo di fucile.

Beh, direte voi, c'è proprio da stare allegri: questi due hanno deciso di attentare alla salute dell'intrepido lettore a colpi di drammi e disperazione.

Invece no.

O almeno lo speriamo.

Comunque non solo.

Quello che ha fatto scattare in noi la scintilla, è piuttosto il resoconto di un paio di battute fulminanti che Scott Fitzgerald ed Hemingway si erano scambiati, e che il vecchio articolo fedelmente riportava.

Frances all'amico: «I ricchi sono diversi da noi».

Ed Hemingway, di rimando: «Sì, hanno più denaro».

Una sintesi perfetta, e lo stimolo per buttarci a capofitto in mezzo alle storie più rosa e più nere al tempo stesso. Abbiamo scelto le più intriganti, le più curiose, mescolando scenari di aristocratica nobiltà, a vicende in cui il sangue versato non era proprio blu, ma il *glamour* la faceva da padrone.

Conti e marchesi, geni della moda e artisti della musica, tutti accomunati dal sentimento e dal delitto, sullo sfondo di scenari esotici e patrimoni incalcolabili.

Per scoprire che alla fine il grande Hemingway aveva proprio ragione: infatti ciò che distingue la storia della contessa Bellentani da una comune e triste vicenda di gelosia dei tempi nostri, sta solo nei soldi.

Della contessa, ovviamente.

E che nel delitto Murri, o in quello del conte Acquarone, nella strage del marchese Casati Stampa o nel tragico destino della contessa Vacca Agusta, a suscitare la spasmodica attenzione del pubblico sia sempre la stessa magica combinazione: incredulità a scoprire che le nostre volgari passioni turbano anche il mondo dei ricchi e dei nobili; e insieme una nota di sadico conforto, nel sapere che anche a «loro» tocchi l'umana sofferenza.

Ma non ci siamo fermati a questo.

Nel raccogliere il materiale indispensabile alla scrittura, abbiamo trovato vere «chicche», che potremmo definire assai poco *noir*.

E ve le abbiamo puntualmente regalate.

Come la scoperta che nel 1905, per aiutare la giuria di un processo a capire come si erano svolti i fatti, già qualcuno si era inventato un plastico della villetta, del teatro del delitto, con tanto di tetto scoperchiabile. E che nello stesso caso, a schierarsi a favore o contro gli imputati, erano scese in campo perfino la regina madre insieme alla figlia, moglie di re Vittorio Emanuele II.

Altro che Bruno Vespa o politici d'incerta influenza, parenti alla lontana di madri assassine.

Ma non è il caso di rivelarvi tutto.

Grazie per averci permesso di raccontarvi queste storie.

Storie blu, blu come il sangue. Con buona pace di Domenico Modugno.

Alfonso & Massimo

I

1902 – Mistero a Bologna

La storia di Linda Murri e Francesco Bonmartini

Sulla copertina c'è un disegno, uno schizzo appena abbozzato con la faccia di un uomo, gli occhi pieni di rabbia dietro le sbarre di una cella.

Il titolo, *GALERA*, è stampato a grandi caratteri, tutto in maiuscolo. Poi c'è un sottotitolo, giusto per non essere fraintesi: *L'INCUBO*. Lo pubblica a Milano nel 1928 la Società Anonima «Modernissima», ed è subito un successo, con sette edizioni in poco tempo, e più di cinquantamila copie vendute.

È uno strano libro *GALERA*, una sorta di romanzo-verità, che già nella dedica svela le intenzioni di chi l'ha scritto:

> AGLI UOMINI DI CUORE.
> Ho promesso un giorno ai reietti, che furono miei compagni di dolore e di vergogna, che avrei fatto il possibile per fare udire al pubblico la voce loro...
> ...per ben 17 anni fui anch'io uno di coloro ch'egli imparerà a conoscere in questo libro, cui non deve attribuirsi altro intento, che desiderio di verità e misericordia.

Ma lui, Tullio Murri, l'autore di *GALERA*, non ha mostrato un'ombra di misericordia mentre affondava il coltello nel corpo del cognato, l'odiato conte Francesco Bonmartini.

Così ha stabilito la corte d'Assise nel 1905, per uno di quei casi che hanno lasciato il segno nella storia italiana, un rompicapo giudiziario in cui si intrecciano sesso, sangue e mistero.

Il delitto «Murri-Bonmartini».

Per comprenderne la trama e i personaggi occorre tuttavia fare un piccolo salto indietro nel tempo, alla mattina del 2 settembre 1902.

Tullio Murri ha studiato legge e poi iniziato la pratica d'avvocato, ma destreggiarsi tra cavilli e scartoffie non si è rivelato granché eccitante e allora ha deciso di tentare con il giornalismo e la politica.

Una buona cultura e una penna facile gli procurano il posto di redattore nel quotidiano d'ispirazione socialista «La Squilla»; poi, sempre nelle fila del partito socialista, Tullio viene eletto consigliere comunale a Bologna.

Quella mattina, quella del 2 settembre, Murri sta soffrendo per l'afa insopportabile, proprio come i suoi colleghi chiusi con lui in una seduta ordinaria del consiglio. Non c'è un filo di corrente, si fatica a respirare e quando il messo interrompe i lavori, porgendo un biglietto al presidente su cui è scritto che una donna chiede dell'avvocato, nessuno si dispiace della pausa.

La donna si chiama Teresa Cicognani, fa la portinaia del palazzo di via Mazzini dove vive Linda, la sorella di Tullio, e se ha osato disturbare il signore, è per via di una questione tanto spiacevole quanto urgente.

C'è un odore insopportabile che esce dall'appartamento di Linda e del marito, il conte Francesco Bonmartini e, appena i vicini se ne sono accorti, hanno preteso da Teresa l'immediata soluzione del problema.

Il fatto è che i proprietari sono in vacanza, in casa non ci dovrebbe essere nessuno, e a lei non hanno dato un mazzo di chiavi di riserva per poter entrare.

Tullio non si scompone, piuttosto si muove subito come se fosse accaduto qualcosa di terribile, qualcosa per cui è opportuno passare prima in Questura a chiedere aiuto.

Sulle scale di via Mazzini al civico 39, più o meno verso l'una del pomeriggio, si ritrovano in quattro: la portinaia, Tullio, un commissario e un agente esperto in serrature, che impiega solo qualche minuto ad aprire la porta e trovare conferma alla peggiore delle ipotesi. Nell'atrio dell'appartamento, a pochi metri dall'uscio, c'è un corpo in avanzato stato di putrefazione, il cadavere straziato ma riconoscibile di Francesco Bonmartini.

Il tanfo è nauseante, lo spettacolo orribile ma, seppur devastate, le carni mostrano ancora i segni delle coltellate, quattordici in totale, inferte al viso, al collo e al torace.

Nel resto della casa regna il caos.

Il portafoglio della vittima sta tra l'ingresso e la camera da letto e, poco lontano, a terra, si trovano un ombrello e una cartella di cuoio nero; ma non è tutto, perché chi ha ucciso si è prima preoccupato di ripulire i cassetti da ogni oggetto di valore.

Dei gioielli di Linda Murri restano solo le custodie vuote.

Sono però altre le cose che catturano l'attenzione dei poliziotti, e stanno tutte nella camera da letto: una bottiglia aperta di champagne con due bicchieri, l'impronta di più corpi sul materasso e, sotto il cuscino, un paio di mutande femminili in cotone, lunghe al ginocchio e impreziosite da pizzi e nastri. Un capo d'intimo, ai primi del '900, di un erotismo audace.

Gli investigatori tratteggiano una prima ricostruzione del delitto: il conte Francesco Bonmartini torna a casa la sera del 28 agosto, lasciando moglie e figli a Venezia, a proseguire le vacanze. Al suo arrivo scambia poche parole con la portinaia, che non lo vede più scendere e immagina che sia ripartito dopo una breve sosta nel suo appartamento, magari a prendere qualcosa che gli abbisognava. Perché lo stabile ha pure un altro accesso, che dà su un vicolo, il vicolo Pusterla, da cui è possibile entrare e uscire senza essere visti.

Allora le ipotesi non possono che essere due.

La prima che il conte abbia fatto salire un'amante dall'ingresso secondario e che questa poi abbia introdotto un complice assassino. La seconda che la povera vittima abbia sorpreso in casa una coppia di rapinatori e ne sia stato sopraffatto e ucciso.

Ma entrambi gli scenari convincono poco.

Se il Bonmartini avesse goduto di compagnia femminile, con tanto di champagne e letto disfatto, non lo avrebbero certo trovato a terra, vestito di tutto punto e con accanto ombrello, portafoglio e cartella.

E se invece due ladri fossero entrati per svaligiare un appartamento vuoto, come immaginare che siano stati colti da improvvisa e sfrenata passione, gettandosi su un letto anziché sui gioielli, perdendo così la nozione del tempo fino a essere sorpresi dal padrone di casa? Cosa dire poi di quell'anello, tanto prezioso quanto appariscente, rimasto al dito della vittima?

A dare una direzione del tutto nuova alle indagini, il 9 settembre arriva la scoperta che, nello stesso stabile, Linda Murri tiene in affitto un piccolo appartamento. Lo ha registrato sotto falso nome, quello di un tal Alberto Ferrari, commesso viaggiatore, e vi si accede dal vicolo Pusterla.

Solo un pianerottolo lo separa da casa Bonmartini.

Due locali, con toilette e cucina e, in un angolo, bottiglie di champagne del tutto simili a quelle ritrovate nell'abitazione del conte: una perfetta e attrezzata *garçonnière*.

Nel bagno c'è poi un armadietto pieno di siringhe e flaconi e uno in particolare meriterebbe attenzione, perché emana un odore tanto sgradevole che un agente lo afferra con due dita e poi, colpevolmente, lo getta via.

L'ultimo indizio salta fuori da un cassetto. Si tratta di una busta strappata, di un frammento di carta grande abbastanza per riuscire a leggere un indirizzo:

PROF. DOTT. CARLO SECCHI, VIA GARIBALDI 3, BOLOGNA.

Cominciano a essere in molti i protagonisti della vicenda e allora è il caso di conoscerli un po' meglio, a cominciare dalla vittima, il conte Francesco Bonmartini.

Francesco, «Cesco» per gli amici, viene da una famiglia

dell'aristocrazia veneta, proprietari terrieri con buone risorse. Conservatore e clericale, possiede un palazzo a Padova, una grande tenuta a Cavarzere e poi una rendita annua di ben settantacinquemila lire. Le cronache dell'epoca lo descrivono tuttavia come un uomo ruvido, poco appassionato ai libri e allo studio, quanto piuttosto alle donne, che predilige di umili natali e poche pretese.

Difficile dire cosa abbia trovato in lui Linda Murri, nata a Fermo diciannove anni prima, giovinetta e poi donna sensibile e appassionata, colta ed elegante. Tutte caratteristiche ereditate dall'ambiente in cui è nata e cresciuta, perché Linda è figlia del celebre professor Augusto, uno dei più grandi medici di ogni tempo.

Una laurea a Firenze, poi la specializzazione a Parigi e Berlino, Augusto Murri possiede una tale preparazione ed eloquenza che D'Annunzio lo descrive come «*il medico che meglio sa scrivere dopo il settimo secolo*». Giovanni Pascoli, dal canto suo, di lui afferma che «*toccò gli alti fastigi dell'arte e della scienza*», e Giosuè Carducci, amico e confidente, esala l'ultimo respiro proprio fra le sue braccia.

Cittadino onorario di Bologna, poi rettore all'Università, il professor Murri non ha mai nascosto l'atteggiamento anticlericale e le sue simpatie socialiste, fino a essere eletto deputato in Parlamento nel 1891. E l'appartenenza a uno schieramento, lo si vedrà in seguito, avrà grande impatto sull'evoluzione della vicenda.

Ma torniamo a Linda.

Della sua educazione si occupano precettori lautamente pagati, che le insegnano il greco e il latino, il francese e l'inglese, ma del mondo reale, concreto, la giovinetta non conosce quasi nulla. Fino ai diciassette anni non lascia mai la casa paterna, legatissima al fratello Tullio, più giovane d'un paio d'anni.

Poi, improvvisamente, ecco arrivare il primo innamoramento: si tratta di Carlo Secchi, medico, amico e collega di Augusto Murri.

Il fatto che tra i due corrano almeno vent'anni non li scoraggia. Ma a metter fine all'ancor platonica passione ci pensa il professore, che convoca a colloquio il Secchi e gli intima di scomparire.

Il maturo dottore se ne dispiace, ma in fondo sa che è giusto troncare, e dal maggio del 1899 smette di frequentare casa Murri.

Linda ne soffre molto, ma poi parte per un viaggio e, a Padova, incontra Francesco Bonmartini, che presto soppianta nel suo giovane cuore il ricordo di Carlo.

Non è che il nuovo fidanzato vada troppo a genio alla famiglia Murri, perché sono lampanti le differenze d'ideali, di classe e cultura tra i due, ma tale è l'ostinazione di Linda che nel 1892 si celebrano le nozze.

Francesco Bonmartini si trasferisce così a Bologna, prosegue negli studi che termineranno con la laurea in medicina. Certo si aspetta un qualche aiuto dal suocero, una spinta alla professione, magari anche un posto in università, ma il professor Murri lo considera uomo di modesto ingegno e soverchia arroganza e per lui non muove un dito.

Tanto più che nell'adorata e volubile figlia l'amore per Cesco ha presto ceduto alla delusione e, nonostante l'arrivo di due figli, capita sempre più spesso che Linda si rifugi nella casa paterna a lamentarsi e piangere per l'insensibilità del marito.

Dal canto suo Francesco Bonmartini non capisce.

E s'arrabbia.

La moglie è fredda e distante, tanto che in una lettera del 15 maggio 1899, al ginecologo professor Negri, prima che sua moglie lo consultasse, il conte esprime chiaro il suo pensiero: «... ha sempre sofferto molestie per l'unione matrimoniale, molestie che coi parti aumentarono invece di diminuire. Da qualche parola sfuggitale, mi pare che per l'uomo senta poco trasporto».

Le cose non stanno proprio così, o almeno il «poco trasporto» Linda lo ha per il marito, ma c'è dell'altro che Francesco fatica a sopportare, che il suocero non lo stimi né lo sostenga, che Bologna e i bolognesi non gli mostrino maggior considerazione.

Meglio allora tornare a Padova, dov'è cresciuto, dove la sua famiglia e gli amici di un tempo lo attendono a braccia aperte. Linda però si oppone con tutte le forze e, alla fine, i coniugi si separano.

La figlia del professor Murri ha ora ventotto anni e anche se non si può definire una bellezza mantiene intatto il suo fascino malinconico. Un fascino che Carlo Secchi non ha mai scordato e quando casualmente ritrova il suo antico amore, solo e triste, non gli par vero di ascoltarne le amarezze, i pentimenti, le recriminazioni per un matrimonio naufragato nell'indifferenza.

E di confidenza in confidenza, di sussurro in sussurro, i due concludono ciò che dieci anni prima avevano avuto solo il tempo d'abbozzare.

Il piccolo appartamento di vicolo Pusterla, affittato da Linda, diventa la loro segreta alcova, muto testimone di appassionati momenti. Ecco perché in un cassetto del *pied-à-terre* si è ritrovato un frammento di busta col nome e l'indirizzo del Secchi, perché in quell'appartamento era spesso ospite discreto.

E nell'intervallo tra un appuntamento e l'altro, Linda e Carlo si scambiano lettere accorate:

> Mia cara Lindina, tanti baci, ma tanti, tutti di quelli... nostri, che non somigliano a quelli di nessun altro e che lasciano impronta nel cuore.

E ancora:

> Credilo, bambina, che io ti amo come non è possibile di più, che io ti adorerei in ginocchio e ti bacerei sempre sempre.

Nemmeno il tentativo di rappacificazione del Bonmartini interferisce con la loro storia. Capita infatti che il conte, rientrato a Padova, nemmeno lì trovi considerazione e successo e voglia provare un'ultima volta a conquistare moglie, suocero e un ruolo nella società bolognese. Ecco allora che davanti al cardinale Svampa di Bologna, Linda e Francesco sottoscrivono una sorta di convenzione, di patto:

> I coniugi abiteranno in uno stesso appartamento, con un unico ingresso e quartieri separati, l'uno per il marito, l'altro per la moglie e i bambini.

Ma è solo un accordo di facciata, nonostante Cesco cerchi d'allargarne i termini e rientrare nel talamo coniugale, per quanto vada lamentandosi della frigidità di Linda.

La cui capacità d'accendersi non è così sopita, visto che approfitta di una breve vacanza in una villa di San Marcello Pistoiese per ricevere la visita di Carlo Secchi, che si spaccia per un amico ingegnere, e in tal veste viene accolto, graditissimo ospite.

Dopo alcuni giorni in cui il medico divide il pane, e non solo quello, con Linda Murri, ecco piombare inaspettato il legittimo consorte.

Non resta che nascondere il Secchi e l'unico luogo adatto sembra essere la dispensa, tra formaggi, salumi e bottiglie di buon vino. Una sistemazione improvvisata, ovviamente, che però si trasforma nella prigione di una notte intera, perché a Francesco Bonmartini viene una gran fame e allora pretende di andarsi a scegliere da sé il culatello meglio stagionato.

Linda, che non difetta di fantasia, è così costretta a inventarsi una frottola: il mal sopportato e affamato marito non può visitare la dispensa, sostiene, perché qualcuno del personale si è persa la chiave, ed è tutto il giorno che la vanno cercando. Purtroppo senza fortuna.

A Francesco non rimane che coricarsi a digiuno, mentre il Secchi passa ore d'inferno a cercare di respirare in un buco di pochi metri, scarso d'ossigeno e saturo del pungente aroma dei cibi conservati.

Ma la tregua sancita innanzi all'autorevole prelato bolognese non regge a lungo. Nell'estate del 1902 il conte rompe gli indugi, non ne può più e annuncia a Linda che ci si trasferirà per sempre a Padova, tutti quanti, moglie e bambini.

Proprio i bambini sono la leva su cui Cesco fa conto, perché non si farà scrupolo di strapparli alla loro madre, se le cose non si aggiusteranno come egli desidera.

Per Linda è la catastrofe. Non è soltanto il Secchi a rammaricarsi; Tullio Murri cade in preda dello sconforto, lui che è il fratello più giovane, lui che non può sopportare la lontananza e la sofferenza dell'adorata sorella.

Sarà la molla che spingerà all'azione.

Con queste premesse e questi protagonisti, torniamo allora al 2 settembre, il giorno in cui viene scoperto il cadavere del Bonmartini.

La prima mossa di Tullio, appena si sparge la voce che nel delitto possa entrarci un'amante della vittima, una donna che ha lasciato sulla scena i suoi indumenti intimi prendendosi la vita del conte, è quella di avallare il sospetto. Lo fa scrivendo un telegramma al giudice istruttore Stanzani, perché nel frattempo lui s'è allontanato, sconvolto dai dolorosi avvenimenti di quei momenti.

Il messaggio porta la data del 3 settembre:

> Sarò a Bologna oggi alle tre: intanto mi permetto di confermarle fatto accennatole ieri sera di tresca con donna seguita da malvivente. Posseggo particolari. Ossequi. Tullio Murri.

Peccato che Tullio non si faccia vivo per raccontare i particolari che ha in mano, né quel giorno, né in quelli successivi.

Il 9, lo abbiamo già detto, si scopre l'appartamentino segreto.

La sera dell'11 settembre, il professor Augusto Murri rientra dalla Svizzera, dov'è andato a trovare Linda e i nipoti, che si sono trasferiti oltralpe subito dopo l'omicidio, giusto per mettere un po' di rassicuranti chilometri tra sé e la scena del crimine.

È un uomo distrutto quello che convoca il giudice Stanzani, lo invita a sedere nel suo studiolo e gli confessa la verità: a uccidere il genero è stato suo figlio Tullio, glielo ha confidato lui stesso.

Ci pensa poi Tullio in persona, in una lettera recapitata al magistrato, a raccontare quello che è successo, ma soprattutto a giustificarsi: lui non voleva aggredire, né far del male a Francesco. Ha agito per il desiderio che Linda si riconciliasse col marito, per il bene di entrambi e l'amore dei figli, Maria e Ninetto.

Così, la sera del 28 agosto, ha atteso il conte all'angolo della casa di via Mazzini, e poi è salito con lui nell'appartamento.

Ma invece di coglierne le lodevoli intenzioni, il Bonmartini ha insultato lui e la sua famiglia; per questo si è trovato a terra, steso da un improvviso gancio al mento. Ma Tullio si è subito pentito e ha fatto un passo in avanti per aiutare il cognato a rialzarsi. Questi però ha interpretato il gesto come foriero di un nuovo attacco e ha estratto di tasca un coltello col quale, evidentemente, girava d'abitudine.

Ne è scaturita una lotta furibonda, in cui Tullio viene colpito per primo da un fendente al braccio. Ma il panico ha raddoppiato le sue forze, e ogni colpo portato egli riusciva a frenarlo e a restituirlo al mittente, deviando la mano di Cesco.

La lotta si è svolta in silenzio, accompagnata al più da grugniti e smozzicati insulti, ecco perché nel palazzo nessuno ha udito nulla.

Una tragica fatalità quindi.

Ma in attesa che Tullio Murri si decida a costituirsi, spiegando di persona fatti e circostanze, l'inchiesta prosegue a ritmi serrati e i colpi di scena non mancano.

Il 13 settembre, in questura, viene convocato un uomo: si chiama Pio Naldi ed è allievo del professor Murri, nonché amico intimo di Tullio. Davanti al giudice ci arriva come persona informata sui fatti, ma quando esce, qualche ora più tardi, ha le manette ai polsi e un'accusa di complicità nell'omicidio.

Altro che incidente, litigio degenerato in accoltellamento.

Nella testimonianza del dottor Naldi, Tullio Murri ha covato per settimane, forse per mesi, il progetto di eliminare il cognato.

Il movente sta tutto nel morboso legame d'affetto che nutre per la sorella. Non poteva sopportare di vedere Linda infelice e l'ultimo progetto del Bonmartini, quello di portare per sempre la famiglia a Padova, ha precipitato in lui la determinazione a uccidere.

C'era stato anzi un precedente, un tentativo fallito.

Tullio si era procurato del veleno, del curaro, e portando con sé nascosta la fiala era andato a trovare Linda, Francesco e i bimbi che passavano le vacanze a Venezia. Avrebbe dovuto essergli complice Rosina Bonetti, guardarobiera di Linda e sua amante.

Con la scusa di un gioco, di una prova a «braccio di ferro», Tullio si proponeva di atterrare il cognato e Rosa, nascosta dietro ai tendaggi, sarebbe dovuta uscire all'improvviso, iniettando la mortale soluzione.

Ma, sorprendentemente, il conte aveva avuto la meglio sul più giovane avversario.

Rosa era rimasta nel suo nascondiglio.

Il piano era saltato.

Il giorno dopo l'arresto di Naldi, alle 8 e 35 del mattino, una carrozza con un commissario e due agenti si ferma davanti all'ingresso di Villa Murri.

Sono venuti a prendere Linda, accusata di complicità nell'omicidio del marito. Lei li segue, dopo un abbraccio al padre, un saluto alla madre e una dichiarazione singhiozzante di commiato.

«Sono innocente.»

La portano al carcere di San Giovanni in Monte, in una cella «a pagamento», riservate a quei pochi che si possono permettere un trattamento di riguardo.

È a questo punto che la vicenda, di per sé orribile ed efferata, si arricchisce di un particolare nuovo per l'epoca. Il delitto, complice la grancassa della stampa, si trasforma da dramma personale a evento politico.

Da un lato i «bonmartiniani», partigiani della vittima, trasformato in emblema dei principi cattolici e conservatori, dall'altro quello dei «murriani», progressisti e socialisti.

Per i primi, sostenuti dal quotidiano «Avvenire», l'omicidio è maturato per l'assenza di valori morali in cui il professor Murri ha cresciuto i figli; per gli altri, spalleggiati da l'«Avanti!», l'accanimento contro i sospettati non è altro che manifestazione di un reazionario e becero odio politico.

Sono trascorse meno di due settimane dalla scoperta del cadavere del conte Bonmartini e dietro le sbarre stanno Pio Naldi, Linda Murri e Rosa Bonetti.

Bisogna attendere il 19 ottobre prima che Tullio Murri si decida a presentarsi spontaneamente, nel commissariato di Ala, in provincia di Trento.

Ancora però c'è una questione in sospeso, all'appello manca un protagonista, e bisogna aspettare fino al 25 giugno del 1903 per veder chiusa la partita.

L'ultimo arresto è quello di Carlo Secchi, l'amante di Linda.

Suo il curaro tirato in ballo da Pio Naldi.

Il professor Secchi, pratico di veleni, il curaro lo comprava in Germania, nella fabbrica della Merck a Darmstadt, per poi utilizzarlo, in piccolissime dosi, come ricostituente. Ci sarebbe voluto poco per scoprirlo, per trovarne ancora un poco in una fiala maleodorante, se quel malaccorto agente non l'avesse gettata via.

Ma com'è entrata la letale sostanza in tutta quella faccenda? A chi è venuto in mente d'impiegarla?

Tullio Murri, ormai determinato a uccidere, si era presentato dal Secchi mettendolo al corrente delle sue intenzioni, e anzi chiedendogli quale fosse il modo più efficace di ammazzare senza lasciar traccia, che si scambiasse per un evento naturale.

Carlo gli aveva parlato del curaro, e per mostrargli come agiva, aveva preso un coniglio da esperimento e, nel suo laboratorio, lo aveva ucciso con una rapida iniezione.

Ma nella sua deposizione e in tutto il dibattimento, Carlo non smetterà mai di sostenere che l'esperimento aveva il solo scopo di dissuadere l'aspirante omicida, e non di rafforzarlo nel suo proposito. Quello che non si riuscirà a capire è perché il professor Secchi non abbia semplicemente messo sull'avviso Augusto Murri, o non si sia direttamente rivolto alla polizia, per segnalare quale tragedia stesse maturando.

Ormai i tasselli sono tutti al loro posto, è il momento di ricostruire quanto accaduto.

La sera del 27 agosto 1902, Rosina Bonetti si reca nell'appartamento di via Mazzini e lì attende Tullio e Pio Naldi, il ventisettenne medico amico del Murri. Insieme, i due aspettano che Francesco Bonmartini rientri da Venezia, dove la moglie e i figli trascorrono le vacanze.

Dopo la prova perduta a braccio di ferro, Tullio non si fida di poter sopraffare da solo l'odiato Bonmartini, meglio avere a fianco un complice.

Racconta poi lo stesso Naldi:

«Tullio mi disse che aveva pensato di dare un colpo sulla testa del cognato con un sacchetto di pallini da caccia quando entrava, tanto da stordirlo, proponendomi che, se il conte fosse stato sufficientemente stordito, egli l'avrebbe stretto e io sarei intervenuto a praticargli una iniezione di curaro, perché così non sarebbe rimasto nessun segno, nemmeno all'autopsia, e tutti avrebbero pensato a una morte per sincope.»

Ma, se il primo proposito è quello di colpirlo e poi avvelenarlo, la reazione del conte, pur sempre un uomo di 120 chili, induce Tullio a estrarre il coltello che, per ogni evenienza, s'è portato appresso. Ed è questa l'arma con cui la vittima viene ridotta all'impotenza e uccisa. Poi viene inscenata una rapina, epilogo di un incontro galante.

Coltello e gioielli, Tullio Murri li ha poi gettati in mare, insieme alla fiala di veleno pronta all'uso.

Non verranno mai recuperati.

Il ruolo di Carlo Secchi, amante di Linda Murri, è stato quello di fornire il curaro all'assassino.

E Linda?

Qual è stato il suo ruolo nel progetto criminale? Difficile rispondere con certezza, perché non c'è uno dei protagonisti della vicenda che l'abbia mai coinvolta, attestandone la conoscenza se non proprio la complicità. Certo il delitto si è consumato per lei, per salvarla da un triste destino accanto a un uomo insensibile, ma Linda ne sarebbe sempre rimasta all'oscuro.

L'istruttoria prende al giudice Stanzani almeno venticinque mesi della sua vita e si conclude con la produzione di un mastodontico fascicolo. Il fatto è che, a fianco dell'indagine del magistrato, se ne svolge un'altra parallela, condotta dai cronisti sulle prime pagine dei giornali.

La chiamano «diabolica Circe», «Messalina», altro che innocente e povera vittima di un marito prepotente e gretto.

Aveva un amante, e questa è cosa ormai nota, ma lo scandalo arriva quando tra le sue carte si scoprono poetici versetti d'ispirazione erotica, ben più vicini alla licenziosità del Boccaccio che all'eleganza di Saffo.

Da lì a malignare che alla base del dramma ci sia un amore incestuoso tra fratelli il passo è breve. La stampa filoclericale e reazionaria ci si butta a capofitto.

Il processo ha inizio il 21 febbraio del 1905 e, per una questione d'ordine pubblico, la sede deve essere spostata da Bologna a Torino. Impossibile trovare posto in aula, per la folla, ma anche per il numero di giornalisti, inviati non solo dalle principali testate italiane, ma pure dalla Francia, dalla Germania e dall'Inghilterra.

Quattrocentoventi testimoni, e per le difese ben diciotto avvocati.

In aula non mancano nemmeno gli esperimenti a effetto,

cent'anni prima che qualcuno li riproponesse nei talk show televisivi con pretese di originalità. Come la costruzione di un plastico della casa in scala a uso dei giurati, che bastava togliere il tetto per vedere le stanze di casa Bonmartini, quella dove si era consumato il dramma.

Oppure la prova del coltello come ce la racconterebbe oggi una puntata di *CSI*: in mancanza dell'arma del delitto, gettata in mare dall'assassino, qualcuno sostiene che Tullio Murri non possedesse la forza per trapassare con un colpo lo sterno della vittima.

Allora si commissiona a Parigi un coltello con lama retrattile e un dinamometro incorporato, poi si recupera un cadavere donato alla scienza, e giù fendenti.

Venti chilogrammi è la forza sufficiente ad attraversare ossa e muscoli e, nonostante le apparenze, si prova che Tullio è capace di sviluppare nel solo braccio, polso e pugno destro un'energia pari a 65 chilogrammi.

Centosessantadue giorni di dibattito, e a ogni udienza Linda si presenta con *toilettes* sempre diverse, descritte con tal dovizia di particolari dai rotocalchi che si comincia a parlare di un nuovo stile, un «tipo alla Linda».

E lei nulla fa per defilarsi, con dichiarazioni in aula degne del miglior melodramma:

«Cesco fu subito brutale.

Pretese il possesso assoluto del mio corpo.

Ma l'anima mia, non fu mai sua».

Il 12 agosto 1905, dopo tre giorni di camera di consiglio, ecco giungere il verdetto della corte.

Trent'anni per Tullio Murri e l'amico Pio Naldi, colpevoli d'omicidio premeditato.

Sette anni e sei mesi per la Bonetti, con l'attenuante del vizio parziale di mente, per il favoreggiamento e la complicità.

Da ultimo i due amanti, Linda Murri e Carlo Secchi, accomunati da un'unica sentenza: dieci anni perché istigatori al delitto.

Ma le condanne non esauriscono la vicenda.

Tra la folla che staziona innanzi al Palazzo di Giustizia, si trova una folta rappresentanza dei due partiti, i «murriani» e i «bonmartiniani», e il verdetto, atteso da mesi, scatena le reazioni d'entrambi gli schieramenti, chi deluso per la condanna, chi convinto che abbia prevalso la giustificazione e la clemenza.

Tafferugli e l'inquietante avanzata della folla verso i portoni del tribunale obbligano carabinieri e cavalleggeri a cariche ripetute per disperdere i facinorosi. Ma la cosa, anziché sedare gli animi, li esaspera al punto che bisogna attendere la notte per poter trasferire i prigionieri, prostrati e seminCoscienti, dalle aule alle celle.

L'indomani, la prima pagina dell'«Avvenire» titola NEMESI. GIUSTIZIA È FATTA. Gli risponde l'«Avanti!» con UN MACELLO. IL VERDETTO È UNA FOSSA DI TERRORE E MORTE. LINDA, DELICATA E DISPERATA CREATURA.

E su Linda, sulla sentenza che le ha riservato dieci anni di carcere, continua a gravare un'ombra fitta, soprattutto quando Giambattista Rietto, presidente della giuria, ammette che la donna era stata in un primo momento assolta per insufficienza di prove, e poi condannata «per il timore di conseguenze imprevedibili».

Di qui in poi, la storia del delitto Murri s'arricchisce di pagine che stanno tra la favola e la leggenda.

Capita infatti che tra i convinti sostenitori dell'innocenza di Linda Murri vi sia Margherita di Savoia, regina madre, e la stessa convinzione animi sua figlia, la regina Elena del Montenegro.

E non è trascorso molto dalla sentenza che la principessina Mafalda s'ammala gravemente. Ha poco più di tre anni e il padre, Vittorio Emanuele III, chiama al suo capezzale i più grandi medici dell'epoca.

Ognuno propone i suoi rimedi, ma la piccola non reagisce alle cure, si spegne lentamente.

Qualcuno fa allora il nome del professor Murri, che dal 1902 s'è ritirato a vita privata, travolto dal dramma familiare e che solo da qualche tempo ha deciso di riaffacciarsi alla professione.

Risponde subito alla chiamata del re, Augusto Murri, e riesce a restituire alla piccola Mafalda il sorriso e la salute, tra la gioia dei genitori e dell'intera corte.

Bisogna festeggiare e, ovviamente, un posto d'onore viene riservato all'artefice dell'insperata guarigione. Il professor Murri ringrazia il re, è contento che tutto si sia risolto ma, quanto all'invito, purtroppo deve rinunciare.

Non ha l'animo di accettare perché sua figlia Linda, la sua adorata, giace in una cella, innocente ma condannata.

Vittorio Emanuele ha un debito di riconoscenza verso il luminare e poco gli costa saldarlo con un atto di grazia.

Ben differente è la sorte degli altri protagonisti del dramma.

Rosa Bonetti sconta tutta la sua pena, e quando esce dal carcere ormai la sua mente è sconvolta. Finisce in manicomio, dove muore nel 1919.

Carlo Secchi nemmeno ce la fa a uscire vivo di prigione. La lascia in una cassa di legno grezzo.

Migliore sorte tocca a Pio Naldi, liberato dopo 19 anni e capace di riprendere il suo lavoro di medico, dopo essersi trasferito a Benevento.

Tullio Murri, prima di ottenere la grazia, si fa vent'anni, molti dei quali presso l'istituto penitenziario di Viterbo.

Da qui, è il Natale del 1910, si dice fosse pronto a evadere, e in modo spettacolare. Un gruppo di audaci era pronto a sorvolare, a bordo di un dirigibile, il cortile della prigione durante l'ora d'aria e a calare una corda cui il detenuto potesse aggrapparsi.

La notizia è ripresa dal quotidiano «Il Mattino», ma non s'è mai saputo se ci fossero o meno riscontri oggettivi per quell'ardimentosa impresa.

Tullio, condannato al processo come il vero artefice del progetto criminale, approfitta della carcerazione per mettersi a scrivere, articoli, saggi e poi romanzi come *GALERA*, sempre dichiarandosi innocente e vittima del sistema.

Muore di tumore, poco dopo aver riassaporato la libertà.

A Linda il merito di essersi sottratta alle scene, e non è cosa da poco. Per l'intera durata del processo, e ancora qualche tempo dopo, cosa pensi di lei gran parte della pubblica opinione lo riassume Guglielmo Ferrero, illustre storico nonché genero di Cesare Lombroso, il padre della moderna criminologia.

Nella sua prefazione all'epistolario Murri-Bonmartini, pubblicato nel 1905, Ferrero scrive:

> Or sono quasi tre anni, l'Italia apprese a un tratto di aver generato, sotto le forme di una donna bella, gentile, colta e ricca, un orribile mostro.
>
> Agitata da una furibonda lascivia, pervertita da una depravazione capace di tutte le sozzure, pronta a ogni delitto, dotata di una intelligenza finissima e di una diabolica abilità nel mentire, questa seducente e orrenda creatura aveva commesso incesto con il padre e il fratello; aveva non solo tradito e ritradito, ma nel tradimento aveva pure così atrocemente e abilmente calunniato il marito da farsi compiangere, ammirare e venerare, quasi come una vittima di lui; non contenta ancora, aveva tentato di avvelenarlo e infine aveva ordito un complotto infernale, per ucciderlo e impadronirsi dei suoi beni, ponendo il coltello omicida nelle mani del proprio fratello!
>
> Adultera, bugiarda, incestuosa, avvelenatrice, assassina.
>
> Tale era la contessa Linda Bonmartini-Murri.

Certo che lui, il professor Ferrero, non ci ha mai creduto a quel ritratto; comunque, colpevole o innocente, vittima o perfida assassina, difesa o affossata, Linda trova il modo di andare avanti e rifarsi una vita.

Nel 1926 sposa in seconde nozze il professor Egidi, precettore dei suoi figli, poi si dà alla parapsicologia.

Pare che in questo campo possieda grandi capacità medianiche e, nel 1937, con lo pseudonimo di «Anhelus», inaugura una rubrica con i lettori sulle pagine di un quotidiano romano.

Nel frattempo, è il novembre del 1932, scompare il suo adorato papà Augusto.

Poi, di lei, si perdono le tracce, fino al 1957.

Poche righe su «Il Resto del Carlino»:

> Con i conforti della religione e di una particolare benedizione apostolica del Santo Padre si è addormentata nella pace del Signore il giorno 4 dicembre la N.D. Teodolinda Egidi Murri.

L'ultimo saluto alla protagonista di uno dei più grandi misteri d'Italia.

II

1911 – La tragedia della camera numero 8

La storia di Giulia Trigona e Vincenzo Paternò

Il procuratore non gli dà un attimo di tregua, lo incalza, spalleggiato dagli avvocati di parte civile, mentre il presidente della corte osserva in assoluto silenzio.

È chiaro che al magistrato non importa nulla che l'uomo sul banco degli accusati sia sul punto di crollare. Basterebbe che i due carabinieri che gli stanno ai lati s'allontanassero di un palmo e lui s'affloscerebbe a terra, come un sacco vuoto.

«Quando cominciò a nascere in voi l'idea di uccidere la signora Giulia?»

L'uomo non batte ciglio, nessuna reazione, tanto che bisogna ripetergli la domanda, e poi ancora una volta. Solo allora si scuote e comincia a parlare a voce bassa, con pause che mettono a dura prova la pazienza di tutti.

«Non so, non saprei dirlo.

Due giorni prima, forse.

Era un pensiero che mi bruciava dentro. Avrei ucciso lei e mi sarei ucciso. La vita così non era più possibile. Ma ogni volta che la vedevo i miei proponimenti svanivano.

Era bellissima.

Eppure dovevo ucciderla.

Dite che sono l'incarnazione del demonio, che affascinavo le donne per farne quello che volevo, che le sfruttavo. Dei due quello soggiogato ero io, io le avevo dato quello che le era mancato dal marito: un amore purissimo.

Purissimo, signori, e mi sentivo dire che era stanca, sfiduciata, che non mi voleva più vedere...»

Il procuratore del re fatica a trattenersi.

Si sta parlando di un delitto efferato, un omicidio crudele, e l'imputato farfuglia sdolcinate scempiaggini! «Basta divagare!» gli grida, se non vuole peggiorare la sua posizione già disperata.

La minaccia ottiene il suo scopo, perché l'uomo riprende il racconto e sembra più concentrato.

«Quando non si dorme più, per la propria donna, quando ci si sente al colmo della disperazione, si pensano cose terribili e tutto finisce in una sola idea fissa, la morte.

Pensai: io la uccido, con questa rivoltella, poi mi uccido.

E se la rivoltella non dovesse funzionare, se all'ultimo momento non sparasse? Così decisi di comperare il coltello.

Fu all'ultimo momento.

Prima, dentro di me, c'era stata una battaglia tra il sì e il no.

Allora le chiesi un ultimo appuntamento.

"Veramente l'ultimo?" mi disse. La rassicurai.

Andai che mi tremavano le gambe e salii per primo in quella stanza. Poi arrivò lei, più bella che mai, aveva solo gli occhi segnati.

Mentre la supplicavo ancora, pensai che dovevo distruggere quell'essere perfetto.

La baciai. Si lasciò baciare.

Disse: "Anch'io sento prepotente l'attrazione verso di te, come sempre, ma dobbiamo scrivere la parola fine".

Le avevo tolto il cappotto, poi s'era lasciata slacciare il vestito.

"Tu vuoi riaccendere", disse, "quella passione che io sto cercando con tutte le mie forze di soffocare e dimenticare."

Le mani mi tremavano mentre le scioglievo i nastri. Era bellissima e io mi sentivo morire. Le strappai di forza gli indumenti che le restavano indosso, quasi tutti almeno, poi la spinsi nel letto, sotto le coltri.

Non disse niente, niente. Lasciava fare. Non so quanto tempo restammo così.

Mi guardava con certi occhi!

"Tu hai paura", le dissi, "hai paura che io ti uccida. Sai che saprei ucciderti?" "Oh, finiscila", rispose con aria annoiata, "sono stanca, stanca di te, questa è la verità."

Aveva quasi urlato, e io le risposi con ironia: "Poco fa non mi sembrava". "Non ti vantare, sei il solito. Se volessi potrei avere ai miei piedi non uno, ma cento uomini." "Allora di' che li hai avuti, che sei stata di un altro." "E se anche fosse?"

Questa frase mi diede il capogiro, divenni improvvisamente furioso, non sapevo più controllarmi. L'avevo presa per le spalle e la scuotevo. Mi pare che gridasse, ma in maniera soffocata.

Dopo non so, non ricordo più nulla…

Devo averla uccisa.»

Il procuratore tace e con lui tutti in quell'aula di tribunale interdetta al pubblico, per la delicatezza dei fatti e il rango dei personaggi.

Nel silenzio stupefatto, distintamente come mai prima, ecco le ultime parole dell'assassino.

«Dovevo ucciderla.

Dovevo.

Era la mia donna, era la mia vita, e mi buttava sul viso, come un insulto, che poteva essere di tutti.»

Giulia e Vincenzo so incontrano per la prima volta nel dicembre del 1909, complice una gran festa in onore di re Vittorio Emanuele III e della regina Elena, in visita a Palermo.

Quella sera c'è tutta la nobiltà siciliana a Villa Igiea, voluta dall'ammiraglio inglese sir Cecil Domville, quindi passata nelle raffinate mani del giovane Ignazio Florio e della splendida moglie, Franca Jacona di San Giuliano.

Ad allietare gli ospiti danze, concerti, recite d'attori e pure un concorso ippico con la partecipazione dei migliori cavalieri dell'esercito di Sua Maestà.

Tra loro il tenente, nonché barone, Vincenzo Paternò del Cugno, uomo facile all'avventura galante, non bello, piuttosto amante delle pose languide alla maniera del suo vate, Gabriele D'Annunzio.

È al momento del saluto dinnanzi al palco reale, prima d'iniziare la prova di *dressage*, che il barone incrocia lo sguardo di un'incantevole creatura, seduta proprio accanto alla regina Elena.

Si chiama Giulia, scoprirà poi, Giulia dei principi Filangieri Tasca di Cutò, ha 29 anni ed è moglie del conte Romualdo Trigona e dama di compagnia della sovrana.

Un cenno, un sorriso e tutto sembra finire lì.

Ma non nella mente di Vincenzo, che le tenta tutte pur di avvicinare la donna. Deve però attendere qualche mese prima che si presenti di nuovo l'occasione, quella di un evento organizzato dal Circolo dello sport di Palermo.

Le si avvicina incerto, temendo una risposta educata ma fredda.

Ma subito si rincuora.

Certo che Giulia si ricorda di lui, e glielo dice con un sorriso che incanta. Vincenzo comprende che può osare, mettere in campo le armi della seduzione che ben conosce: da quando l'ha veduta la prima volta lei è sempre nei suoi pensieri, un'ossessione. È troppo ardire chiederle almeno una fotografia, una piccola immagine da racchiudere in un ciondolo che tiene sempre con sé, appeso a una catenella?

Così potrà portarsela sempre appresso e rimirarne il volto nelle lunghe marce a cavallo, nella solitudine dei bivacchi e degli appostamenti.

Difficile capire perché la contessa ceda alle lusinghe del tenente, lei che tutti conoscono come moglie fedele, madre premurosa di due bimbe e donna avveduta.

Giulia dà appuntamento a Vincenzo per l'indomani sera, a villa Trigona, la residenza di famiglia. C'è luna piena. Il tenente percorre furtivo i giardini, cercando riparo tra le siepi fin sotto il balconcino di lei, che s'affaccia e lascia cadere il suo ritratto.

Forse è il palese ardore del cavaliere, forse la muta condiscendenza della dama: Vincenzo non s'accontenta della fotografia, s'arrampica lungo gli arbusti cresciuti a decorazione della facciata della villa, fino alla stanza della contessa.

E lì giunto, si prende ciò che da mesi fantasticava.

Da qui in poi, la vicenda di Enzo e Giulia è la storia di una passione sfrenata. Appena ve n'è l'occasione, i due si ritrovano stretti in ardenti abbracci.

Se ne accorge Romualdo, il cornificato consorte, ma non sa, oppure non vuole reagire. Seppur anche lui non disdegni avventure poco impegnative, non ha mai avuto eccezionale trasporto per le cose d'amore, ed è facile che Giulia, in questo, non sia mai stata pienamente soddisfatta dal marito.

E poi, soprattutto, c'è il timore dello scandalo.

Sia lui che Giulia hanno un'autorevole posizione a corte e Romualdo Trigona sogna una carriera importante, un ruolo di prestigio all'estero, magari ambasciatore a Parigi, a Vienna oppure a Londra.

L'unico rimedio all'incresciosa infatuazione della moglie è allora quello del controllo. Niente feste, niente balli e, anzi, un maggior impegno accanto ai sovrani. Il conte arriva a parlarne con la regina Elena, certo non raccontandole la verità, ma accennando ad alcuni lutti che avrebbero tolto serenità a Giulia, serenità che la moglie avrebbe certo ritrovato se più impegnata nei doveri di corte.

Il fatto è che appena la famiglia Trigona lascia Palermo con destinazione Roma, nella capitale ci finisce pure il V Lancieri d'Aosta di Vincenzo Paternò. Così la mossa del conte, anziché scoraggiare gli amanti, ne agevola gli incontri clandestini.

Ma già a questo punto Giulia inizia ad avere qualche dubbio sulla storia in cui si è lasciata invischiare. Da un lato il marito, sempre più freddo e dispotico, dall'altro Vincenzo, ossessionato dalla gelosia, capace di alternare carezze audaci a intollerabili scenate.

Non ha il senso del limite il tenente Paternò e lo dimostra quel giorno in cui decide di presentarsi a palazzo Trigona e affrontare il conte Romualdo.

Deve smetterla di tormentare la povera Giulia, urla in faccia al legittimo consorte. Lei non lo ama più, ormai ha destinato ad altri il suo cuore.

Romualdo è dapprima sbalordito per l'insolenza dell'uomo, poi la sorpresa cede il posto alla rabbia e, alla fine, un domestico s'incarica di scaraventare per le scale l'ospite indesiderato.

Ma ormai si è passato il segno.

Il conte allontana dalla moglie le due figlie, Clementina che ha 14 anni, e Giovanna, che ne ha solo 7, e poi avvia le pratiche per la separazione. Ma per il momento non caccia la moglie di casa, perché uno scandalo non gioverebbe alla sua carriera, piuttosto prende a sorvegliarla e a farla sorvegliare a ogni ora del giorno.

C'è anche chi, amico di famiglia, chiede l'intervento della regina Elena, questa volta svelandole l'intera faccenda nei particolari più imbarazzanti e chiedendo che provi lei a convincere Giulia, a farle intendere che deve troncare la relazione e riprendere il suo ruolo di madre e di moglie.

Non è dato sapere cosa la sovrana dica alla sua dama di corte, ma se raccomandazioni ci sono state, certo non sortiscono effetto. Giulia non è più innamorata, ma è siciliana con tutto l'orgoglio delle donne di quella terra. Elena di Montenegro abbozza e nemmeno lei allontana Giulia, almeno non ancora.

Ma nulla può dopo lo scandalo del ballo.

Succede che nel corso di un ricevimento a corte, Giulia Trigona si ritrovi a conversare amabilmente con un vecchio generale quando, non si capisce come sia potuto accadere, il tenente Paternò fa il suo ingresso nel salone.

Incurante degli invitati, del generale e persino della sua regina, l'uomo si dirige dritto verso l'amante, apostrofandola con termini irripetibili, tra i quali ricorre un incessante e a tutti comprensibile «sgualdrina».

L'indomani, Giulia è convocata a corte, dove le viene comunicato che la sua presenza non è più gradita e non lo è nemmeno quella del marito, il conte Romualdo.

Vincenzo Paternò ha vinto la sua partita.

Giulia viene cacciata di casa, costretta a cercarsi un piccolo appartamento a Roma. È travolta dagli eventi, inebetita, incapace persino di uscire per le strade, timorosa che qualcuno la riconosca e la mostri a dito come spregevole esempio di immoralità.

Il tenente di questo non è poi così preoccupato, anzi. Se la sua donna non s'allontana dalle stanze che abita, tanto meglio, lui non avrà da temere rivali. E poi, qualunque sia l'umore di Giulia, basta che Vincenzo faccia ciò che sa, per vederla rianimarsi, accendersi e bruciare di passione.

In questo c'è tutta la grettezza dell'uomo, il suo egoismo, il primitivo concetto d'amore: se la carne è soddisfatta, al resto si troverà sempre rimedio. E il rimedio per ridare un sorriso a Giulia, per allontanarla dai rimpianti e dalle maldicenze Vincenzo lo trova in un viaggio, un lungo viaggio in Europa, beninteso a spese della donna.

Quello dei denari è un altro aspetto che pian piano ha avvelenato il rapporto tra la contessa e il tenente. Perché è vero che lui si porta appresso un titolo nobiliare, ma è di quelli che contano poco e soprattutto non è sostenuto da rendite e possedimenti. La famiglia Paternò possiede terre coltivate a olivi e una solfatara, ma gli alberi si ammalano e le gallerie crollano sotto una frana.

Non potendo contare più sugli assegni del padre, per pagarsi abiti di lusso, ristoranti alla moda e debiti di gioco, Vincenzo comincia a batter cassa con la sua Giulia. Soprattutto dopo che il conte Romualdo l'ha cacciata di casa e non può esercitare alcun controllo sulle risorse della donna, risorse che le arrivano dalla casata dei principi Tasca di Cutò cui appartiene.

Un viaggio dunque, in Svizzera, Germania e Francia, voluto da Vincenzo e pagato da Giulia, una vacanza del tutto inutile a rasserenare gli animi, a ricomporre una frattura che si allarga ogni giorno di più.

A gravare ulteriormente sulla coppia, un telegramma che li raggiunge a Parigi. Arriva dal comando generale dell'esercito e impone al tenente Paternò di presentarsi immediatamente a Roma, dove le sue dimissioni saranno gradite e immediatamente accolte.

È l'ultimo atto con il quale i palazzi del potere prendono le distanze dallo scandalo del ballo: rimossi i Trigona, allontanato l'ufficiale dalla condotta inaccettabile.

Vincenzo perde così anche l'ultima sua fonte di reddito e, in attesa di trovare un lavoro, chissà quale, si fa pagare da Giulia persino i pasti e la pigione.

Lei, dal canto suo, è sempre più pentita della storia in cui s'è cacciata. Le mancano le figlie, tanto che fa giungere al marito una supplica: vuole rivederle, anche da lontano, senza rivelarsi a loro. Romualdo, impietosito, acconsente e le comunica che la domenica successiva Clementina e Giovanna saranno alla messa della mattina.

Giulia si rintana in un angolo, in silenzio, il volto coperto da un velo mentre le lacrime le segnano il volto.

Non vuole più incontrare Vincenzo nel suo appartamento. Gli dà appuntamento in luoghi aperti, meglio in periferia, dove nessuno la conosce. Sta meditando di chiedere scusa a tutti, alla sua famiglia, alla regina e poi magari di ritirarsi in convento.

Ma piuttosto che confessare il pentimento e mostrarsi debole, dice a Vincenzo che ciò che la rattrista non è la reputazione perduta, ma le bambine che stanno crescendo senza di lei. Il fatto, Vincenzo deve farsene una ragione, è che lei non lo ama più, si è stancata e vuole trovarsi un altro uomo, che la comprenda e le stia accanto.

Così si arriva al fatidico due marzo, l'anno è il 1911.

I primi a essere interrogati in Questura sono il proprietario dell'albergo Rebecchino e la servetta che si occupa di rifare le camere.

Un posto squallido il Rebecchino, a pochi passi dalla stazione Termini, dove si affitta a ore e la clientela non appartiene certo alla nobiltà.

«Quando vennero?» attacca subito il commissario.

« Saranno state le 11, o poco dopo.»

«Insieme?»

«No, prima il signore. Lei arrivò dopo un quarto d'ora.»

«Hanno dato nome e cognome?»

«Eccellenza, hanno dato un nome e un cognome. Li ho annotati regolarmente.»

«Anche sapendo che erano generalità false?»

Eccellenza... nel nostro mestiere... gente molto perbene come quella...»

«Cosa disse l'uomo?»

«Che aveva bisogno di una camera, che aspettava una parente.»

«E gli avete assegnato la camera numero 8?»

«Sissignore.»

«Poi arrivò lei. Come vi è parsa?»

«Nervosa. Una che ha fretta e sta male dentro?»

«Capisco. Salì subito?»

«Subito.»

«Chiese roba da bere?»

«Niente, certa gente, sa...»

«Lasciate stare.»

Ha paura il proprietario del Rebecchino, paura che quella faccenda gli costi la licenza, anche se lui ha sempre collaborato con la polizia, anzi, in qualche caso si è comportato come un vero e proprio «confidente».

Per questo si sforza di raccontare tutti i particolari della storia, per non dare l'impressione di fare il furbo.

Stava al bancone, saranno state le 13, quando la servetta era scesa a cercarlo, tutta preoccupata. Dalla camera numero 8 uscivano strani rumori, che assomigliavano a gemiti e lamenti, ma non di quelli che accompagnano le faccende amorose.

Li aveva uditi anche lui e non gli erano piaciuti, tanto che aveva mandato a cercare le guardie della stazione lì vicino e un paio di amici che lo aiutassero ad abbattere la porta.

La scena gli sarebbe rimasta impressa per sempre.

C'era sangue dappertutto, sulle pareti, lo specchio, il materasso.

Il cadavere della donna stava supino, di traverso sul letto.

Era pressoché nuda e per questo si potevano vedere gli squarci prodotti dalla lama all'addome, al tronco. La gola era tagliata.

L'uomo giaceva a terra, in una mano il coltello, nell'altra una pistola e i lamenti erano i suoi, perché a dispetto di un'orribile ferita alla tempia, ancora non era morto.

Vincenzo lo portano d'urgenza al Sant'Antonio, con ben poche speranze di salvarlo.

Che è poi quello che sperano in Questura, perché hanno capito subito che quel caso è una vera rogna. Niente d'insolito che tra amanti possa finire male, con morti ammazzati e suicidi, ma qui i protagonisti appartengono alla nobiltà, un barone e una contessa finiti in una stanza di un albergo a ore. E non bastasse, ci sono di mezzo pure la Casa Reale e l'Esercito di Sua Maestà.

Meglio, tanto meglio se quello sciagurato di Vincenzo Paternò se ne vada a raggiungere la sua Giulia in paradiso, o piuttosto all'inferno, visti i danni che i due hanno combinato.

E invece i medici fanno il miracolo.

Ripuliscono la ferita, levano i frammenti d'osso, ricompongono i brandelli di encefalo devastati dal colpo di pistola. Poi aspettano. Non solo l'incerto esito della lotta tra vita e morte, ma l'entità delle menomazioni che il loro paziente si porterà appresso, nel caso, improbabile, che dovesse scamparla.

Nel frattempo, le indagini proseguono, e perquisendo gli

abiti che il tenente indossava al momento del delitto, salta fuori uno scritto, indirizzato all'amico Rodolfo Serrao.

> Carissimo Rodolfo, quando leggerai questa lettera sarò morto. Ho pensato alle parole che mi ha detto lei e che mi hanno affiaccato.
>
> Lasciarla?
>
> Meglio morire con lei.
>
> Ti prego di partecipare la notizia ai miei genitori e di ritirare le mie due valigie all'albergo. In una ci sono documenti riservati.
>
> Addio.
>
> Vincenzo.

È sconvolto Serrao, perché lui conosce bene tutta la storia d'amore tra Giulia e Vincenzo, di cui è cognato avendone sposato una sorella.

Paternò a un certo punto l'ha coinvolto per le sue competenze di avvocato, chiedendogli consiglio sulla posizione economica di Giulia, su come ella dovesse gestire il patrimonio dopo la separazione dal marito.

Pian piano Rodolfo è diventato il confidente di Giulia, ha mediato i litigi della coppia, e in qualche occasione è pure diventato il bersaglio ingiustificato degli attacchi di gelosia di Vincenzo.

Si è reso conto che la vicenda stava prendendo una brutta piega e ha suggerito a Giulia di non accettare l'ultimo, fatale appuntamento. Ma non è stato abbastanza convincente, e allora ha rivolto le sue attenzioni al cognato, arrivando a controllare che non andasse armato all'incontro, che non si portasse nulla adatto a a offendere.

Ma Vincenzo la pistola la teneva custodita in una valigetta e il coltello l'ha acquistato proprio sulla strada del Rebecchino. Una lama affilata e micidiale, tanto che per averla ha dovuto dare le proprie generalità all'armaiolo.

Passano venti giorni, venti giorni che Vincenzo Paternò trascorre in coma, prima di risvegliarsi. Chiede subito della sua Giulia, sembra non ricordarsi d'averla uccisa, anzi massacrata con più di venti coltellate, molte delle quali inferte dopo che era già morta.

Lei, o meglio il suo corpo straziato, l'hanno già sepolta con frettolosa cerimonia, cui non ha partecipato nessun familiare, né un membro di quell'aristocrazia sulla quale ha gettato discredito con la sua disinvolta condotta.

Il tentato suicidio di Vincenzo, contrariamente all'ipotesi dei medici che lo hanno salvato, non gli lascia gravi danni, a parte la vistosa cicatrice alla tempia e un certo rallentamento nei processi di pensiero. Ma la difesa dell'imputato sostiene che vale la pena di capirci un po' di più delle sue condizioni, prima di cominciare con udienze e dibattimenti.

E allora, il 24 ottobre 1911, si chiama in causa il celebre professor Saporito, direttore del manicomio criminale di Aversa, uomo che ha fatto la storia della psichiatria forense italiana. Già ai tempi incaricato di esaminare il brigante Musolino, gli toccheranno più tardi le perizie su Antonio Gramsci, quindi, dopo la guerra, quelle di Rina Fort e della contessa Pia Bellentani.

Filippo Saporito si prende il suo tempo con Vincenzo Paternò, il quale è pur sempre un soggetto che si è tirato un colpo in testa. Visite mediche e neurologiche, esami del sangue e radiografie, poi test psicologici e tante, tante ore di colloquio.

Alla fine restituisce alla Corte d'Assise l'uomo insieme al suo giudizio: trattasi non di malato, ma di volgare impostore e se c'è qualcosa in lui che non va, è solo frutto di simulazione.

Con quest'ultimo passaggio, l'istruttoria per l'omicidio di Giulia Trigona si completa in poco più d'un anno, e il 17 maggio 1912 si apre il processo a carico di Vincenzo Paternò.

Il procuratore generale del re non è solo, nell'opera di distruzione dell'imputato che si accinge a compiere. Romualdo Trigona, in rappresentanza delle figlie, si è costituito parte civile, affidandosi agli avvocati Marchesano e Lidonni.

Lui, Vincenzo, ha scelto Arturo Vecchini, principe del foro.

Nato ad Ancona il 18 novembre 1857, figlio di un capitano di lungo corso, patriota e carbonaro, l'avvocato Vecchini è un indiscusso maestro d'eloquenza, tanto da essere già stato chiamato nei processi più celebri del secolo, a difendere prima Linda Murri, poi, due anni prima a Venezia, la contessa Maria Nicolajevna Tarnovska.

E questo nonostante si sia dedicato all'avvocatura quand'era già avanti negli anni, dopo una lunga esperienza di professore di liceo e giornalista, di sindaco della sua città e poi parlamentare.

Il suo «segreto» sta nel segnarsi a fianco dei discorsi le parole «chiave», che gli permettono di non perdere il filo del ragionamento mandato a memoria. Ma soprattutto la capacità di cogliere i momenti giusti in cui sbrigliare la propria foga retorica, appellandosi a sentimenti ed emozioni.

Quella tra Vecchini e i colleghi si trasforma presto in una battaglia accesa, che spesso accarezza i toni del reciproco insulto.

Le strategie sono chiare: per l'accusa e la parte civile, Paternò è un mostro, capace dapprima di approfittare delle debolezze di una povera donna, quindi di tenerla legata a sé con le minacce. Al tenente di cavalleria non è mai importato nulla di Giulia Trigona, per lui era stata solo una conquista, la dimostrazione che nessuna donna poteva resistere al suo fascino. Poi, quando si era ritrovato senza le rendite di famiglia, aveva preso a estorcere il denaro alla sua amante.

Se l'aveva spinta alla separazione, non era perché l'amava e voleva vivere con lei, ma piuttosto sfruttare il suo patrimonio, necessario per mantenere i vizi cui sempre era stato abituato.

Accuse che Arturo Vecchini restituisce al mittente, portando testimonianze e decine di lettere che Giulia e Vincenzo si erano scambiate.

A ogni accorata espressione d'amore dell'uno, accompagnata dal timore del tradimento e da manifestazioni di sfrenata gelosia, l'altro rispondeva rilanciando, altrettanto innamorato, altrettanto geloso.

Altro che mostro d'astuzia da un lato, e ingenua, succube preda dall'altro!

Per Vecchini il delitto è piuttosto maturato in una sorta di follia amorosa, non certo premeditata ma così travolgente d'avere minato le capacità di intendere e volere del suo assistito.

Durante le udienze Vincenzo Paternò sta seduto a capo chino, assente. Smunto e macilento, non si intravede in lui più nulla che ricordi lo sfrontato cavaliere di un tempo, nulla del fascino arrogante che gli consentiva di conquistare tanti cuori femminili.

Il 27 giugno, alla conclusione del processo, ecco l'arringa appassionata dell'avvocato Vecchini, estremo tentativo di difesa di Vincenzo Paternò.

«Costui ha chiesto a Giulia Trigona tutto ciò che la dolcezza e soavità potevano dare, ma anche egli ha dato a lei tutto quello che poteva!

No, non vi fu premeditazione. Non premedita chi vuol morire.

In questo momento si eleva davanti alla vostra coscienza la terrifica figura del suicida. La morte non l'ha voluto.

Tutti i dolori del mondo sono sopra di lui.

Quando l'uomo, così, è un sopravvissuto che volle la tenebra, chi deve giudicarlo è la pietà!»

Ma il verdetto è ormai deciso.

Potenza della politica e del lignaggio, quell'opera di riabilitazione che non è riuscita con Linda Murri, si realizza con Giulia Trigona.

Pian piano, nell'opinione pubblica, nell'aula del tribunale, Giulia si è trasformata da donna di facili costumi, da imbarazzante adultera a vittima delle macchinazioni d'un diabolico amante.

Qualcosa di prevedibile, perché Giulia non era solo una rappresentante dell'aristocrazia siciliana. Piuttosto, e prima d'ogni cosa, era la dama di compagnia della regina.

Impensabile gettar discredito sulle scelte della consorte di re Vittorio Emanuele, che, si sapeva bene, voleva accanto a sé solo donne belle, colte, ma soprattutto di specchiati valori morali.

E altrettanto impensabile disonorare l'esercito di Sua Maestà, riconoscendo che un Vincenzo Paternò potesse rappresentarlo in qualche misura.

Una mela marcia, da isolare prima, e gettare poi.

Con buona pace dell'avvocato Vecchini, la sua difesa, ammirevole e di grande valore, nulla avrebbe mai potuto in un caso come questo.

Un paio d'ore dopo il suo ultimo tentativo, e precisamente alle 20 e 55, i giurati si ritirano in camera di consiglio.

Ne escono solo 22 minuti più tardi, per leggere il verdetto:

«Vincenzo Paternò è ritenuto colpevole di omicidio premeditato, e di porto d'arma insidiosa, senza attenuanti di nessun genere. Per lui la pena è quella dell'ergastolo».

Nel 1942, all'età di 62 anni e dopo averne passati in carcere più di trenta, Vincenzo Paternò riceve la grazia del re.

Nuovamente libero, si sposa e ha un figlio.

Muore nel 1949.

Questa la storia della contessa Giulia Trigona, nata Filangieri Tasca di Cutò, e del suo amante Vincenzo Paternò del Cugno.

Resta poco da aggiungere, solo qualche aneddoto che con il dramma ha poco a che fare, ma permette di capire meglio l'ambiente, e dare a chi legge la soddisfazione di conoscere risvolti e curiosità.

A cominciare dalla sfortuna che sembra essersi accanita con la famiglia di Giulia. Oltre a lei, assassinata dall'amante, altre sorelle non hanno miglior sorte. Nicoletta muore nel terremoto di Messina del 1908, Maria si suicida, mentre Teresa cade in depressione, abbandonata dal marito.

L'ultima, Beatrice Mastrogiovanni Tasca di Cutò, può invece dirsi lieta del suo destino. Non solo è donna bella, colta e raffinata, ma le capita anche d'essere madre di uno dei più celebri scrittori d'Italia, Giuseppe Tomasi, principe di Lampedusa.

E palazzo Filangieri, la splendida dimora dove Giulia passeggiava da giovanetta, diventerà, nel suo romanzo, Donnafugata, la residenza del Gattopardo.

Romualdo Trigona riuscirà a risollevarsi dallo scandalo. Tornato a Palermo con le figlie, diventa sindaco della città nel 1913.

Ancora più importante la storia di Giovanna, la più piccola all'epoca della tragedia. Sempre impegnata in attività umanitarie, è crocerossina e volontaria durante la Seconda Guerra Mondiale.

Nel 1947 è tra i fondatori del Movimento Sociale Italiano, poi è la prima donna a sedersi nel consiglio comunale di Palermo. L'assistenza ai profughi e ai poveri, sempre al centro del suo impegno, non le fa trascurare la passione per l'arte e la cultura, tanto che, insieme alla sorella Clementina, al cugino Tomasi di Lampedusa e a molti altri, fonda il Piccolo Teatro di Palermo.

Quando muore, a novant'anni, le dedicano una lapide.

Di lei, figlia di una povera donna ammazzata dall'amante, scrivono: AMÒ TUTTI E FU RIAMATA, UNÌ TUTTI E NON SEPARÒ MAI.

Giulia ne sarebbe stata felice.

III

1947 – Il delitto dell'alabarda

La storia del conte Giovanni Pellegrini Malfatti

Immaginate un teatro e, al centro della scena, un uomo.

Immobile.

Lo inchioda al palcoscenico il lampo di un riflettore, mentre fissa un corpo sanguinante, steso a terra, lì accanto.

Protagonista unico, in questa storia, è soltanto lui.

Certo, chi ha scritto il dramma ci ha messo altri personaggi e qualche comparsa, ma stanno tutti sullo sfondo e la luce li raggiunge a malapena, rivelandone solo i contorni.

Lui, il protagonista, si chiama Alfredo Faotto, nato nel 1897 da una famiglia della piccola borghesia, con quel tanto d'agio da permettergli studi superiori e una laurea in Scienze agrarie.

I primi guai arrivano che ha poco più di vent'anni.

È il periodo della Grande Guerra e, per il suo grado di ufficiale, può disporre di un alloggio in un'abitazione privata; ma Alfredo non trova di meglio, per ricambiare le premure della padrona di casa, che svaligiarle l'appartamento. Colto sul fatto, arriva a negare l'evidenza e, da vero gentiluomo, scarica la colpa sulla domestica, ma la strategia non funziona e arriva la prima condanna.

Nel 1922 chiede la mano della contessa Maria Paola Pellegrini Malfatti, scelta poco gradita dalla nobile famiglia della donna, vuoi per i recenti trascorsi truffaldini del pretendente, che per il diverso ceto sociale.

Faotto non si scompone; in fondo, sostiene accalorato, lui ama Paola. Quanto agli errori del passato, si tratta solo di un errore giudiziario e, se ancora si dubita, c'è padre André, sacerdote belga e privato confessore, pronto a testimoniare quanto lui sia persona «di buona indole e spirito veramente cristiano».

Appena il tempo di celebrare le nozze e Alfredo mette di nuovo in mostra il suo talento. Succede infatti che diventi l'uomo di fiducia del conte Novello Papafava dei Carraresi, nobiluomo padovano, che negli anni '60 sarà anche presidente della Rai.

Da lui riceve l'incarico di amministrare i beni della casata, una grande opportunità per farsi un nome e avere accesso al bel mondo, per di più passando dalla porta principale.

Alfredo disattende ogni aspettativa lanciandosi in truffe e operazioni tanto disinvolte da precipitare i Papafava in bancarotta. Vero è che i nobili di solito non sono pratichi di banche e burocrazia, ma quando scoprono che le casse sono vuote, allora denunciano il loro amministratore.

È il 1929 e ancora una volta, piuttosto che riconoscere le proprie mancanze, il colpevole cerca di ribaltare i fatti: la famiglia Papafava non nasconde le proprie posizioni antifasciste e lui denuncia il conte e i suoi al podestà di Verona. Ma non si accontenta di un'accusa generica, s'inventa addirittura una cospirazione: i suoi aristocratici datori di lavoro, quelli che l'hanno denunciato, stanno complottando per assassinare il Duce!

Riscontri ovviamente non se ne trovano e mentre i Papafava finiscono nel mirino dell'OVRA, la polizia segreta di Mussolini, Alfredo fugge in Francia, dov'è raggiunto da una condanna in contumacia a otto anni di carcere.

Dopo un altro brutto affare, e una nuova condanna a due anni, nel 1939 lascia in gran fretta la Francia per spostarsi in Jugoslavia, quindi in Romania, dove si ritrova coinvolto in traffici confusi e in una sordida storia di spionaggio.

Alla fine della guerra torna in Italia e si stabilisce in un piccolo appartamento di Milano che divide con la sua amante, Irene Fratitza, sedicente cantante lirica di origine rumena.

Non si è separato dalla moglie, che nemmeno sa di Irene, piuttosto i due vivono per conto proprio e si incontrano nei fine settimana nella villa che la famiglia Pellegrini Malfatti possiede a Desenzano; perché Maria Paola abita lì, insieme al fratello, il conte Giovanni.

Giovanni Pellegrini Malfatti, sul nostro palcoscenico, è il corpo sanguinante, quello steso a terra accanto al protagonista della storia.

Di quanto ha fatto prima di dedicarsi al ruolo di vittima poco si conosce. La sua è una famiglia della vecchia nobiltà trentina ed egli è persona mite, schiva ma benvoluta. Non gli si conoscono passioni, interessi particolari, nemmeno una storia d'amore, felice o travagliata.

Certo qualche traccia di sé l'ha lasciata, di quelle che potrebbero c'entrare con la sua morte: è stato podestà di Desenzano, vantando l'amicizia di Italo Balbo, ministro fascista dell'aviazione ed eroe di guerra, abbattuto il 28 giugno 1940 nei cieli di Tobruk.

Ma c'è anche da dire che, nell'esercizio dei suoi poteri, Giovanni non ha mai trasceso e, nel 1943, ha preferito ritirarsi a vita privata piuttosto che aderire alla repubblica di Salò.

Un disinvolto furfante e un cadavere discreto.

«Allora, dottor Faotto, ci racconti cosa è successo» lo sollecita il procuratore.

«Ero a letto con mia moglie, la notte del 30 marzo 1947, una notte di bufera, quando verso le due del mattino udii battere alla parete della stanza attigua. Era il conte Giovanni Pellegrini Malfatti, fratello di mia moglie, cognato mio, che avendo udito rumori nel parco, mi invitava a scendere con lui a vedere chi fosse.

Scendemmo a pianterreno: dalla cucina passammo all'uscio di servizio, che dà sul parco della villa. Pioveva a scrosci, soffiava il vento freddo. Il conte m'invitò ad andare a sinistra per fare il giro dell'edificio, mentre egli sarebbe andato in senso contrario.

Avevo appena svoltato l'angolo che udii due colpi di pistola, assordanti nella notte, e vidi due ombre sparire velocemente nel buio. Accorsi. Mio cognato era disteso in terra e perdeva sangue dalla testa. Gridai, chiamai aiuto: accorsero mia moglie e Giuseppe Padovani, un profugo giuliano che era ospite da un mese nella villa.

Non c'era più nulla da fare, tuttavia. Mia moglie e l'amico Giuseppe non poterono far altro che aiutarmi a portare il corpo del conte del suo studio.

Qui, ancor prima che giungesse il medico, egli spirò.»

Ad accorrere per primi, alle grida d'aiuto che arrivano dalla villa, sono gli avieri di stanza nella vicina base di Desenzano, quindi viene chiamato un medico; il dottor Todini non ha dubbi, a uccidere il conte è stato un colpo di pistola sparato al volto.

Tocca al tenente dei carabinieri Luigi Luisiello procedere ai primi rilievi ed escludere subito che si tratti di un suicidio: accanto al corpo, infatti, non si trova nessuna arma da fuoco, ma solo la grossa punta deformata di un'alabarda.

Ma il giorno dopo, le conclusioni di Todini vengono clamorosamente smentite dai medici legali Baronio e Samaia. Per loro, la morte del conte va attribuita non a un proiettile, ma a un colpo di alabarda.

Inevitabile il fermo della contessa, di suo marito Alfredo e di Giuseppe Padovani, tutti sospettati del delitto.

Bastano pochi giorni e una nuova perizia per capire che l'alabarda non c'entra nulla, che il conte è stato colpito alla nuca da un corpo contundente e quindi raggiunto da un proiettile al volto. L'alabarda è finita accanto al cadavere solo perché Padovani, accorso insieme a Maria Paola, ne ha presa una dalla sala delle armi, giusto per sentirsi più sicuro, mentre correva verso il buio e le grida.

Una rapida verifica delle testimonianze, l'assenza di qualunque movente, e agli arresti rimane solo Alfredo Faotto.

Maria Paola e Giuseppe Padovani sono entrati per un momento nel cono di luce del riflettore, ma già scivolano nell'ombra. L'attenzione torna a essere tutta per Faotto e, di riflesso, per il suo muto compagno a terra.

Il capitano Luisiello comincia a intuire che quel delitto si trasformerà in una grana. La notte di tempesta ha cancellato gran parte delle tracce e, se non c'è prova del passaggio di un killer venuto dall'esterno, nemmeno sono rimaste le impronte di chi sulla scena c'è sicuramente stato; dei proiettili, nessuna traccia, non solo del colpo andato a vuoto, ma nemmeno di quello che ha trapassato la testa del conte uccidendolo: chi ha fatto l'autopsia, in mezzo alla massa devastata del cervello, non l'ha visto.

Non si trova nemmeno l'arma.

Ci sono solo un paio di bossoli, esplosi da una calibro 38, a qualche metro di distanza dal punto in cui il conte è stramazzato al suolo, e poi un guanto da uomo, uno solo, adatto a una mano destra.

Intorno a un tavolo, in procura, magistrati e carabinieri provano a ricostruire i fatti, mettendo insieme reperti e testimonianze, ricominciando ancora una volta dal principio.

30 marzo. Le due di notte.

Nel bel mezzo di una tempesta, con pioggia, vento e le acque agitate del lago che si infrangono a pochi metri, Giovanni Pellegrini Malfatti sente dei rumori sospetti, come di passi sulla ghiaia del vialetto sotto le sue finestre.

Svegliato dal conte, Alfredo Faotto infila un paio di mutandoni di lana e un cappotto sopra il pigiama, per ritrovarsi col cognato sul pianerottolo e scendere insieme per le scale.

Nessuno dei due prima di uscire prende un'arma, di qualunque genere, fosse anche solo un bastone; non accendono le luci esterne, pur avendone modo, e nemmeno si muniscono di torce tascabili. Il conte poi, pur avendo la possibilità di indossare un cappotto, essendocene un paio appesi lungo il cammino, finisce per ripararsi alla meglio con una trapunta, tenendola sopra la testa.

Il problema è che nessuno affronterebbe la minaccia di un aggressore, uscendo nel buio più totale, senza un'arma e per di più con le mani impegnate a reggere una coperta per proteggersi dalla pioggia. E ancora: perché invece di uscire dal portone principale di fronte alle scale, i due hanno preferito la porticina di servizio? Possibile poi che in quelle condizioni, anziché muoversi insieme, spalleggiarsi e proteggersi a vicenda, abbiano deciso di separarsi ed esplorare ciascuno una parte del parco attorno la villa?

A tutte quelle incongruenze c'è una sola spiegazione.

È stato Alfredo a inventarsi i rumori, a metter fretta al conte attirandolo all'esterno, per poi tramortirlo e ucciderlo con un colpo di pistola. Quanto all'uscita di servizio, si tratta della via che dà sulla parte più isolata dell'edificio, lontana dalle finestre e dagli sguardi di un inopportuno testimone. E alla fine l'assassino, passato meno di un minuto dagli spari, ha gridato aiuto, per farsi trovare lì, immobile, accanto a un corpo agonizzante.

Faotto potrebbe anche aver tramortito il conte in precedenza, per poi trasportarlo per le scale e all'esterno, appoggiarlo a terra e ucciderlo. Ma il fatto è che in tutta la casa, a partire dalla camera di Faotto, non vi sono segni di colluttazione né tracce di sangue, e la seconda ipotesi non regge.

Fin qui gli indizi, i reperti e le ricostruzioni.

Nel frattempo, passando al setaccio la vita dell'indagato, emerge uno strano precedente. Lo racconta la signora Anita Zanella, la domestica che, assieme al marito, bada alle pulizie dell'appartamento che Faotto tiene in corso Monforte, a Milano.

«Un paio di settimane prima della tragedia, essendomi ancora una volta lagnata della mia disagiata condizione economica, ricevetti dal dottor Faotto una strana proposta. Oggi non so dire se scherzasse o no. Il fatto è che egli mi disse: "Bisogna ammazzare una persona fuori Milano, un fascista, dietro compenso di 10 mila lire d'anticipo, e 200 mila lire a colpo fatto". Mi sentii accapponare la pelle e risposi che noi non saremmo stati capaci di fare certe cose.»

La testimonianza finisce dritta nel fascicolo del pubblico ministero, anche se... insomma, sono trascorsi pochi mesi dalla fine della guerra e in giro c'è ancora un sacco di gente con l'arma in tasca e un conto da regolare, magari anche gratis se si tratta di far fuori un «fascista». Perché Alfredo Faotto avrebbe dovuto rivolgersi a una donna delle pulizie che appena conosceva? Come poteva fidarsi?

Un'altra prova che inguaia l'uomo arriva dalla perquisizione della sua abitazione, dove viene trovato il gemello spaiato del guanto lasciato sulla scena del crimine. Ma anche in questo caso, i dubbi sono legittimi: perché un assassino che ha organizzato con tanta attenzione un agguato omicida si è portato un solo guanto da indossare e non tutti e due? E poi, come pensare sia stato così maldestro da far sparire l'arma del delitto ma scordarsi il guanto?

A proposito dell'arma, il colpo di scena arriva tre settimane dopo il delitto, quando il figlio del custode, impegnato a raccogliere lumache, ne ritrova una nascosta in un cespuglio, a un'ottantina di metri dal luogo del delitto.

I carabinieri abbozzano, si scusano, dicono che forse non hanno guardato bene. Peccato che non ci siano i proiettili. Allora si può solo dire che è una P38 e che il calibro è compatibile coi bossoli ritrovati.

Bisogna però chiarire un paio di punti. Innanzitutto Alfredo Faotto chiama aiuto un minuto dopo il secondo sparo. È quanto ha udito chi era all'interno della casa, e su questo dubbi non ce ne sono. E allora, come ha fatto, in così breve tempo, a spostarsi di ottanta metri, nascondere l'arma in un cespuglio e poi correre indietro e farsi trovare accanto al corpo? Se proprio voleva liberarsi della pistola, perché non approfittare delle acque del lago, subito profonde a pochi metri?

Secondo punto: nella relazione del perito balistico professor Oggioni, sta scritto che «l'arma non può essere rimasta nel luogo ove fu rinvenuta per più di quattro giorni», perché non c'è traccia di ossidazione e ruggine, inevitabili se fosse stata esposta all'umidità e alla pioggia caduta nelle tre settimane successive al delitto.

Ma con il Faotto agli arresti, se la P38 è stata nascosta non più di quattro giorni prima, allora qualcuno ce l'ha messa per inguaiare ancora di più l'unico sospettato. Forse per qualche verso c'entra la famiglia Pellegrini Malfatti, che ha sempre mal sopportato Alfredo.

Resta ancora un aspetto da affrontare, prima di arrivare al processo, ed è il più importante, perché gli indizi a carico dell'indagato sono contraddittori e non possono essere considerati prove: il movente.

La procura, almeno su questo, non ha dubbi: Alfredo Faotto ha ucciso il conte Giovanni Pellegrini Malfatti per un bieco interesse economico, e che sia capace di tutto pur di arraffare denaro lo testimoniano i suoi trascorsi criminali e le condanne che ha subìto.

Il fatto è che non si riesce a dimostrare che l'indagato abbia particolari difficoltà finanziarie, perché traffica in titoli, azioni, terreni e gioielli con mezzo mondo, dalla Francia alla Siria; affari leciti o spregiudicati, redditizi o in perdita, e comunque un tale *tourbillon* che non se ne viene a capo.

Inoltre, ha appena vinto una causa in Romania, per alcuni affari saltati in tempo di guerra: il tribunale di Bucarest gli ha riconosciuto un risarcimento pari a trecento milioni dell'epoca.

Si prova allora a sondare un'altra pista: forse l'assassino ha saputo che il conte stava per sposarsi, e così sarebbe sfumata parte dell'eredità di famiglia destinata alla moglie Paola, quindi a lui.

La cercano questa presunta fidanzata, una ragazza bionda, o forse mora, che Giovanni avrebbe conosciuto al sud, durante la guerra. Il fatto è che bionda o bruna, della giovane non c'è traccia. Certo, che a dirla tutta, il conte possedeva la villa di Desenzano, un palazzotto a Trento e qualche ettaro di terra coltivabile, non un patrimonio da favola.

Giunti a questo punto è lecito domandarsi come sia possibile rinviare a giudizio Alfredo Faotto sulla base di quanto sin qui raccolto: nessun testimone, nessun movente, l'arma del delitto, e nemmeno è certo sia quella, ritrovata tre settimane dopo il fatto e senza un filo di ruggine.

Vero è che qualche elemento a carico di Faotto esiste, per esempio il guanto, e poi lo strano tentativo di trovare un assassino su commissione appena pochi mesi prima dell'omicidio.

Piuttosto ciò che porta la procura a chiedere incriminazione e condanna, è un percorso logico, tanto logico quanto opinabile: se non c'è prova che il delitto sia opera di un aggressore esterno, allora l'assassino va cercato tra gli occupanti di palazzo Pellegrini Malfatti e poiché Alfredo Faotto ha alle spalle una storia da truffatore, non può essere stato che lui. Come se l'arte del raggiro sia propedeutica all'omicidio, cosa che oltre tutto non corrisponde al vero, perché chi per predisposizione e interesse è votato all'imbroglio, solitamente rifugge dalla violenza fisica.

Alla vigilia del processo, la pubblica accusa trova però un inatteso e formidabile alleato: Maria Paola Pellegrini Malfatti, infatti, si costituisce parte civile contro il marito, chiedendo il risarcimento simbolico di una lira.

E lo fa con una dichiarazione pesantissima:

«Allorché vidi il mio povero fratello steso a terra e imbrattato di sangue, in un impulso che mi viene difficile spiegare, mi rivolsi a mio marito, che si trovava inginocchiato con me vicino al corpo, ed esclamai: "Che cosa hai fatto?". Pronunziate queste parole rimasi atterrita per il mio contegno».

Un secondo e determinante sostegno, la procura lo trova nel comportamento dello stesso Faotto durante il processo. I cronisti descrivono Alfredo come un imputato che non ha capito l'importanza della posta in gioco, come fosse su un palcoscenico dove l'unica cosa che conta è fare bella figura.

Curato nell'abbigliamento, un paio d'occhiali tondi sopra uno sguardo ammiccante e un sorrisetto storto, pare concentrato a dare di sé l'immagine di un uomo spavaldo, capace di affrontare le avversità della vita. E, invece, dà solo l'impressione di un mediocre furfante indifferente agli altri.

Gli chiedono delle disavventure passate, quelle per cui l'hanno condannato, e anziché ammettere le colpe, dire al più che ha già pagato per quegli errori, lui continua a negare: non ha rubato in casa durante la guerra, ma anzi ha cercato di difendere l'onore della servetta, la vera ladra. Non ha mandato sul lastrico la famiglia Papafava, anzi ha tentato di salvarla dalle allegre e dissennate spese del capofamiglia. E nemmeno li ha denunciati come antifascisti, quello è stato un suo omonimo; lui li ha aiutati, con la sua testimonianza, a evitare guai peggiori con l'OVRA.

Un comportamento processuale votato al suicidio.

Succede a chi è talmente afflitto da un narcisismo maligno da non accorgersi che dinnanzi alla giuria, con il cadavere di un innocente in mezzo, è meglio abbassare la testa e i toni, altro che vantarsi delle proprie imprese.

Gli avvocati della difesa, Bianchi e Nanni, le provano tutte, ma Alfredo Faotto è il peggior nemico di se stesso.

Il processo si svolge rapidamente, dal 3 al 12 maggio 1949: cinque giorni di dibattimento, tolte le arringhe, di cui uno passato a interrogare l'imputato e uno a effettuare un sopralluogo della villa.

Davanti al giudice Mazzarri, il procuratore chiede il carcere a vita, perché «anche se l'imputato non è stato colto con le mani nel sacco, basta a condannarlo il convincimento che i giudici si sono fatti degli indizi».

Replica l'avvocato Giuseppe Nanni, sostenendo che «libero convincimento non significa né licenza né arbitrio. Non si chiede l'ergastolo senza che si sappia perché un uomo debba essere destinato al sepolcro dei vivi». Gli fa eco il collega Mario Bianchi: «Alfredo Faotto ha la palla al piede di essersi trovato solo, quella tragica notte, accanto al cadavere del cognato. Alle due ombre che vide dileguarsi non ha saputo dare un nome, e perciò si è arrivati a una conclusione semplicissima: è stato lui!»

Bastano quattro ore alla giuria per tornare in aula con il verdetto: ergastolo, con l'aggiunta di sei mesi d'isolamento e il pagamento della simbolica lira, chiesta come risarcimento dalla parte civile.

Ci vogliono tre anni prima di arrivare all'appello, che inizia a Milano il 23 aprile del 1952. Cambiano il presidente della corte e il procuratore, mentre la difesa è ancora affidata agli stessi legali. Ma forse c'è qualcosa di nuovo, qualcosa che può ribaltare la sentenza di primo grado.

Bisogna però prima disinnescare la parte civile, perché aver contro la propria moglie, convinta che tu sia l'uomo che gli ha assassinato il fratello, non è una buona cosa, e allora Alfredo scrive a Maria Paola.

La lettera porta la data del 13 marzo 1952, esattamente cinque anni dopo l'ultima missiva non proprio elegante, in cui l'uomo ha chiesto un sostegno economico, per sentirsi rispondere: «Fatti dare i soldi da quella donnaccia della tua amante».

Chiede perdono, Alfredo, ma non per l'omicidio, perché lui continua a proclamarsi innocente. Piuttosto per i torti che le ha fatto, la vita che l'ha obbligata a condurre, le bugie, i tradimenti.

Ma la Maria Paola che replica non è più la donna fragile e succube con cui ha diviso parte della vita, piuttosto una donna resa più forte e più dura dal disincanto.

«Ti ho sempre creduto, perdonato e difeso, sempre volendo perdonare le amarezze, le umiliazioni che in tanta parte della nostra vita comune da te mi sono venute.

Ma come puoi ora chiedermi di difenderti, oggi che tra te e me c'è una povera tomba insanguinata che accusa?»

Strada sbarrata, dunque, ma la difesa non si scoraggia e torna a puntare sull'ipotesi di uno o più aggressori venuti dall'esterno.

Non si è mai potuto escluderne con certezza la presenza sulla scena del crimine, dato che la pioggia e il vento, in quella notte di tempesta del 1947, hanno cancellato ogni impronta, confuso ogni traccia.

Ci sono tre possibili moventi che possono aver spinto un uomo a penetrare nei giardini di villa Pellegrini Malfatti e poi a uccidere. Gli avvocati non solo li presentano, uno a uno, ma ci accostano pure un personaggio in carne e ossa.

È questa la grande novità dell'appello: dare un nome a quelle che cinque anni prima Alfredo Faotto aveva descritto solo come ombre inghiottite dal buio.

La prima ipotesi si fonda sulla figura del «ladro spaventato», un delinquente di mezza tacca, uno sbandato che, sorpreso mentre cercava una via per entrare nella villa e svaligiarla, aveva reagito sparando.

C'è un tale, uno che si chiama Battista De Profeti che, detenuto in Sardegna, ha confessato al compagno di cella d'essere stato lui a uccidere Giovanni Pellegrini Malfatti.

Lo vanno a interrogare e lui, Battista, dice che non è vero, che non ha detto quelle cose, piuttosto ha parlato di alcuni aspetti «interessanti» sul delitto dell'alabarda di cui è venuto a conoscenza in carcere, ma oltre non va.

Allora gli avvocati di Faotto chiedono che si faccia un confronto tra i due carcerati, per capire cosa si siano detti davvero. Richiesta accolta, solo che i «competenti organi» ci mettono così tanto a organizzare l'incontro, che Battista De Profeti finisce di scontare la sua pena e sparisce nel nulla.

Si passa allora alla seconda ipotesi.

Verso la fine del 1949, arriva alla Questura di Parma una lettera anonima. Chi scrive dice di sapere cosa è accaduto a Desenzano, che è scritto sul foglio che allega, un biglietto spedito da un certo signor Bonfatti a un tal Risso.

Bonfatti, killer su commissione, informa Risso d'aver eliminato l'autista di piazza Marini, perché questi «aveva riconosciuto il colpevole dell'assassinio del conte Giovanni Pellegrini Malfatti e aveva minacciato di denunciarlo».

La fantasia di un mitomane? Cosa probabile, perché a carabinieri e polizia tutti quei nomi non dicono nulla.

Ma perché la lettera viene trasmessa alla corte di Milano solo nell'aprile del '52, più di due anni dopo essere arrivata in Questura?

Forse un'indagine più approfondita non avrebbe prodotto risultati, ma non si può dar torto agli avvocati: ecco l'ennesima dimostrazione che si è indagato a senso unico, che non tutte le piste sono state battute, che ci si è limitati a cercare prove a carico in una sola direzione.

Resta un terzo possibile scenario, e qui le cose si fanno decisamente interessanti.

Finito il primo processo, al tenente Conforti di Desenzano si presenta il signor Azeglio Loda, commerciante, raccontando che in occasione di un breve viaggio in compagnia del conte, poco prima che venisse ucciso, questi gli avrebbe espresso tutta la sua preoccupazione per una vicenda spinosa.

C'entrava un capo partigiano della zona, nome di battaglia «Tito», e una disputa tra i due che riguardava la requisizione di cinque locali di villa Pellegrini Malfatti. Il sindaco della città aveva emesso un'ordinanza in favore di Tito il 29 gennaio del 1947, e 4 giorni dopo il conte aveva depositato la sua opposizione al provvedimento.

Con il Loda, Giovanni era stato chiaro: «Sono stato un soldato e non voglio subire prepotenze; piuttosto che farmi requisire delle stanze, faccio saltare in aria la villa».

Al che il commerciante aveva ribattuto che con «Tito» non c'era da scherzare e, quando ne aveva discusso con amici e conoscenti, anche in loro era affiorato il timore che la vertenza potesse finire nel sangue.

Altro che ombre nella notte!

Finalmente c'è una pista interessante, qualcosa su cui investigare, da portare dritto nel processo d'appello per disegnare nuovi scenari.

Ma, incredibilmente, la corte rifiuta d'ascoltare le nuove testimonianze, le giudica «non influenti».

E allora anche gli avvocati Nanni e Bianchi si rassegnano, i loro sforzi sono inutili, la causa perduta, la condanna all'ergastolo confermata.

Sono gli anni del dopoguerra.

Non conta che il conte Giovanni Pellegrini Malfatti sia stato un funzionario del governo fascista. La gente è stanca della violenza, della crudeltà. L'unica ambizione, il solo desiderio è quello della «normalità».

Un omicidio è uno strappo, una lacerazione.

Trovato ago e filo, bisogna allora fare in fretta; qualche punto di sutura dato con mano ferma, e di lì a poco nessuno noterà più la cicatrice.

Sul palcoscenico, la luce del riflettore che illumina Alfredo Faotto s'attenua e di lui si scorge solo la sagoma.

Poi, nel 1954, anche l'ultimo ricorso in Cassazione è respinto.

Buio.

IV

1948 – Il delitto dell'ermellino

La storia della contessa Pia Bellentani

Lei è Elvira Leonardi, ma tutti la conoscono per il soprannome, «Biki», che è anche il suo marchio di fabbrica. Biki, che si scrive con la kappa e sembra un richiamo esotico, arriva invece dal nostrano «bicchi», o birichina, come la chiamava da piccola nonno Giacomo, Giacomo Puccini da Lucca.

Una bimba vivace, curiosa, e non ha compiuto diciott'anni che inizia a girare il mondo, a frequentare l'ambiente della Scala di Milano, i Toscanini, i Florio, la celebre danzatrice Isadora Duncan.

La moda le piace e a Parigi, nel 1933, le arriva la prima proposta di lavoro; anche se l'occasione sfuma, Elvira ormai ha capito che quella è la sua strada e, tornata in Italia, apre un atelier di biancheria intima con l'amica Gina Cicogna.

Non solo è un grande successo, ma trova pure un padrino d'eccezione per la sfilata d'esordio, nientemeno che Gabriele D'Annunzio. Il «vate» suggerisce persino il nome della griffe, «Domina» e, nella primavera del 1934, si presenta in passerella, applaude convinto e approfitta per prendersi a sbafo reggiseni e *guêpières* da regalare all'amante di turno.

Due anni dopo, il 5 maggio del 1936, Biki firma la prima collezione d'alta moda.

Da questo momento in poi, diventa la sarta delle grandi signore milanesi e il suo laboratorio, a pochi passi da via Montenapoleone, è il luogo d'incontro delle grandi personalità della cultura; come Wally Toscanini, come Maria Callas, ed è proprio lei a prendere il soprano e trasformarla in un'icona di eleganza.

È perciò una donna di successo quella che la sera del 15 settembre 1948 presenta la sua proposta per l'inverno, accompagnata dal marito, l'amabile francese Robert Bouyeure.

Ma c'è subito un impiccio: un mascalzone della concorrenza è riuscito a chiudere a chiave un paio di modelle, due bellissime ragazze di Christian Dior, impedendo loro di arrivare per tempo. Biki si ritrova così a doverle sostituire all'ultimo istante, senza contare che ha pagato in anticipo il *cachet* di 50 mila franchi e sa che non riuscirà più a recuperarlo.

A sollevarla, almeno la soddisfazione d'avere scelto il luogo adatto per la sfilata, la bellissima Villa d'Este a Cernobbio, non lontano da Como. L'ha voluta fortemente, perché Villa d'Este è splendida e ha pure il prestigio di una storia antica, tanto che il primo edificio risale addirittura al 1442, un convento femminile voluto da Gerardo Landriani Capitani, vescovo di Como. Nel 1565, il cardinale Tolomeo Gallio lo fa abbattere per costruirci una residenza privata, ma, alla sua morte, gli eredi l'abbandonano ed è solo con la fine del '700 che il marchese Calderari l'acquista e la riporta agli antichi splendori.

Passa ancora di mano e nel 1815 ci va ad abitare Carolina Amalia di Brunswick, principessa del Galles, moglie separata del futuro re Giorgio IV. Con lei il palazzo prende il nome di Nuova Villa d'Este, a ricordare il più celebre edificio di Tivoli.

L'ultimo atto, alla fine dell'800, è la trasformazione in albergo di gran lusso, con una clientela esclusiva, selezionata tra la nobiltà e l'alta borghesia europea.

Sono proprio loro, i nobili e i ricchi borghesi, che Biki accoglie nel grande salone tagliato in due dalla passerella e illuminato da uno splendido, enorme lampadario in cristallo.

Mentre eleganti e discreti camerieri scivolano tra gli invitati, accompagnandoli ai tavoli, e l'orchestra inizia a suonare motivetti alla moda, ecco apparire la principessa D'Alemberg insieme a Sabri Pascià, zio di re Faruk I d'Egitto. Poi tocca a uno degli uomini più ricchi del mondo, «monsieur le Baron», come lo chiamano da più di mezzo secolo i *maîtres* d'hotel di tutto il mondo. Maurice de Rotschild, in verità, più che a un aristocratico assomiglia a un vecchio obeso un po' eccentrico, con tanto di cappellaccio di paglia calcato in testa.

Quindi è la volta dei *parvenus*, quelli che il titolo nobiliare l'hanno conquistato da poco, oppure non ce l'hanno affatto, ma in cambio hanno un portafoglio gonfio, e il denaro si sa, per quanto volgare, fa girare il mondo.

Fa il suo ingresso la signora Ada Mantero Locatelli, seguita dal commendator Remo Cademartori, a rappresentare la gagliarda industria dei formaggi, e appresso giungono il conte Lamberto Bellentani con la moglie Pia, soprannominati dalle malelingue i «patrizi dello zampone», per via della fortuna costruita sugli insaccati.

Ma a parte le battute su salumi e salumai, tutti si voltano a guardare la contessa Bellentani, ad ammirarne le splendide forme, fasciate in un lungo abito di raso bianco.

Pia Caroselli è nata a Sulmona il 29 gennaio 1916, ultima di sei figli di Marta e Romeo, uomo intraprendente, capace di partire da un negozio di ferramenta per trasformarsi in imprenditore di buon successo.

Fin verso i vent'anni Pia è cresciuta tra la protezione della famiglia e il collegio di suore, con un temperamento incline al romanticismo, fatto dell'amore per le arti e improvvise scivolate melanconiche.

In lei Freud avrebbe certo riconosciuto i segni della piccola isteria, accompagnata da qualche gesto suicida poco convinto, come l'accenno a gettarsi da una finestra, o un piccolo sorso di veleno subito dichiarato, tanto da trovarvi immediato rimedio.

Bella, sensibile e instabile.

La miscela giusta per far perdere la testa agli uomini, cosa che puntualmente si verifica con Lamberto Bellentani, un giorno d'inverno del 1938, all'albergo Castellino di Cortina d'Ampezzo.

Lui è un uomo di quarant'anni dai modi gentili, non particolarmente bello ma di buon portamento, ed è in compagnia di amici quando la vede la prima volta. Non riesce a staccarle gli occhi di dosso, incantato, fino a quando la compagnia non lo risucchia in giochi e balli.

Solo la mattina dopo si rende conto che nemmeno conosce il nome di quella splendida creatura. Ma quando cerca di rimediare, la famiglia Caroselli ha già lasciato Cortina. Solo un caso rimette il conte sulle tracce di Pia: un amico, dirigente di banca a Milano, che scopre non solo originario di Sulmona, ma, gioco del destino, è pure lo zio della giovane.

Nel 1939 Pia Caroselli diventa la contessa Bellentani.

Nel 1940 nasce Flavia, poi arriva Stefania, ma la passione tra i due, se mai ve n'è stata, finisce qui.

«Dopo quelle figlie sopravvenne tra noi come una saturazione, una indifferenza coniugale» dirà il conte, che peraltro non sembra patirne troppo.

Pare infatti che la preoccupazione principale del nobiluomo sia sempre stata quella di schivare il lavoro, di trovare al più un modo nuovo per trascorrere la serate. Ma, beninteso, senza grande inventiva e solo dopo aver gustato il godimento del sonnellino pomeridiano, cui dedica almeno tre ore di totale abbandono.

La bella, sensibile, instabile, ma soprattutto giovane contessa non può sopportare che sogni e passioni muoiano tra gli sbadigli e la noia di un marito devoto quanto noioso.

E nel 1941 succede qualcosa.

La famiglia Bellentani, per sottrarsi alle spiacevoli conseguenze della guerra, si trasferisce in una villa che s'affaccia sul lago di Como; è un altro mondo, pieno di balli e feste, e ad animare le serate mondane c'è un signore, che di nome fa Carlo Sacchi e di mestiere l'imprenditore tessile.

Carlo ha una bella moglie, Lilian Willinger, che ha conosciuto al «Cecil» di Lugano, un raffinato locale notturno dove lei si esibiva in fantasiosi e applauditi numeri di ballo. Ha pure due figlie cui vuole un gran bene, ma questo non gli impedisce di essere un impenitente dongiovanni nonché un poeta, capace di pubblicare *La sciura* (signora) *Luisina*, raccolta di versi pornografici, in cui descrive nei dettagli le proprie avventure erotiche.

Che sia un amante diabolico, un rimatore licenzioso, o solo un mediocre personaggio di provincia al quale piace apparire trasgressivo, sta di fatto che Pia Bellentani se ne innamora perdutamente. E non si limita a donargli il suo cuore, gli si dedica totalmente, con la missione di mondarlo da tutto ciò che ha di volgare, di eccessivo.

Arriverà a dire: «Volevo correggere il suo carattere; fare di lui un uomo buono, più morale, più onesto. Sputava sui crocefissi!».

Certo che la contessa, a dispetto delle nobili dichiarazioni, è intrigata piuttosto dal lato più torbido dell'amante, come si può intuire dal messaggio che invia a Carlo dopo i primi, travolgenti amplessi: «Hai suscitato in me sensazioni mai conosciute, hai sconvolto il mio cuore e i miei sensi. Attraverso questo amore io sento d'essere diventata oggi una donna diversa».

Nobili intendimenti e tempeste ormonali, il problema sta nel fatto che chi si agita, si strugge, s'appassiona e s'ingelosisce è soltanto Pia Bellentani. Carlo pensa ad altro, alle figlie, alla fabbrica, alla sua collezione di donne. Lilian, la moglie tedesca, che sa e sopporta, arriva a contargli sette amanti contemporaneamente, e Pia è solo una di queste.

La contessa si accorge che ormai l'amante appassionato si è trasformato in un uomo distaccato e freddo, che si fa beffe dei suoi sentimenti; ma anziché trovare la forza di abbandonarlo, cerca di legarlo a sé riprendendo le abitudini adolescenziali delle crisi e delle minacce: se lui la lascerà, lei si toglierà la vita, si tirerà un colpo in testa o si getterà nel lago. Arriva persino a saltare su una «lambretta» e a scagliarsi contro l'auto di Carlo, ammaccando entrambe le carrozzerie e il proprio orgoglio.

Il colpo di grazia prende le forme seducenti dell'ultima conquista, Sandra Guidi maritata Cozzi, detta «Mimì».

Carlo Sacchi smette di cercare Pia e inizia a farsi vedere sempre più spesso al fianco di Mimì, durante le vacanze al mare, in gita a Firenze, nei teatri di Milano.

15 settembre 1948.

È da molto calato il sole, quando la contessa Bellentani decide di vestirsi, sfila dall'armadio l'abito bianco e lo appoggia sul letto.

Per tutta la giornata l'emicrania non le ha dato tregua, costringendola a starsene coricata, con gli occhi chiusi e le imposte serrate. L'ha cercata due volte al telefono Lilian, la moglie di Carlo che sa e finge di non sapere, raccomandandole d'essere puntuale quella sera. Pia le ha risposto che non sa se riuscirà a farcela.

Arrivate le nove le pare di star meglio, ma ancora non si decide. Si prende piuttosto un'altra mezz'ora, che passa immobile, fissando la pendola appesa al muro di fronte. Poi si scuote, si alza e si ritrova pronta ad affrontare l'appuntamento.

Indugia davanti allo specchio, si trucca con cura, poi sceglie i gioielli; un ultimo tocco, la pelliccia d'ermellino appoggiata con gusto sulle spalle, ed è pronta.

Prima di uscire, passa in camera dalle bimbe che aspettano il bacio della buona notte, e per loro si esibisce in qualche volteggio, a mostrare quanto le stia bene l'abito.

Si sente bella.

Vuole essere bella.

Lamberto, nell'auto che li porta a Villa d'Este, la scruta in volto, perché c'è qualcosa di diverso, ma non riesce a comprenderlo.

Pia attraversa l'atrio e i lunghi corridoi che si aprono nella grande sala, tra gli sguardi ammirati degli altri invitati.

Ciò che le passa in mente e le illumina gli occhi lo racconterà solo alcuni anni dopo.

«Circa un mese prima, forse qualcosa di più, forse qualcosa di meno, Carlo, dopo uno di questi incontri tempestosi che avevano ormai luogo abitualmente tra noi, mi ha fatto, a bruciapelo, un'assurda proposta. "Partiamo, Piuzzetto."

Nel corso della nostra relazione, egli aveva impiegato due volte, tre al massimo, codesto appellativo. "Partiamo", mi ha detto. Ma, prima ancora di domandargli dove, quando e come, io gli avevo risposto senza esitare: "Sei matto?".

Egli mi aveva guardata, mi aveva preso la mano e l'aveva tenuta fra le sue durante tutto il tempo che aveva continuato a parlare. Carlo aveva fatto cenno non ricordo a quale trasferimento di valuta che aveva potuto ottenere, in seguito a una combinazione fortunata, negli Stati Uniti. Due biglietti d'aereo e qualche milione da parte, laggiù, come base di partenza e avremmo avuto l'intero avvenire per noi.

"È questa", egli aveva concluso, "la sola soluzione possibile che ci possa tirar fuori da qui. "Sapevo bene che la "soluzione" di cui egli aveva parlato era semplice follia. Avevo pure dei bambini, un marito, una madre. Avevo una "posizione" e, soprattutto, dei pregiudizi da salvaguardare.

Per tutte queste ragioni avevo rifiutato, così, senza nemmeno riflettere. In seguito, gli avvenimenti si erano succeduti con un ritmo talmente vertiginoso che non avevo avuto più, praticamente, il tempo di pensarci.

Quando, nel corso di quel pomeriggio trascorso nella solitudine della mia stanza, avevo passato in rassegna, con una eccitazione sempre crescente, tutte le possibilità che ancora mi rimanevano, cercandone una in cui avessi ancora potuto riporre le mie ultime speranze, l'idea di quella proposta che egli mi aveva fatto mi era balzata davanti, di colpo, in tutta la sua chiarezza e io mi ero meravigliata di non averci pensato prima.

Adesso, invece scoprivo di averla accettata, a causa forse dl questo mio nuovo stato d'animo, senza pormi più alcuna domanda.

Non mi ero illusa: sapevo bene che questa soluzione che egli mi aveva proposto in un impeto di sincerità, del quale non avevo mai dubitato, non avrebbe mai potuto essere definitiva né rappresentare la soluzione della mia vita. Tuttavia, la certezza che questa relazione era maledetta e che non c'era perciò da sperare che non andasse a finire malamente, non mi aveva impedito di arretrare davanti a un simile passo.

Presa questa decisione, uno strano senso di disperata tranquillità si era impossessato di me. Dal momento in cui mi ero levata in piedi e mi ero avvicinata al guardaroba per scegliere il mio vestito, tutte le mie azioni erano state, sia pure inconsciamente, subordinate a questo unico pensiero. Così era stato, per quella scelta dell'abito, per quelle giravolte ripetutamente compiute davanti al letto delle bambine, nella loro stanza e che acquistavano, adesso che ci pensavo, il valore di un addio.»

Questi i pensieri, le emozioni che agitano Pia Bellentani.

Ma la sconsiderata determinazione che ha raggiunto, si sgretola in un attimo, quando si rivolge a Carlo.

«Allora siamo d'accordo, ho deciso, parto con te.

Vedendo che la sua espressione non aveva subìto alcun mutamento, avevo sentito il cuore arrestare i suoi battiti; tuttavia mi ero attaccata a un'ultima ridicola speranza e cioè che egli non avesse sentito.

A confortarmi in quella illusione era il fatto che il bar, in quel momento, era animatissimo e tutti stavano affollandosi intorno al banco.

Così, facendo forza su me stessa, avevo ripetuto per la seconda volta la frase con una leggera variante. Avevo introdotto la parola "America" che prima avevo evitato per quel sapore di "romanzo a fumetti" che poteva contenere.

Per la seconda volta egli non aveva risposto.

Ma c'era stato di più: nell'attesa che gli venisse versato l'aperitivo egli si era servito di una oliva e ora, ne aveva sputato il nocciolo.

Il resto era stato quasi comico.

Io gli avevo chiesto una sigaretta e lui me l'aveva accesa; quindi ci eravamo diretti verso il nostro tavolo, uno al fianco dell'altra, come se non avessimo veramente più niente da dirci.

Certamente egli non aveva fatto a posta a sputare quel nocciolo.

Certamente, si trattava di una semplice coincidenza.

Tuttavia, adesso che rivivevo attimo per attimo quella scena, non potevo impedirmi di eseguire un rapporto tra questo particolare e l'offerta con la quale mettevo in gioco la mia vita intera. Era infatti difficile sottrarsi a un'interpretazione simbolica di quell'episodio. Non potevo impedirmi di pensare che, sputando quel nocciolo, egli avesse sputato sulla mia vita.»

Di qui in poi la serata di Pia Bellentani si trasforma in un incubo. Carlo la provoca, le chiede cosa ne pensi della toilette con cui si è presentata Mimì, poi la invita a ballare, le chiede un giro di rumba.

E al suo rifiuto la incalza: «Non balli con me perché non ti ecciti». E ancora: «Anche se non vieni con me tuo marito è destinato a essere sempre becco».

Pia fatica a reggere, chiede a Carlo di smetterla.

Poi, quando non ce la fa più, si rifugia nei bagni a piangere.

Alle due meno un quarto Lamberto Bellentani è scosso da un brivido, pensa che dipenda da una qualche corrente d'aria e chiede alla moglie se gentilmente può recuperare il pullover. Lo ha lasciato all'ingresso, insieme alla pistola che gli avevano regalato tre anni prima gli amici del Comitato di Liberazione Nazionale e che si porta sempre dietro.

La contessa però non torna dal marito, affida il maglione a un cameriere e si dirige al bar.

Ora, sotto la cappa d'ermellino stringe l'arma nella mano destra, mentre la sinistra tiene le sigarette e la *trousse*.

Carlo è lì, un bicchiere di whisky in mano e un sorriso beffardo stampato in faccia: «Ma tu hai creduto che io volessi portarti veramente in America?»

Pia si alza di scatto, mentre lui, seduto, continua a fissarla di sotto in su.

«Ci credevi?» le ripete.

«Senti, Carlo, ti prego di smetterla perché ho qui una rivoltella e sono capace di tutto» risponde Pia estraendo lentamente l'arma celata dalla stola.

Soltanto lui riesce a vedere il bagliore della canna, ma non ne ha alcuna paura. Piuttosto sembra stufo, e anche un po' arrabbiato, quando tra i denti le dice che quelle sono «cose da romanzi a fumetti».

E aggiunge l'ultima provocazione.

«I soliti terroni spacconi.» Poi, più forte: «Terrona!»

Non tutti si accorgono dello sparo, confuso tra i rumori dell'orchestra, ma il signor Bouyeure, il marito di Biki, che è un ex paracadutista, si gira subito per capire da dove sia arrivato il colpo.

Pia Bellentani è una statua di ghiaccio, la rivoltella fumante stretta nel pugno, mentre dal petto di Carlo esce un rantolo che presto si trasforma in un lamento, il volto deformato in una smorfia. Mentre la vittima si accascia a terra, la contessa si porta l'arma alla tempia, ma il secondo colpo non parte, la pistola si è inceppata.

«Non spara più, non spara più» urla la donna, e ancora: «Datemene un'altra che voglio morire anch'io.»

Si prende invece tre sonori ceffoni dall'uomo che le sta più vicino, mentre Mimì, Lilian e la signora Locatelli, sorella di Carlo, si gettano sul corpo dell'uomo agonizzante.

Poco lontano, insuperabile nella sua stolida dimensione di nobile superiorità, il barone de Rotschild esclama «*Quel ennui! Ah, ces italiens!*», che noia questi italiani.

Lei, l'assassina, la trascinano in una saletta della direzione e Lamberto Bellentani non sa far di meglio che chiederle del tradimento, se è vero fosse l'amante di Carlo Sacchi, e con la moglie prossima al collasso, pretende di sapere perché abbia desiderato un altro uomo, cosa le mancasse.

«Perché l'hai fatto?» insiste il conte.

«Perché ero stanca, stanca, stanca» sussurra Pia Bellentani.

Con queste tre parole, scritte in caratteri maiuscoli, si conclude il verbale d'interrogatorio della polizia, quattro cartelle dattiloscritte raccolte il 17 settembre da Aristide Manopulo, greco di origini e capo della Squadra Mobile di Como.

Il «delitto dell'ermellino» valica subito gli angusti confini della tragedia personale, per diventare un caso di cronaca da prima pagina.

Il perché lo coglie con sagacia Tom Antongini, giornalista, nonché ex segretario e biografo di D'Annunzio, nel suo articolo pubblicato su «Il Tempo» del 9 ottobre:

> Constatiamo per cominciare che, dal punto di vista strettamente estetico, un delitto più allettante di questo sarebbe difficile trovarlo. Esso possiede tutto per piacere, per intrigare e per commuovere chi lo segue.
>
> La protagonista del dramma è anzitutto una bella ed elegante donna, e questo non guasta mai: non troppo giovane né troppo vecchia: nel primo caso avrebbe forse ispirato compassione, nel secondo il disgusto; invece la contessa Pia Bellentani, con i suoi 32 anni, è all'esatto centro della vita della donna: è per così dire l'Amante per antonomasia!
>
> Meno interessante sotto diversi aspetti e per diverse ragioni è la vittima. Naturalmente la morte lo eleva; persino quel suo ultimo e probabilmente involontario ghigno di cui tutti i testimoni hanno parlato e che la foto del cadavere lascia ancora intravedere, gli conferisce una lieve patina satanica che certo non può spiacere al pubblico femminile: molte donne, lo si sa, amano essere dominate e soffrire; in ogni caso preferiscono piangere sotto la sferza e magari l'insulto dell'uomo che amano, che ridere: la passione non

va mai molto d'accordo con le risate. Sacchi era, da quanto ci risulta, un uomo che, quando lo voleva, sapeva essere superlativamente esasperante per non dire addirittura antipatico: lo si può constatare facilmente attraverso tutto quanto ci è noto di lui.

Anche se il poveretto ha pagato con la morte quel suo abituale cinismo, anche se si è mostrato sovente generoso e umano coi suoi simili (circostanza che anch'essa appare dalle testimonianze) doveva essere, da vivo, qualcosa di intermedio fra il volgare, l'ironico e il vissuto. Era probabilmente giunto a questo complesso attraverso i denari guadagnati facilmente, la poca cultura e la limitata raffinatezza intellettuale; molto, anche, attraverso la possibilità con la quale quel denaro gli permetteva di piegare ai suoi desideri molte e svariate donne.

Questi i due attori principali della sanguinosa vicenda: una «patrizia», e un «capitano d'industria».

La contessa viene rinchiusa nel carcere di San Donnino a Como, e da lì, il 20 novembre 1948, due carabinieri in borghese l'accompagnano al manicomio criminale di Aversa a bordo di una Fiat 1100 nera.

Sono stati i suoi avvocati, Luzzani e Delitala, a spingere per il trasferimento, a puntare subito sul vizio di mente. Sostengono che Pia Bellentani non è mai stata persona violenta e nemmeno c'è un movente chiaro per il delitto, quindi dev'essere successo qualcosa di terribile e malato nella sua mente.

Certo lo sanno bene che quella dell'ospedale psichiatrico è una mossa rischiosa; può fruttare uno sconto di pena, ma anche spingere la loro cliente ancora più a fondo nel baratro della disperazione, costringendola a vivere in mezzo a pazze criminali come Leonarda Cianciulli, la saponificatrice di Correggio, o Rina Fort, la belva di via San Gregorio.

Appena due mesi dopo l'omicidio di Villa d'Este, la Bellentani incontra per la prima volta lo psichiatra incaricato di esaminarla, ascoltarla e decidere del suo destino. Ancora una volta tocca al professor Filippo Saporito, ormai in pensione e al suo ultimo, grande caso.

Lo psichiatra inizia a raccogliere materiale sulla vicenda, mentre Pia la sistemano in un piccola cella con un letto e un tavolino in ferro imbullonati a terra, la stessa che quasi quarant'anni prima ha ospitato un'altra contessa assassina, Maria Nicolaieva Tarnowska.

Da lì non esce praticamente mai.

Passa il tempo stesa sul letto a fissare il vuoto, oppure a leggere Leopardi e Schopenhauer.

Il cibo lo tocca appena; non si scuote neppure quando la vengono a trovare il marito e le figlie.

Succede anche che si risvegli urlando in piena notte, perché sente nelle orecchie dei rumori, degli spari. Per i medici del manicomio criminale questi sono brutti segni.

Temono che il suo sfilacciato legame con il mondo si rompa del tutto, che si tolga la vita, o si rifugi per sempre nelle gelide stanze della follia.

Intanto Filippo Saporito continua il suo lavoro, che gli prenderà due anni di vita. Legge i compiti di scuola di quando Pia era una bimba, le sue prime lettere d'amore.

Scopre un'infermità mentale ricorrente, di generazione in generazione, nei membri della famiglia Caroselli, e poi c'è la sifilide contratta dal padre, che forse le ha ucciso tre fratelli in tenera età.

Da ultimo, Pia si è ammalata da ragazzina di un processo tubercolare che il professore ritiene abbia segnato profondamente la sua stabilità emotiva, precipitandola in crisi improvvise e momenti di confuso distacco dalla realtà.

Il vecchio psichiatra non ha dubbi e, dopo aver collezionato 989 sedute di lavoro, riassunte in un ponderoso tomo di 624 pagine, conclude con un «Pia Bellentani è assolutamente incapace di intendere e di volere. Ha compiuto il delitto in preda a uno stato emotivo angoscioso, inciso su una personalità isterica dovuto a eredità pazzesca e sollecitata da stato tubercolare».

Ma il giudizio di Filippo Saporito convince solo in parte il procuratore generale, che decide di chiedere un secondo parere e si affida al professor Carlo Petrò, emerito di psichiatria a Milano.

Il risultato del nuovo accertamento parla solo di un vizio parziale, e sarà il contrasto tra le due autorevoli opinioni a occupare un posto centrale nel processo, che inizia al tribunale di Como il 4 marzo 1952.

In assenza dell'imputata, che ha scelto di restarsene nella sua cella ad Aversa, l'attenzione del pubblico che si accalca nell'aula è rivolta alla vedova, Lilian Sacchi Willinger. E lei non delude, presentandosi con un elegante tailleur nero di taglio perfetto, e un cappellino in velluto anch'esso nero, che le fanno conquistare le copertine dei settimanali.

Quanto all'opinione pubblica, il partito dei «bellentanisti» sembra il più agguerrito, e vanta sostenitori tanto al nord quanto al sud del paese. Sulle scrivanie dei magistrati e dei difensori giungono centinaia di lettere di sostegno.

C'è chi arriva perfino a suggerire all'avvocato Luzzani come difendere la contessa, regalandogli l'antologia delle arringhe del celebre Arturo Vecchini, uno che di tragedie della passione ne aveva viste tante.

Ma i difensori della Bellentani non hanno bisogno di consigli, per loro gli obiettivi sono chiari: dimostrare che il gesto omicida non è stato premeditato, piuttosto preterintenzionale, poi cavalcare il tema dell'infermità di mente e aggiungerci le attenuanti della provocazione.

La pubblica accusa punta invece sull'omicidio volontario, riconosce le attenuanti generiche e accetta che ci sia un vizio di mente, ma solo parziale.

È su quest'ultimo passaggio che s'accende una polemica tra il procuratore generale, dottor Antonio Tribuzio, e il professor Filippo Saporito.

«L'illustre psichiatra napoletano ha scambiato la passione per malattia mentale, il che la legge vigente non concede» dice Tribuzio, e subito la difesa replica: «Bisogna distinguere la passione fisiologica da quella patologica: in altre parole, ognuno di noi è geloso, ma quando il geloso diventa Otello, è indiscutibilmente un malato». Non va male alla contessa, che alla fine del processo si prende una condanna a dieci anni di reclusione, di cui tre condonati e tre di casa di cura. Ancor migliore è il risultato dell'appello al tribunale di Milano, dove la pena scende a sette anni e dieci mesi.

I sostenitori della Bellentani sono soddisfatti, ma c'è anche chi va controcorrente e rifiuta d'iscrivere il delitto nella cornice di una grandiosità drammatica.

Per esempio Vitaliano Brancati, scrittore famoso per *Dongiovanni in Sicilia*, *Paolo il Caldo* e soprattutto *Il Bell'Antonio*, che è pure diventato un film con Marcello Mastroianni e Claudia Cardinale.

Il suo articolo pubblicato sul numero 12 de «L'Europeo» del 1952, titola IL DIAVOLO MEDIOCRE DI PIA BELLENTANI, e inizia con un'analisi del tutto moderna.

> Dire che un delitto è opera di una società, il risultato matematico di taluni «fattori ambientali», è una di quelle offese che il nostro tempo rivolge continuamente alla libertà individuale e alla libertà in genere. I primi a sedersi al capezzale dell'ucciso sono i dogmatici. Ciascuno ha il suo modo di consolare la vedova o l'orfano: modi apparentemente diversi, ma nella sostanza identici. Indicando il foro del proiettile, il clericale dirà: «Questo perché l'Italia si è allontanata dalla Chiesa. Bisogna riportarla al Vangelo con una buona dittatura di buoni pastori!». Il comunista dirà: «Questo perché non si è eliminato il capitale, fonte di ogni male. Bisogna risanare la società con una buona dittatura del proletariato!» Il fascista dirà: «Questo perché non c'è lui! Al suo tempo i colpi di rivoltella gli italiani li rivolgevano al nemico. Bisogna ridare all'Italia lo spirito militare, la capacità di convogliare tutti i suoi odi e rancori contro un popolo straniero. Ci vuole una buona dittatura di uomini arditi!»
>
> ... Nessuno è disposto ad ammettere che il delitto, nel momento in cui viene compiuto, è un'orrenda scelta individuale che si è fatta liberamente.

Poi Brancati passa a dir la sua sull'ambiente in cui è maturato l'omicidio, sui personaggi della tragedia di Villa d'Este, e qui non è certo tenero.

> Come ci appare questa particolare frazione della società comasca dai documenti che essa stessa ha esibiti, dalle parole che ha dette nelle deposizioni, dai componimenti poetici che ha fatto circolare? Come una società priva di passioni, di vitalità e di cultura: sprovvista cioè di quegli impulsi che spingono a grandi atti sia nel bene che nel male.
>
> Le persone sono tutte ricche e altolocate, ma la loro personalità è di mezza tacca.
>
> Tutto è fiacco in questa società, anche l'attrazione fisica. Vi è del dilettantismo, addirittura della banalità, anche nei rapporti sessuali. Siamo al di sotto del mediocre, per quanto riguarda la Spiritualità e la Vitalità. La vita è sconsacrata, nel senso che ha perduto importanza.

A onor del vero, il comportamento di Pia Bellentani dopo il processo sembra dar ragione allo spirito amaro di Brancati.

La contessa lascia per sempre il carcere il 23 dicembre 1955 e se ne torna a Sulmona, con le figlie e l'anziana madre.

Il marito, il conte Bellentani, che mai ha smesso di sostenerla e farle visita in carcere, muore poco dopo a Montecarlo, dove si era trasferito.

Ma già l'anno dopo la vedono arrivare al Lido di Venezia per la Mostra del Cinema, e presto si diffonde la voce che stia in compagnia di un uomo, un giornalista di scarsa fama. Nulla di sentimentale, anzi. Si tratterebbe piuttosto della pubblicazione delle memorie che la contessa ha raccolto negli anni trascorsi ad Aversa, un libro che già fa discutere prima ancora d'essere abbozzato.

Litiga la Bellentani. Con il giornalista, perché vorrebbe in copertina solo il proprio nome, con l'editore che tira in lungo e afferma che l'anticipo chiesto è troppo alto, con i paparazzi che la seguono ovunque, tanto che pensa di chiedere una scorta, come quella che hanno concesso a Gina Lollobrigida.

Ma siamo poi certi che la contessa sia scesa al Lido solo per piazzare le sue memorie?

Non è piuttosto che la Mostra del Cinema è il luogo giusto per trattare con i produttori?

Tra l'Hotel Excelsior e il night club del Casinò gira voce che dall'omicidio di Carlo Sacchi potrebbe uscirne un film, e si parla anche del titolo, *La morte in ermellino*, oppure *La contessa ha sempre una pistola*. Come interpreti Anna Magnani o Joan Crawford, accanto a Rossano Brazzi.

Sempre che la contessa non pretenda d'interpretare sé stessa.

Giovanni Vallon, giornalista del diffuso settimanale di pettegolezzi «Settimo Giorno», aggiunge la sua opinione, non proprio benevola e arricchita da un tocco di colore.

> Si tratta probabilmente di voci senza fondamento. Pia Bellentani è venuta al Lido di Venezia, che in questo momento ospita cinquecento persone tra fotografi e giornalisti, perché – secondo quanto affermano le sue amiche intime – non è affatto disposta a vivere l'esistenza oscura e silenziosa che molti prevedevano. Completamente ristabilita dal disturbo psichico che fu illustrato per centinaia di pagine nella perizia del professor Saporito, la triste eroina di Villa d'Este sembra soffrire oggi di una psicosi diversa. Pia Bellentani si sente ancora giovane, crede di aver qualcosa da dire sul proprio passato e soprattutto spera di non venir dimenticata. Tutte le sere la barista dell'Hotel Sorriso le porta in camera, verso mezzanotte, un «cocktail» piuttosto forte. La contessa è in vestaglia, con i suoi quaderni di appunti sul tavolino davanti alla finestra. Ha preso la vecchia abitudine di bere un «drink» prima di addormentarsi. Ma il sonno non arriva tanto presto: «A volte Pia Bellentani passa lunghe ore della notte con i gomiti sul davanzale, fissando senza vederla l'acqua nera della laguna di Malamocco».

Del libro e di tutto il resto non se ne farà mai nulla.

Forse per l'opposizione di Lilian Sacchi, che fa giungere alla contessa un avvertimento, la diffida dal praticare il progetto, pena una querela e un risarcimento milionario.

Le luci della ribalta pian piano si spengono e la contessa scivola nell'ombra. Finisce a vivere per conto suo a Roma, dopo che l'adorata madre è morta e le figlie hanno preso la loro strada. Ogni sera, si dice, scende sul marciapiede a sfamare i gatti randagi, fino al 1980 quando, dimenticata, se ne va in silenzio.

Chi meglio di tutti ha capito la storia di Pia Caroselli in Bellentani è una donna che l'ha conosciuta dietro le sbarre del manicomio criminale.

Per Leonarda Cianciulli, che negli anni '40 uccise e «saponificò» tre povere donne, la contessa era «una ragazza che non avrebbe mai dovuto lasciare il suo paese. Era nata per fare l'uncinetto e suonare bella musica; era nata per fare la passeggiatina sul Corso, per le feste, per la "beneficenza". Il suo mondo era pieno di poesia. Invece il destino l'ha cacciata in un ambiente che lei non poteva capire e non l'avrebbe mai capita.

È una vita che ha sbagliato indirizzo».

V

1964 – Il delitto al vetriolo

La storia di Claire e Youssef Bebawi

La tigre africana accavalla le gambe.

L'orlo della gonna sale quattro dita abbondanti sopra il ginocchio, e lei, con gesti languidi, sistema il lembo della pelliccia d'ermellino che ha il colore del deserto; o forse il «colore del miele», come scrivono i giornalisti con velata malizia.

La tigre sa bene che le si intuisce l'ombra della giarrettiera, che ogni sua mossa è un erotico richiamo che scalda la platea.

Claire ha le sembianze e i moti di un'assassina innocente. Perché c'è un delitto feroce nella sua vita, ma è un'ombra che domina con la stessa sfrontata sicurezza con cui controlla il lembo della sua pelliccia.

Più che nella grande aula della Corte d'Assise di Roma sembra di essere in un'arena; il pubblico preme, sbuffa, spinge, suda, si eccita, acclama, tifa. Tifa soprattutto per lei, la splendida tigre africana, troppo calda e ammaliante per non essere colpevole, ma troppo bella per pagare.

Non fa poi tanto freddo in questi giorni di fine gennaio del '65, e la folla di curiosi che si affretta e sgomita per conoscere le ultime novità sul processo Bebawi contribuisce ad alzare ancor più la temperatura.

Lo spettacolo del bel mondo che sfila innanzi al banco dei testimoni richiama una febbrile curiosità popolare: ci sono i quattrini, c'è il sesso, c'è la morte. Il dramma che si è consumato in via Lazio 9, esattamente un anno prima, è stato solo il primo atto di una storia cui manca solo il finale. E il pubblico vuole che l'epilogo sia all'altezza dell'intreccio: vuole sapere dei quattrini, vuole sapere del sesso, vuole sapere ogni particolare di quella morte.

La vicenda avrebbe in realtà più d'un protagonista, ma il fascino della donna che viene dall'Egitto conquista i riflettori; la luce illumina soltanto lei: Claire Ghobrial, la signora Bebawi, da quando ha sposato il ricchissimo Youssef.

Appartengono entrambi a quel pezzo di Egitto miliardario che si è staccato attorno al 1956, quando il colonnello Gamal Abd el-Nasser ha portato tra le piramidi il vento della rivoluzione socialista, trasferendo allo stato il controllo della Compagnia del Canale di Suez, per poi farsi eleggere secondo presidente della neonata repubblica egiziana.

Con quello scampolo di paese, lasciano l'Egitto ingenti capitali e tanti nomi celebri, ricchi e nobili che, fino al '53, se l'erano spassata alla corte di re Faruq. Sono in tanti quelli che, per ricominciare, scelgono di fissare la loro dimora in Svizzera; sarà per le banche, solide come in nessun altro angolo del mondo e attente a non far troppe domande sulla provenienza dei versamenti; o forse sarà perché con un solo balzo si è nel cuore dell'Europa che conta.

Nel vecchio continente arriva anche Youssef Bebawi, che per la sua nuova residenza da africano in esilio sceglie Losanna, nella pace della Svizzera francese. Appresso si porta il patrimonio accumulato dalla famiglia nei giorni d'oro della monarchia e anche una splendida moglie, Claire, sposata al Cairo nel 1946 che era solo una ragazzina di tredici anni.

Tre figli, poi il trauma dell'esilio, ma quel che turba veramente gli equilibri della coppia è l'ingresso nel mondo dorato delle feste e degli eccessi, degli appuntamenti nelle località da sogno, affollate di divi e paparazzi; St. Moritz, Capri, Antibes, Cortina disegnano la geografia dell'alta società, quella che gli inglesi si divertono a chiamare il *jet set*, dove i protagonisti vivono e senza sosta viaggiano a bordo di un jet.

Anche Roma è su questa mappa, la Roma dei locali notturni di via Veneto, la Roma della «Dolce Vita».

Il giudice Antonio La Bua è un uomo paziente, forte di un garbo e una cortesia inattaccabili. A lui tocca il compito di presiedere al processo, ed è lui, perciò, che direttamente pone le domande agli imputati, come prescritto dal codice di procedura.

Per prima cosa, occorre ricostruire i fatti, partendo dai due imputati, Youssef Bebawi e sua moglie, Claire Ghobrial Bebawi.

Su entrambi pesa il sospetto di avere assassinato, nel pomeriggio del 18 gennaio 1964, Faruk Chourbagi, anch'egli egiziano di nascita. L'uomo è stato freddato da quattro colpi d'arma da fuoco, tre alla testa, uno alla schiena, e, come non bastasse, l'assassino gli ha completamente sfigurato il volto con il vetriolo.

La vittima era tutt'altro che un uomo qualsiasi; intanto godeva della buona sorte d'essere miliardario, e poi poteva contare su una bella presenza e l'esuberanza dei suoi ventisette anni.

Anche Faruk aveva fatto le valigie anni prima, ai tempi della diaspora dei ricchi d'Egitto, durante le nazionalizzazioni di Nasser. Apparteneva a una famiglia potentissima, tanto che suo padre era stato ministro del re, capo del dicastero del Tesoro.

Prima di giungere in Italia, Chourbagi soggiorna a lungo in Libano, acquisendone la nazionalità. Da lì, col suo nuovo passaporto, fa rotta verso il Regno Unito, e a Oxford, nell'antica prestigiosa università, studia duramente fino a prendersi la laurea.

Il suo è un curriculum che la famiglia ha pianificato nei minimi particolari, fin da quando era bambino. Buona educazione, conoscenza delle lingue, studi nella *city* londinese, infine titolare d'investimenti in varie zone del Vecchio Continente. Con preferenza per l'Italia.

Qui, dopo la giovinezza in Egitto, la parentesi a Beirut e gli studi oxfordiani, Faruk Chourbagi dà il via alla terza fase della sua vita: cittadino del mondo con una montagna di soldi in banca, uomo destinato al successo, a impiegare, e se possibile moltiplicare, i tanti miliardi che la famiglia gli ha affidato.

Chi si presenta con simili credenziali, anche in un paese straniero dai costumi molto diversi, non fatica a stringere buone relazioni. Il personaggio che per primo lo introduce nelle alte sfere è uno sceicco, vecchio amico di famiglia. Si chiama Ahmed al Ayawa, proprietario di fiumi di petrolio in Arabia e titolare di influenti amicizie in Italia.

La prima idea dello sceicco porta il nome di Patrizia de Blanck, una delle giovani più graziose e in vista del bel mondo, figlia di una marchesa veneziana, Lloyd Dario, sposata con l'ambasciatore d'Italia a Cuba, il conte Guillermo de Blanck y Menocal. Questi, che riconosce Patrizia come propria legittima figlia, è nipote di Mario García Menocal, presidente della Repubblica di Cuba nei primi anni del Novecento, quando l'isola era ancora un protettorato americano, ben lontana da ciò che avverrà con la rivoluzione di Castro.

È dunque lo sceicco al Ayawa a favorire l'incontro tra Patrizia e Faruk: «Ahmed mi spiegò», racconta la contessa de Blanck, «che il figlio di questa ricca famiglia egiziana era in Italia. Aveva bisogno di intrecciare relazioni importanti prima di far partire una serie di investimenti che aveva in mente. C'era il progetto di costruire alcune ville a Roma, sulla via Cassia. Ahmed pensò a me per il cognome che portava la mia famiglia, per le amicizie che ovviamente frequentavamo, per l'incarico di ambasciatore che mio padre allora ricopriva. A quel tempo noi risiedevamo per alcuni mesi all'anno nella villa di Montecarlo. Davamo spesso dei ricevimenti. Amici arabi ne ricordo tanti, per esempio Mohammed al-Fayed, il papà di quel Dodi poi morto al fianco di Diana, la moglie di Carlo d'Inghilterra. Ma torniamo a Faruk. Decisi di aiutarlo, di presentargli le persone giuste, quelle che contavano e che fossero utili ai suoi grossi affari. Cominciammo a stare spesso insieme, in alcuni casi anche a viaggiare. Nacque tra noi un'amicizia. Solo una meravigliosa purissima amicizia. Sapevo che lui aveva mille avventure, che gli piaceva circondarsi di donne sempre diverse. Ma non m'importava per niente. Ero sua amica ed ero felice che in Italia trovasse il modo per divertirsi. Per lui poi era semplice. Aveva una disponibilità finanziaria praticamente illimitata, ed era anche un gran bel ragazzo. Le immagini che oggi appaiono di lui non rendono giustizia alla sua bellezza. Non era fotogenico, forse, ma vi assicuro che era un uomo davvero molto attraente».

L'amicizia è la prima istantanea che ritrae la coppia: la giovane nobildonna italiana e il raffinato miliardario nato in Egitto.

Faruk non solo padroneggia la lingua della sua terra, e ovviamente l'inglese, ma conosce e parla correntemente il francese e l'italiano. E poi, nelle sue vene, scorre il sangue di un arabo: sa essere caldo e insaziabile con le tante donne che gli girano attorno, ma in un attimo è capace di recuperare una freddezza spavalda e di rivestirsi in fretta di un'eleganza delicata che lo distingue.

Il rapporto con Patrizia gli appare singolare e sorprendente: lei non gli cade ai piedi, non cerca implorante il suo sguardo, e non pare impressionata dalle sue ricchezze. Vivono giorni accompagnandosi l'uno all'altra, spensierati e sereni. Ma non trascorrono mai una notte sotto le stesse lenzuola.

«Che strana donna» riflette Faruk. «È mia amica come potrebbe esserlo un uomo.» Pensieri che lo avvolgono e gli danno i brividi, fino a imprigionarlo, fino a svelargli che forse, di quella contessina, si sta innamorando.

«Per certi versi» continua Patrizia de Blanck, «era un tipo assai originale, come solo un arabo educato a Oxford può essere. Cambiava continuamente compagna, eppure era gelosissimo. Una sera mi riaccompagnò a casa e, un istante prima che come al solito ci salutassimo, mi guardò per qualche secondo, avvicinò le sue labbra alle mie e mi baciò con una passione travolgente. "Mi sono innamorato di te", aggiunse solo questo. Ero sorpresa, ma lo trovai dolcissimo. Mi piacque. Per l'intera notte riuscii a pensare soltanto a quel bacio. Fu impossibile dormire: "È stato un attimo bellissimo", ripetevo a me stessa. "E se lo amassi e non me ne fossi accorta?" Me ne accorsi presto. Quando ci rivedemmo, sentivamo entrambi di aver desiderio l'uno dell'altra. La storia proseguì, non era più un'amicizia. Era qualcosa di più, e di molto diverso. Ovviamente sapevo delle sue mille storie. Nei giorni successivi, fu più chiaro il senso di quel bacio, cominciavamo davvero ad appartenerci. Gli dissi: "Faruk, però tu ora stai con me, con me sola, io sono tua, ma tu sei mio".»

Faruk accetta di scendere dalla giostra di donne e champagne. Ora ha una fidanzata, la prima ragazza di cui si sia davvero invaghito da quando vive in Italia.

Patrizia, nel suo recente passato di amica e confidente, conosce le tante avventure di Faruk, ma nessuna la preoccupa particolarmente.

Non sa però di Claire, di quella donna, egiziana come Chourbagi, sposata a un ricco finanziere del Cairo, del loro rapporto malato, tormentato e ossessivo.

«Per favore, facciamo silenzio in aula» intima severo il presidente La Bua.

Poi volge lo sguardo verso l'imputata: «Signora Bebawi, ci racconti allora, e senza tralasciare alcun particolare, il suo pomeriggio di quel sabato 18 gennaio 1964».

Claire ha gli occhi grandi e lucidi di una cerbiatta.

«Ma certo, Vostro Onore, è una storia che ho già ripetuto tante volte. Quel giorno mio marito e io avevamo deciso di venire a Roma. Abbiamo alloggiato in un piccolo albergo in via Emilia, a un passo da via Veneto. È vero, nei giorni precedenti avevo sentito al telefono il signor Chourbagi. Lo ammetto, con lui in passato ho avuto una relazione. Mi ha detto che l'indomani si sarebbe fatto trovare in ufficio e mi ha chiesto di raggiungerlo. Non sono riuscita a nascondere tutto ciò a mio marito che a ogni costo ha voluto seguirmi. Così, siamo arrivati insieme lì in via Lazio. M'ha detto che m'avrebbe aspettata per strada, a patto che tutto si chiudesse in fretta. Così sono andata su da sola. Ma mentre con Faruk stavamo per dirci addio, è apparso lui, Youssef. Ha cominciato a insultarci, poi mi ha schiaffeggiata. Tra lui e Faruk è scoppiata una lite. Presto è diventata sempre più violenta. Li ho scongiurati di fermarsi, ho implorato che la smettessero. Ma non ci sono riuscita.»

Claire spiega che d'un tratto Youssef aveva tirato fuori una pistola e sparato al suo amante. Ma non gli erano bastati quattro colpi calibro 7.65, perché era troppa la rabbia che aveva in corpo. E mentre Faruk crollava a terra con la morte negli occhi, Youssef aveva continuato a imprecare e maledirlo. Gridava che doveva pagarla, che lo aveva infangato, che aveva offeso per sempre il suo matrimonio e la sua donna. Doveva soffrire ancora. Per questo, quando forse Faruk era già soltanto un cadavere, gli aveva rovesciato addosso l'acido solforico. Solo così la macchia dell'infame tradimento sarebbe stata cancellata per sempre.

Il pubblico è in silenzio, come si sta al cinema nel momento della scena madre di un thriller mozzafiato.

Anche Claire tace, ammutolita nella pioggia calda delle sue stesse lacrime. Dunque, se si crede al suo resoconto, non è stata lei. I fatti sono chiari, lampanti, il movente comprensibile a tutti: c'è un marito geloso, in preda alla collera, che ha ucciso brutalmente l'amante di sua moglie.

«Mi pare trasparente» tuona un istante dopo l'avvocato della donna, Giuseppe Sotgiu, «che siamo tutti al cospetto di un chiaro delitto di matrice passionale. Un delitto che per tale connotazione assume risvolti anche crudeli, raccapriccianti. Va per giunta considerata la provenienza geografica e religiosa dell'uomo, del signor Youssef Bebawi, egiziano di fede islamica. Uomo di convinzioni, potremmo dire, rigorose e solide nei confronti del vincolo matrimoniale.»

In realtà, Youssef Bebawi, aveva ricevuto un'educazione da cristiano di fede copta, e islamico lo era diventato da un po', forse proprio da quando aveva scoperto la tresca della moglie. Da musulmano, avrebbe potuto ripudiarla in nome della legge coranica e rifarsi tranquillamente una vita.

Comunque, quella di Claire Ghobrial è una tesi che piace molto al pubblico; per la folla assiepata nell'arena, il cattivo, il colpevole che va dato in pasto alle belve, ha le sembianze di Youssef Bebawi.

Ma ora tocca proprio a lui parlare, spiegare cosa mai sia avvenuto in quel pomeriggio del 1964 e, per non rischiare pericolosi inciampi, sceglie di esprimersi nella sua lingua. Così, appena il giudice La Bua lo interpella, l'interprete arabo attacca: «M'ero accorto da tempo che qualcosa in mia moglie non andava. Non era più la stessa. Mi sembrava depressa, era spesso di cattivo umore. Non aveva mai avuto comportamenti di questo tipo, in passato».

Youssef non ha la sicurezza spavalda della consorte; mostra a tutti un'aria da uomo docile e ferito, lontano dall'immagine di un marito capace di gonfiarsi di collera e farsi giustizia da solo. E lo scenario che dipinge, di quel 18 gennaio, è ben diverso da quello tratteggiato dalla moglie.

Racconta dello strano umore di lei e del viaggio a Roma affrontato quel giorno, un viaggio dalla Svizzera durato poco più di due ore. Dice che dopo aver lasciato le valigie in albergo, sono andati in via Lazio, ma che lui il signor Chourbagi non l'ha mai visto, semplicemente perché non è mai salito nel suo ufficio. Aveva deciso di aspettare giù la moglie, di non seguirla per le scale e sottolinea che ci sono testimoni che l'hanno notato lì, fermo in attesa sul marciapiede.

Lei aveva promesso di voler chiudere quella brutta storia, che le sarebbero bastati pochi minuti per dire a Faruk che era finita, finita per sempre. Ecco il motivo per cui era salita da sola.

Dopo circa un quarto d'ora era invece uscita dal portone in preda a una grande agitazione, sconvolta come se avesse visto il diavolo in persona. Per Youssef non era stato difficile immaginare cosa fosse accaduto in quell'ufficio, un po' per quello che la donna gli aveva raccontato, un po' per quello che nei giorni seguenti stava scritto sui giornali con titoli agghiaccianti.

Certo, la pistola era quella di Youssef. Ma lui non sapeva che prima di partire per Roma, la moglie l'avesse presa dall'armadietto in cui era custodita nella loro casa di Losanna.

Rispetto alla versione di Claire, quella dell'uomo è una sceneggiatura uguale, e insieme contraria. Con addosso maschere impenetrabili, davanti alla corte stanno due imputati che sono al contempo due testimoni chiave; e ciascuno fornisce una propria ricostruzione dei fatti.

I racconti di Youssef e della moglie conducono a una piccola e inutile certezza: l'assassino di Faruk Chourbagi viene dall'Egitto e si chiama Bebawi.

Ma chi gli ha sparato? Chi ha premuto quattro volte il grilletto della 7.65 e poi gli ha gettato il vetriolo in faccia?

Chi è l'assassino?

Certo, uno dei coniugi. Ma quale dei due?

Si sa che il delitto si consuma attorno alle sei del pomeriggio. I Bebawi sono nella capitale da circa un'ora, giunti in aereo dalla Svizzera. Dopo la puntata in via Lazio, all'incirca verso le sette, stanno già al riparo d'una pensilina della Stazione Termini, e venti minuti più tardi sono a bordo di un treno diretto a Napoli.

La tappa successiva è Brindisi, dove hanno prenotato due posti sul traghetto per Atene. La traversata offre l'occasione per sbarazzarsi della pistola, lanciata in mare. Arrivati in Grecia, il programma prevede un volo per Beirut, sul quale decidono all'ultimo di non salire. Da questo momento sembrano svanire nel nulla.

Ma l'Interpol non si scoraggia, raccoglie informazioni, percorre tutte le piste possibili, e due mesi più tardi Claire e Youssef vengono arrestati ad Atene ed estradati in Italia.

Claire presenta ancora sulle mani piccole ferite quasi cicatrizzate. Per l'accusa non ci sono dubbi: sono ustioni provocate dal vetriolo versato sul volto della vittima.

Ma c'è un altro dettaglio che il pubblico ministero mette in luce durante il processo: il particolare di una cordicella che pende all'esterno della porta dell'ufficio di Faruk. Tirandola, era possibile entrare anche senza chiavi, ed era questo l'espediente che Chourbagi usava per permettere alle amanti di attenderlo lontano da sguardi indiscreti. Quel piccolo trucco Claire lo conosceva bene, e allora è curioso, sostiene l'accusa, che chi ha ucciso abbia rimesso a posto la cordicella all'esterno della porta prima di allontanarsi.

«Lei ogni tanto si faceva viva a Roma e lui faceva di tutto per non farsi rintracciare» ricorda la de Blanck. «Quando ebbi il sentore di questo strano rincorrersi, dissi a Faruk: "Se hai vecchie storie da risolvere, fa' tutto con calma". Gli spiegai che io mi sarei presto trasferita a Montecarlo con la famiglia per l'intero periodo estivo. A Roma sarei rientrata solo a settembre inoltrato. Questo ci avrebbe concesso del tempo, lui avrebbe potuto riflettere e rimettere ordine nella sua vita. Mi risulta che il rapporto con la Bebawi si sia chiuso intorno al mese di maggio. Confesso che per me non fu facile star lontana da Faruk. Mi mancava. Tornai a Roma coi miei genitori sul finire di settembre. Lo rividi subito. "Patrizia", mi disse, "io sono sempre più innamorato di te e adesso sono completamente libero, voglio sposarti". A me restava da risolvere qualche caso personale. Ero in attesa del divorzio dal mio primo marito, il baronetto Anthony Leigh Milner. In quel periodo, Faruk si legava a me ogni giorno di più. Una sera si presentò con un registratore vocale. Il primo che io avessi mai visto. Voleva stupirmi e così registrò in lingua inglese un messaggio indirizzato a me su un nastro magnetico che conservo tuttora. Era pieno di frasi d'amore e di gelosia, tipiche del suo temperamento impetuoso. Parlava di fedeltà, di amore profondo ed eterno. Il messaggio si chiudeva con una frase che, riletta più tardi, sembrava un presagio da brividi. Esprimeva il timore di una tragedia che poteva verificarsi. Ma la sua morte così vicina non c'entrava nulla. La possibilità che noi ci lasciassimo, era questa la tragedia che Faruk paventava.»

La folla che parteggia e strepita, i tanti volti celebri seduti nelle prime file dell'aula. La grande sala della Corte d'Assise si è trasformata in un grottesco palcoscenico che cattura un'attenzione assillante. Claire è la stella che brilla e seduce, Youssef un oscuro personaggio all'ombra della protagonista.

L'uno contro l'altro, o forse, impercettibilmente, l'uno a fianco dell'altro. Si accusano, lanciandosi il muto e orribile rimprovero di avere commesso un crimine feroce. Entrambi freddi e determinati nel raccontare due storie delle quali una almeno è interamente inventata, totalmente falsa.

Alla Corte offrono la rappresentazione penosa di due miserabili, ciascuno impegnato nel vile tentativo di distruggere l'altro e salvare se stesso. La realtà è che probabilmente la loro è una recita raffinatissima, condotta sulla traccia di un copione invisibile.

Youssef e Claire Bebawi ben sanno di certe fessure della legge italiana in cui possono sperare di insinuarsi e trovare comodo rifugio. Si racconta sia stato un astuto e misterioso avvocato greco a suggerire loro il geniale espediente: «È già chiaro a tutti che siete stati voi. Anzi, per chiunque conosca questa faccenda, voi siete già indiscutibilmente i colpevoli. Non è chiaro a nessuno, però, chi tra voi due sia davvero l'assassino di Chourbagi. Perciò, ricordatelo bene: è questo, soprattutto questo, il segreto che dovrete a ogni costo conservare». E perché li si assista nell'impresa, non badano a spese, assicurandosi i migliori avvocati sulla piazza, veri fuoriclasse del Foro come Sotgiu, Vassalli, Leone, Ungaro.

Durante il processo, a rubare per un attimo la scena a Claire, ci pensa un'altra donna, Patrizia de Blanck; una bellezza diversa la sua, meno esotica e ambigua, ma altrettanto affascinante. Da una parte, la donna che Faruk voleva lasciare, dall'altra quella che diceva di voler sposare.

Settimanali e quotidiani l'attendono da tempo alla ribalta del processo, nel suo ruolo chiave di testimone, perché della vittima la giovane nobildonna è stata amica, poi anche fidanzata.

Patrizia è colei che di Chourbagi può ricordare le attese, le angosce, le speranze più recenti. Ed è pure in grado di metter ordine nelle sue ultime ore di vita.

«Se c'era una cosa che avrei voluto evitare» racconta oggi, «è quella martellante pubblicità che si scatenò attorno al processo e attorno a me. Ero la figlia di una famiglia molto in vista. I miei videro quell'evento come una piccola sciagura che cadeva sulla nostra casa e sul nostro nome. Per questo scelsi un profilo molto discreto. Al processo non raccontai tutto ciò che sapevo e che avevo facilmente ricavato dai fatti avvenuti in quelle settimane. Mi fu chiesto se davvero Faruk mi avesse chiesto di sposarlo. Naturalmente confermai, ma aggiunsi che questo probabilmente non significava granché, e che comunque non avevo dato troppo peso a quelle parole. Insomma, evitai di insistere eccessivamente sul mio ruolo di fidanzata ufficiale. Non escludo che il mio comportamento abbia alleggerito molto la posizione di Claire Bebawi agli occhi della giuria. Lei evitava il sospetto di essere stata lasciata dal suo ex amante a causa mia. E dunque il motivo della gelosia, che in realtà era scoppiata in maniera minacciosa negli ultimi giorni di vita di Faruk, non appariva più così schiacciante. Non misi in piazza tutta la verità. Volevo solo che quel frastuono che era scoppiato si chiudesse in fretta.»

Sulla ritrosia di Patrizia, pesano l'apprensione e il disgusto della famiglia per la vicenda che inopinatamente li ha coinvolti. Arrivano addirittura a temere ritorsioni. «Mia madre, soprattutto lei, prese davvero quella storiaccia come un dramma. Vedeva implicato il nostro nome in una vicenda torbida. Mi ripeteva: "Sta attenta, se quelli hanno ammazzato una volta, possono farlo ancora". Non so se esagerasse. Di sicuro, con Faruk avevamo celebrato il nostro fidanzamento ufficiale nel dicembre del '63, solo un mese prima del suo assassinio. I giornali diedero una pubblicità enorme al ricevimento che si organizzò. Era invitata tanta gente che conta. Tra gli altri, ricordo il principe Carlo Giovannelli. E se c'era lui, tutta Roma e l'Italia intera devono aver saputo del fidanzamento nel giro di qualche ora. Ma in quelle settimane accadde dell'altro.»

Faruk Chourbagi si è illuso di approdare a una felicità diversa; per mesi ha vissuto a trecento all'ora, sprofondato nelle notti sfrenate della dolce vita. Notti di champagne, di pellicce e diamanti, notti di corse folli sulle cabriolet e di sesso senza limiti.

Ora i suoi ventisette anni bramano un'esistenza più dolce e serena. Ma la sua storia recente torna ad aggredirlo, lo azzanna e non gli perdona il desiderio di una nuova vita, con la determinata ferocia di una belva decisa a non concedergli tregua. Una storia che prende le forme di un'inquietante ossessione anche in quell'ultima notte che Faruk trascorre con Patrizia de Blanck. «Eravamo usciti, tornavamo da una cena. Sulla via del ritorno, un'auto bianca ci pedinava. Lui se ne accorse prima che me ne accorgessi anch'io. Cercò di far finta di nulla. Ma era agitato. Eravamo a bordo di una sportiva molto potente, e con un paio d'accelerate seminammo l'auto alle nostre spalle. Trascorremmo la notte insieme. E accadde qualcos'altro di sgradevole. Mentre eravamo a letto, squillò ripetutamente il telefono che era su un comodino. Non capivo bene perché, ma Faruk decise di non rispondere. Lasciò che il telefono continuasse con quello squillo insistente. Gli dissi di alzare la cornetta, di parlare tranquillamente con chiunque stesse chiamando. E aggiunsi: se ti restano nodi da sciogliere, Faruk, credo sia meglio farlo subito.»

Patrizia si rivolgeva a un uomo nervosissimo e tuttavia irremovibile. Lui aveva replicato che sapeva bene di cosa si trattasse, che stava sistemando ogni cosa, ma che in quel momento non aveva nessuna voglia di rispondere. Intanto lo squillo proseguiva asfissiante. Faruk, con un moto di rabbia, aveva afferrato il filo e lo aveva strappato dalla presa nella parete. Lo squillo finalmente era cessato, e lui si sforzava di apparire calmo. «Ma era chiarissimo che dentro avesse una tempesta. Sono certa che avesse anche paura. All'alba mi riaccompagnò a casa. Prima di salutarci, fissammo il nostro appuntamento per il pomeriggio successivo. Ci saremmo concessi qualche ora di sonno, dopodiché ci saremmo recati all'ambasciata del Brasile, a un ricevimento al quale eravamo invitati. "Ok", ci dicemmo. "A più tardi". Si chiudeva così quel maledetto venerdì 17 gennaio. Furono le sue ultime parole rivolte a me. Da allora non l'ho mai più visto».

Faruk torna a casa e dispone che gli si prepari un abito per la serata di gala. La cameriera sceglie dal guardaroba lo smoking più elegante, poi lo stende sul letto.

Faruk si concede poi un breve riposo e, appena sveglio, esce piuttosto in fretta. «Starò fuori poco. Rientrerò per una doccia e per cambiarmi» dice. Ma nemmeno a casa lo rivedranno mai più.

Scompare per tutti, eccetto che per il suo assassino.

È sabato, giorno in cui non ha alcuna necessità di recarsi all'ufficio di via Lazio. Ma ha fissato lì un appuntamento, l'incontro che gli costerà la vita.

«Quel pomeriggio» racconta ancora la de Blanck, «io uscii. Avevo delle scarpe da ritirare. Quando rientrai chiesi se Faruk avesse telefonato. Non se ne aveva notizia, e non se ne ebbe nessuna nelle ore successive. Chiamai a casa sua più volte. La cameriera sapeva soltanto dirmi che era uscito, e che lo smoking era ancora lì, pronto sul letto.»

Comincia così la ricerca dell'uomo. Nessuno può immaginare che sia in ufficio. Solo per caso Patrizia non si ritrova sul luogo dell'omicidio. Durante la sua passeggiata pomeridiana, la contessina passa per via Lazio e non s'accorge della macchina del fidanzato, parcheggiata lì accanto. «L'avessi notata» dice «sarei salita su in ufficio. Ho rischiato di vedere coi miei occhi quel che era accaduto. Ma forse ho rischiato di peggio.»

Temendo che abbia avuto un incidente, chiamano in commissariato, poi tutti gli ospedali. Lei telefona anche al padre, vuol capire cosa lui sappia di quella improvvisa e inspiegabile scomparsa. «Niente, di Faruk non c'era notizia. Vissi due giorni d'angoscia continua. Non riuscivamo a spiegarci dove fosse. Fino al lunedì successivo. Mia madre aveva ascoltato la radio: "È lo scandalo, Patrizia, l'hanno ammazzato, hanno ritrovato il cadavere del tuo fidanzato in ufficio. Dicono che avesse il viso completamente sfregiato dal vetriolo".»

È toccata a Karin Arbib, la segretaria di Chourbagi, la sfortuna di inciampare nel corpo del suo capo, alle 9 del mattino di quel lunedì, 20 gennaio 1964. Si è trovata davanti un cadavere senza volto. L'acido solforico gli aveva divorato la faccia.

Karin si chiede chi sia quell'uomo.

Solo la polizia scientifica riuscirà a identificarlo.

All'indomani di un processo durato due anni e mezzo, con 152 udienze e 120 testimoni, dopo una camera di Consiglio accesissima lunga più di 30 ore filate, il 23 maggio 1966 il presidente Antonio La Bua pronuncia la sentenza: nel nome del popolo italiano, i coniugi Bebawi sono assolti. Entrambi per insufficienza di prove.

Se insultarsi e accusarsi in aula, litigare e venire alle mani, è stata solo una strategia, quella strategia ha funzionato.

Anche sugli umori del popolo, che approva, applaude e festeggia, il popolo che voleva Claire libera, innocente come la sua limpida bellezza.

I coniugi Bebawi vengono così immediatamente rilasciati: lei vola in Egitto, lui torna in Svizzera.

Per loro è finita. Per la legge italiana no.

Firenze riprende il caso con il processo d'appello che il 15 gennaio 1968 ribalta la sentenza di primo grado, dopo un lungo dibattimento durante il quale il banco degli imputati resta regolarmente vuoto.

I coniugi Bebawi sono riconosciuti colpevoli e condannati a 22 anni di carcere. Qualcuno li avverte. Loro accolgono la notizia distrattamente. Da tempo hanno una nuova vita, e nuove patrie dove non rischiano l'estradizione.

Per la tigre africana e per l'oscuro Youssef, Faruk Chourbagi è solo un lontano ricordo. E le prigioni italiane una minaccia troppo distante.

Così distante che fa quasi sorridere.

VI

1968 – Il delitto di Acapulco

La storia di Sofia Bassi e del conte d'Acquarone

Nel 1963 Elvis Presley è all'apice della carriera, quando gira per la Paramount *Fun in Acapulco*, che in italiano diventa *L'idolo di Acapulco*.

Non è certo un capolavoro, perché come in tutti i film del genere, l'insipida sceneggiatura fatta di belle ragazze e scontati intrecci amorosi, serve solo da cornice per le esibizioni canore del protagonista. Ma piuttosto che un paio di canzoni del re del rock, e nemmeno tra le più belle, a colpire la fantasia del pubblico sono i paesaggi da cartolina e quei tuffatori che si lanciano dalla *quebrada*, lo strapiombo di 45 metri a picco sul mare.

Acapulco è la città più importante dello stato messicano di Guerrero, e per tutti gli anni '60 contende alle Bahamas di James Bond il primato dei luoghi più esotici e affascinanti della terra, angoli di paradiso dove sognare di passarci una vacanza, o magari tutta la vita.

C'è il golfo, ci sono le spiagge, gli alberghi di lusso e, alle spalle, le colline punteggiate dalle splendide case dei miliardari, immerse nel verde e nel silenzio.

Villa Babaji è una di queste, ed è proprio da qui che il 3 gennaio 1968, verso le cinque del pomeriggio, un domestico prende il telefono e chiama la polizia.

Dice che è urgente, che è successa una disgrazia, ma Norberto Roman Cianfuegos, il detective che risponde all'apparecchio, non si agita più di tanto.

Di omicidi ne vede ogni giorno, perché nella provincia di Guerrero girano un sacco di armi e la gente è abituata a regolare gli affari a colpi di pistola. Puoi perfino trovare un killer su commissione disposto a fare il lavoro sporco, e pure a buon mercato, visto che il prezzo di una vita non supera i 5000 pesos.

Ma già mentre passa il cancello della villa al numero 14 di Las Palmas, Cianfuegos capisce che quella è una storia diversa, una storia che c'è da rischiare la carriera se solo sbagli un passo.

Lo aspettano un paio di domestici e poi gli si fa incontro un uomo maturo, il padrone di casa. Si chiama Gianfranco Bassi, e lo accompagna lungo il viottolo che costeggia il prato, fino al bordo della piscina dove c'è il corpo di un uomo steso a terra, un braccio penzoloni nell'acqua e l'altro ripiegato sul petto.

Il detective solleva l'asciugamano che gli hanno poggiato sopra, e scopre che la vittima era un tipo robusto, di una quarantina d'anni, passato a miglior vita perché qualcuno l'ha centrato con cinque pallottole; tre l'hanno raggiunto al torace, una è finita nella gamba destra, e l'altra lo ha preso al collo.

È strana, quest'ultima ferita, perché attorno c'è un bordo scuro, l'alone tipico dei colpi sparati da vicino, così come è strano che non si trovino le pallottole e i bossoli.

Cianfuegos però se ne sta zitto, si tiene i suoi dubbi, preferisce ascoltare il signor Bassi che gli racconta che è stata una fatalità, un incidente sciagurato. Il defunto, il conte Cesare d'Acquarone, stava mostrando a sua moglie Sofia Bassi come maneggiare una pistola, quando dall'arma, all'improvviso, era partita una raffica che l'aveva colpito, scaraventandolo in acqua.

L'avevano ripescato subito, ma ormai non c'era più nulla da fare. Lo aveva detto anche il medico, il dottor Zuloaga, che avevano chiamato ed era arrivato in fretta, dato che abitava vicino.

Saranno state le tre.

«Come le tre?» chiede il poliziotto messicano.

Se la chiamata in commissariato è arrivata alle cinque, perché hanno aspettato due ore prima di avvisare la polizia?

Gianfranco Bassi risponde che erano tutti sconvolti, che a Sofia, sua moglie, era venuta una crisi isterica e, insomma, che in casi così uno perde la nozione del tempo.

Certo il detective lo capisce.

Non è vero?

Cianfuegos non lo capisce, ma sa che è meglio tacere, almeno per il momento, e allora il padrone di casa prosegue. Quando è successa la disgrazia, lui e Hadelin, il figlio di primo letto di Sofia, stavano in una stanza della casa a rivedere i conti; Claire, la sorella di Hadelin e moglie della vittima, era in camera sua a riposare, mentre la piccola Chantal, la bimba di Claire e Cesare, giocava con la tata inglese. Poi c'era la nonnina, la madre del primo marito di sua moglie, che leggeva in veranda con Franquito, il ragazzo di Sofia e Gianfranco.

Lui non aveva sentito nessun rumore di spari, ma all'improvviso sua moglie si è messa a urlare e allora era corso a vedere cos'era successo.

Si era trovato davanti Sofia con una pistola in pugno, la mano così stretta che aveva dovuto faticare a strappargliela, e anzi era partito un colpo che, per fortuna, era andato a vuoto. L'arma apparteneva a Hadelin, che se la portava sempre dietro quando doveva viaggiare.

Cianfuegos la recupera e poi fa una cosa che è difficile capire: se ne va senza interrogare nessuno.

Prova giusto a chiedere di Claire, la moglie della vittima, ma gli rispondono che dorme, che non sa nemmeno della morte di Cesare. Non è il caso di svegliarla però, perché è una donna tanto sensibile che, messa davanti alla sciagura, così, di colpo, potrebbe perdere la ragione.

Alla fine soltanto Sofia sale sulla macchina dell'investigatore, per essere interrogata dal capo della polizia giudiziaria, il dottor Urbano Luna Fernandez.

E mentre l'auto si allontana, in casa Bassi già si pensa come coprire l'incidente, un fatto tanto penoso quanto imbarazzante.

Ad Acapulco non c'è un medico legale, nemmeno un obitorio, e allora tutti i defunti passano nelle amorevoli mani del signor Manzanares, titolare dell'impresa di pompe funebri. Lo rintracciano subito, e alle sei del pomeriggio lui si mette all'opera. Non si tratta solo di eseguire un'autopsia, ma di preparare la salma per il rientro in Italia. Al signor Manzanares chiedono di rendere il cadavere presentabile, magari mascherando le ferite con un po' di cerone, soprattutto quella al collo, che sembra un colpo sparato a bruciapelo.

A nemmeno cinque ore dal delitto, i resti mortali del conte d'Acquarone sono già pronti per essere rispediti in patria con il primo volo disponibile.

Ma a villa Babaji non hanno tenuto in conto della duchessa madre, Maddalena d'Acquarone. In fondo le hanno ammazzato il figlio, ma ci vogliono nove ore prima che a qualcuno venga in mente di avvertirla in Italia.

Lo fa Claire, con una telefonata a Verona fredda e sbrigativa, in cui informa che Cesare è morto, che è stata Sofia, e che purtroppo si è trattato di una disgrazia.

Tutto qui.

Donna Maddalena è sconvolta, ma anche arrabbiata, e con le conoscenze che ha impiega un attimo a trovare un buon legale in Messico. Giusto il tempo di essere nominato a tutelare gli interessi della famiglia Acquarone, che l'avvocato Ricardo Franco Guzman blocca ogni cosa e chiede una seconda autopsia sul cadavere della vittima.

Nel frattempo Sofia, in una cella del commissariato, aspetta di essere interrogata. Ma prima di affrontarla, Urbano Luna Fernandez vuole raccogliere tutte le informazioni su di lei e gli altri protagonisti della vicenda. Appena le ha sul tavolo, ordinate in cartelline dalla copertina gialla, accende il ventilatore e si prende tutto il tempo necessario.

Sofia Celorio in Bassi, di anni 55, era nata nel 1913 a Ciudad de Mendoza, nello stato di Veracruz. Suo padre era arrivato in Messico anni addietro dalla Spagna, e si era dato da fare con il commercio del legname, mentre l'unica cosa che si conosce della madre, è che era bellissima e aveva dato al marito un buon numero di figli.

Di tutti Sofia era la più sveglia e determinata.

Piccola di statura, con due enormi occhi verdi e un corpo perfetto, a diciotto anni si era stancata della vita in periferia, ed era finita a fare l'assistente a un mago di Città del Messico.

Damus, questo il nome dell'indovino e prestigiatore, sfruttava la bellezza della ragazza per attrarre clienti, e qualche volta per distogliere la loro attenzione da qualche numero meno riuscito. E durante una delle serate, tra il pubblico si era alzato Hadelin Diericx, offrendosi volontario per un piccolo esperimento d'illusionismo.

Hadelin, un bel giovane che tutti chiamavano «il diplomatico», si sarebbe rivelato il peggior errore di valutazione nella vita di Sofia, a eccezione, beninteso, della faccenda per cui finirà in galera.

C'era voluto un matrimonio e due figli, che aveva chiamato Claire e Hadelin junior, per scoprire che di diplomatici nella famiglia Diericx c'era stato solo il padre, ormai defunto, e non il marito, uomo privo di qualunque abilità, e sempre, clamorosamente, al verde.

Troppo ambiziosa per seppellirsi accanto a un fallito, Sofia aveva dapprima pensato a una qualche carriera artistica, prendendo lezioni di recitazione dal maestro giapponese Seki Sano. Ma non era andata oltre il ruolo di comparsa in pellicole di scarso successo, e allora si era cercata un impiego al Ministero degli Interni.

Un posto scelto non tanto e non solo per lo stipendio, ma soprattutto perché quello era un ambiente dove poteva incontrare la gente che contava veramente, gente potente e ricca.

Due personaggi avevano attirato presto la sua attenzione, entrambi europei, venuti a far fortuna in America. Il primo, francese, si chiamava Carlos Trouyet, e possedeva giacimenti, fabbriche e piantagioni; ma non gli era da meno il secondo, il commendatore Gianfranco Bassi, arrivato dall'Italia nel 1939.

Sofia li aveva pesati con cura, si era fatta corteggiare, e alla fine aveva scelto. Il tempo di dare il benservito ad Hadelin il «diplomatico», e nel 1955 era diventata la signora Bassi, un matrimonio presto allietato dalla nascita del piccolo Franquito.

La ragazzina di Ciudad Mendoza aveva così raggiunto il suo scopo, quello di assicurarsi una vita di agi e ricchezze.

Ma la sua opera non poteva dirsi completa fino a quando non avesse sistemato anche i figli nati dal primo matrimonio.

Per piazzare Hadelin bussava alla porta di Carlos Trouyet, confidando nel fatto che l'ex spasimante, seppur perdente nel confronto con il rivale italiano, mantenesse per lei una certa attrazione.

La proposta di Sofia era quella di combinare un matrimonio tra il figlio e Teresita, l'erede di casa Trouyet, ma il magnate si era mostrato sordo a qualunque lusinga.

Sapeva, come tutti, che il giovane Hadelin era una testa calda, un arrogante fannullone capace solo di andare a caccia di selvaggina e di ragazze, e lui non voleva certo tirarselo in casa.

Mentre però Sofia cercava di imbonire Carlos Trouyet, suo figlio non era rimasto con le mani in mano, aveva sedotto e messa incinta Teresita, e così alla fine l'accordo si era concluso con un matrimonio riparatore.

Con Claire, bionda e bellissima, non ci sarebbero stati grossi problemi, perché c'era già un pretendente ideale, Raul Bailleres, erede di uno dei maggiori imperi economici del Messico. Era giovane, piacente e innamorato, peccato che morisse precipitando con il suo aereo personale poco prima di fissare la data delle nozze.

Un po' per distrarre Claire dal suo dolore, un po' per cercare alternative, Sofia aveva spedito la ragazza in Europa, accompagnata dalla prima suocera, la madre di Diericx, di cui si fidava ciecamente.

Perché la «nonnina», così affettuosamente la chiamava, conosceva bene la vita e le sue insidie.

Nata nel 1886 in Belgio, Ester Van Der Wee da giovane aveva fatto la cantante nei locali d'avanspettacolo col nome d'arte di Dolly, fino a quando aveva incontrato il signor Diericx, futuro padre di Hadelin, che il diplomatico lo faceva per davvero.

Il matrimonio, causa morte prematura del marito, non era durato a lungo, e Dolly aveva trovato pronta consolazione con Francisco Orozco Munoz, segretario presso l'ambasciata messicana a Bruxelles. Il tempo di assaporare un poco di serenità, e l'invasione tedesca obbligava il Messico alla chiusura della rappresentanza, e la famiglia Munoz alla fuga in Francia.

Francisco e Dolly si erano arrabattati andando in giro con un carretto a vendere saponi, lamette da barba e lacci di scarpe, fino a quando, nel 1933, erano riusciti a mettere da parte i soldi sufficienti a pagarsi un trasferimento in piroscafo, e se ne erano tornati in Messico.

Don Orozco Munoz sarebbe morto di lì a poco, stroncato da febbri tropicali, e la vedova, dopo aver sepolto due mariti con cui aveva spartito una vita grama, si sarebbe scelta un miliardario tedesco come amante.

Questa la storia della nonnina, e i motivi per cui Sofia le aveva affidato Claire, con la consegna di non farla avvicinare da giovanotti che portassero in dote meno di un milione di dollari.

Tra crociere e alberghi di lusso, *premières* e serate danzanti, l'occasione giusta era capitata a Cap d'Antibes, con l'italiano Cesare d'Acquarone, che oltre ai miliardi, possedeva pure il titolo nobiliare di conte.

Figlio ed erede dell'ex ministro della Casa Reale durante il regno di Vittorio Emanuele III, Cesare era appena uscito da una brutta storia, che l'aveva lasciato ferito nell'orgoglio e nei sentimenti, e forse per questo aveva deciso all'istante che Claire era la donna che aveva sempre atteso.

Le nozze si celebravano nel 1961, e Claire si trasferiva a Verona, dove i conti d'Acquarone avevano possedimenti e industrie.

Tre anni dopo nasceva Chantal, l'unica figlia della coppia.

Ma per quel tempo Cesare aveva già scoperto che al di là del viso angelico, dei grandi occhi chiari e del corpo perfetto, la moglie aveva ben poco da offrirgli. A Claire interessavano solo abiti e gioielli, tanto che un cronista dell'epoca, sintetico e caustico, aveva scritto di lei che «aveva una testa che portava meglio il diadema che le idee».

Solo un paio di volte l'anno, durante i periodi di vacanza, i coniugi, con piccola e tata inglese al seguito, si trasferivano in America, accolti nella villa delle vacanze che i Bassi possedevano ad Acapulco.

Così, puntualmente, era accaduto anche quell'anno.

Sofia e Gianfranco erano già lì prima di Natale, mentre Hadelin li aveva raggiunti la sera del 25, e Dolly De Orozco Munoz era arrivata tre giorni dopo. Claire, con il marito, Chantal e la nurse era stata l'ultima a unirsi al gruppo, la vigilia dell'ultimo giorno del 1967.

A questo punto, Urbano Luna Fernandez, capo della polizia giudiziaria di Acapulco, ha un quadro pur sommario della faccenda, e può così cominciare a interrogare Sofia Bassi e sentire la sua versione dei fatti.

Provata ma lucida, Sofia racconta che Cesare stava sdraiato al bordo della piscina a prendere il sole, mentre lei passeggiava per il giardino.

Non ricorda come, ma a un certo punto avevano cominciato a parlare, a discutere di armi.

Il conte le aveva chiesto cosa ne sapesse, se ne avesse mai maneggiata una, se avesse mai provato a sparare e lei gli aveva risposto di non saperne nulla, ma di essere convinta che le sarebbe bastato poco per imparare.

Bene, replicava il genero, se avesse trovato una pistola le avrebbe spiegato come fare.

Sofia era salita in una camera della villa dove sapeva di trovare le armi, ne aveva presa una e poi era scesa. Quando l'aveva vista arrivare, Cesare si era raddrizzato in ginocchio, e lei aveva allungato il braccio per passargli la pistola, ma proprio in quel momento era partita una raffica di colpi, cinque per la precisione, che avevano centrato in pieno il genero, facendolo cadere in acqua.

Il commissario prova a capire come sia stato possibile, ma Sofia proprio non se lo ricorda. Le pare d'aver tenuto l'arma appoggiata sulle due mani stese, ma forse aveva un dito vicino al grilletto. Poi le prende un momento di crisi, barcolla e sembra cadere a terra, in preda ai tremori.

Luna Fernandez ne ha abbastanza, fa riaccompagnare Sofia in cella, non prima d'averla sottoposta al guanto di paraffina, la prova per capire se abbia davvero sparato. Poi prende l'arma del delitto, e la consegna al generale Juan Manuel Enriquez, perché ci faccia una perizia balistica.

Nel frattempo sono arrivati i risultati della seconda autopsia, dove sta scritto che quattro colpi sono stati esplosi a una distanza di un metro, un metro e mezzo, con direzione dall'alto in basso. E per quanto riguarda il quinto, quello mortale, chi ha fatto fuoco teneva l'arma a pochi centimetri dal collo della vittima.

Tutte cose incompatibili con la tesi dell'incidente.

Anche il generale Enriquez è della stessa idea, e lo sottolinea nella relazione che consegna al commissario. L'arma che ha ucciso il conte d'Acquarone è una *Walter 7 e 65* semiautomatica, il che vuol dire che per sparare bisognava premere ogni volta il grilletto, peraltro particolarmente duro. In nessun caso, da quella pistola, poteva partire una raffica di proiettili.

Il 5 gennaio, due giorni dopo la tragedia, gli inquirenti

vanno sulla scena del delitto per un sopralluogo. Ma non c'è più nulla da vedere, perché ogni cosa è stata ripulita. Non solo, Claire non si sa dove sia, forse se n'è andata a Città del Messico, forse a Miami, e quando si presenta in commissariato per sottoporsi al guanto di paraffina, è ormai passata una settimana dall'omicidio.

Di polvere da sparo, sulle sue mani, non c'è traccia.

Come in tutti gli altri testimoni del delitto.

Soltanto l'esame di Sofia risulta positivo.

A questo punto delle indagini, al commissario Fernandez s'affianca Arellano Cruz, giudice istruttore, che contro ogni evidenza sembra orientato a chiudere il caso come una disgraziata fatalità.

Per lui le incongruenze emerse nelle indagini paiono tutte irrilevanti. Per esempio liquida con un'alzata di spalle le testimonianze secondo cui Sofia Bassi possedesse in realtà un'ottima conoscenza delle armi, avendo anni prima partecipato a delle gare di tiro al bersaglio.

Poi c'è la storia di Claire.

Cesare era stato ucciso alle 2.30 del pomeriggio, e alle 3 avevano chiamato il medico. Accertata la morte del conte, gli avevano chiesto di dare un calmante a Sofia, e poi passare da Claire che stava riposando. Il dottor Zuloaga l'aveva invece trovata sveglia e ignara dell'accaduto; desiderava tuttavia dormire, e il medico l'aveva accontentata, con un fiala di sedativo.

Ma se la donna già era assopita, perché chiedere a Zuloaga di intervenire ancora? A meno che si giudicasse più prudente ch'ella non fosse vigile all'arrivo della polizia, evitando un rischioso confronto.

Ma Arellano Cruz non si limita a chiudere gli occhi davanti a dubbi e contraddizioni.

Combina un pasticcio stupido e gravissimo.

L'avvocato Guzman, stanco di sentire parlare di una pistola che aveva sparato da sola, pretende e ottiene di procedere a una prova pratica. Così, il 17 febbraio, nel poligono di Pie de la Cresta, davanti a giudici, avvocati e giornalisti, la *Walter* ben oliata viene messa nelle mani dell'olimpionico di tiro Martin Larranaga Marquez.

E dopo alcuni minuti, tra l'esultanza della difesa, ecco partire una raffica di proiettili.

Ma Ricardo Franco Guzman non ci sta, per lui vale il parere del generale Enriquez, e allora sospetta che sotto ci sia un trucco. L'avvocato è persona influente in Messico, scomoda il ministro, persino il Presidente della Repubblica, fino a scoprire che il giudice istruttore, la sera prima della prova di sparo, ha preso l'arma dalla cassaforte del tribunale, e se l'è portata a casa, e che ci ha messo mano anche Martin Larranaga Marquez, eliminando i meccanismi di blocco.

Per entrambi viene emesso un mandato di cattura, che tuttavia non verrà mai eseguito; ma ormai il danno è fatto, e la posizione di Sofia Bassi è sempre più difficile.

Si presentano altri testimoni, gente che all'inizio non voleva essere immischiata ma che poi si è decisa a parlare, gente che vive accanto a villa Babaji, e che il giorno dell'omicidio ha sentito tre spari in rapida successione, poi un intervallo, e altri due, con un ultimo colpo a distanza di minuti.

Come se, dopo una prima scarica, qualcuno avesse deciso di finire il lavoro con un paio di proiettili.

Rimosso il giudice Arellano Cruz, ai nuovi magistrati assegnati al caso spetta però di indagare anche in un'altra direzione, quella del movente.

E come ogni delitto in famiglia, la prima cosa che si cerca di scoprire, sono i rapporti tra marito e moglie.

Fin dal primo momento Sofia e Gianfranco, Claire ed Hadelin, tutti in coro avevano dichiarato che la famiglia Acquarone era un esempio di equilibrio e serenità. Magari c'erano piccoli screzi dovuti alle differenze di carattere, alla nostalgia di Claire per il lontano Messico, ma nessun conflitto di una qualche importanza.

E invece gli inquirenti scoprono che le cose tra Cesare e sua moglie non andavano poi così bene. Già nell'estate del

1966, era uscito un articolo che parlava di un'imminente separazione della coppia, scritto da un tal Federigo de Leon sul diffuso quotidiano «Excelsior».

Tra il conte e sua moglie non c'era più dialogo. Lui s'interessava solo delle sue fabbriche e della caccia, di cui era appassionato. Lei viveva per le occasioni mondane, per le feste e i balli, tutte cose che trovava con più facilità nella solare e gaudente Acapulco che nella fredda e operosa Verona.

L'anno prima c'era stata una furiosa lite durante una vacanza in Costa Smeralda, e Claire se n'era andata trovando un passaggio sul traghetto per il continente. L'avevano cercata per due giorni senza sapere dove fosse finita, prima che si decidesse a ricomparire.

Una crisi ancor peggiore era poi capitata durante un safari in Africa, quando Claire aveva tentato di suicidarsi tagliandosi i polsi. Non si era ferita gravemente, ma appena rientrata in Italia l'avevano spedita in Messico, tra le braccia di uno psichiatra che le aveva praticato un buon numero di elettroshock.

Si era arrivati così all'inverno del '68, e alla governante di Verona, Claire aveva confidato che dalle vacanze natalizie non sarebbe più tornata indietro, tanto che aveva deciso di portarsi dietro praticamente tutto il guardaroba e i gioielli che possedeva.

Persino la serata di capodanno era stata una tragedia.

Erano stati invitati, con Sofia e Gianfranco, a casa di Bruno Pagliai. Lì non avevano trovato soltanto la moglie dall'industriale, la celebre attrice Merle Oberon, ma anche Manuel Arango, playboy e vecchia fiamma di Claire.

La cosa aveva fatto ingelosire il conte, col risultato che erano tornati tutti a casa prima del previsto, e la discussione era continuata a villa Babaji, con Claire che diceva di essere stufa, che era meglio lasciarsi.

Ma per Cesare l'idea del divorzio era inaccettabile, ne faceva una questione di principio, tanto che aveva chiuso ogni rapporto con il fratello Filippo, per il solo fatto che aveva lasciato la legittima consorte e messo su famiglia con un'altra donna.

Se solo ci avesse provato Claire, a praticare quella strada, di sicuro non avrebbe mai più rivisto la piccola Chantal!

Che il clima in famiglia fosse tutt'altro che sereno, lo racconta ai giudici istruttori un'ultima testimone, la signora Maria Consuelo Torres. Gianfranco Bassi le aveva affidato un assegno da cambiare e la donna, sbrigata l'incombenza, s'era presentata il giorno del delitto ai cancelli della villa dei Bassi.

Erano da poco passate le 2 del pomeriggio, mezz'ora prima della morte del conte.

Entrata nel cortile, aveva scorto un certo numero di persone schierate in veranda, prese a litigare animatamente. C'erano il padrone di casa con la moglie Sofia, il conte, e poi anche una signora giovane, bionda e assai bella.

Non poteva che trattarsi di Claire.

Ma se Claire, a quell'ora, era nella sua stanza a dormire!

Intanto Sofia se ne sta al «carcel», il carcere di Acapulco, una fatiscente costruzione in legno poggiata su palafitte, con dentro cinque grandi stanzoni per gli uomini, uno per le donne, e, a parte, la sezione per i tubercolotici. Altro che villa Babaji, al *carcel* i topi passeggiano sui tetti, s'infilano nelle crepe dei muri, sfiorano i detenuti stesi a terra nel cortile, perché lì finisce per dormire la maggior parte dei carcerati, quasi cinquecento. Tanto ad Acapulco non piove mai.

Sofia vive in un locale vicino all'infermeria, e coi soldi che ha riesce a ottenere un piccolo e grande privilegio, quello di avere tele e colori per passare il tempo con il suo hobby, la pittura.

È brava Sofia, sono almeno tre anni che le sue tele finiscono esposte nelle gallerie in giro per il mondo, da Roma a Parigi.

Certo che a vederle si capisce che c'è un'ossessione che la tormenta. Non c'è quadro che non abbia dentro una figura femminile, e non c'è ritratto di donna che non somigli a Claire, la sua bellissima, adorata e fragile figlia.

Ci vuol tempo per terminare l'istruttoria e arrivare al processo, e gli avvocati della famiglia Bassi lo impiegano a cercare la migliore strategia.

Dopo l'infortunio della pistola truccata, e un tentativo andato a vuoto di assicurarsi la discrezione del detective Norberto Roman Cianfuegos, mettono per un attimo da parte l'ipotesi dell'incidente.

Accertata la responsabilità di Sofia, forse è il caso di sostenere che al momento di sparare la donna non fosse del tutto in sé, che avesse perduto il controllo dei nervi. Insomma, ci poteva anche stare un vizio parziale di mente.

Ma non tralasciano di percorrere una terza strada, cercando, con prudenza, di gettare ombre sulla figura della vittima. Cesare non era uno stinco di santo, piuttosto un uomo gretto, insensibile alle esigenze degli altri. E poi la sua situazione economica non era poi così florida, anzi il suo patrimonio rischiava di andare in fumo per una serie di investimenti sbagliati.

Pensano che calunnie e malignità potrebbero mettere pressione alla madre del defunto, la duchessa Maddalena, spingerla magari ad accontentarsi di una versione dell'omicidio che non danneggi troppo il buon nome delle famiglie.

Ma la nobildonna non arretra di un passo.

Dopo mesi di dibattimento, Sofia Bassi Celorio viene condannata, giudicata colpevole di omicidio semplice, quello che in Italia si chiamerebbe omicidio preterintenzionale. Nella sentenza i giudici scrivono che Cesare Acquarone è stato colpito in un momento «di incontrollabile impeto e sotto la forza di un raptus». Insomma, per la giustizia messicana Sofia avrebbe sparato in preda a una violenta emozione, anche se non si è capito bene quale sia stata la molla che l'ha fatta scattare.

Non si è capito, ma forse lo si può immaginare.

Il matrimonio tra Cesare e Claire sta andando a rotoli, e Claire non vuole più tornare in Italia.

Il conte la minaccia di separarla per sempre dalla figlia.

La famiglia Bassi al completo fa quadrato attorno a Claire, tanto che la testimone che arriva alla villa poco prima della tragedia, trova tutti impegnati in un'accesa discussione.

Sofia è incontenibile, nessuno può far soffrire la sua bambina, e in preda a una rabbia feroce impugna l'arma del figlio Hadelin, ed esplode tre colpi in successione.

Poi, visto che Cesare è ancora vivo, spara altre due volte.

L'ultimo proiettile, al collo, è una specie di colpo di grazia.

E prima di chiamare la polizia, si mettono tutti d'accordo sulla versione più opportuna, quella dell'incidente.

Ma c'è una variante a questa ricostruzione, semplice e inquietante: in tutte le testimonianze rese dai protagonisti, Claire stava riposando al momento della morte del marito. Ma in realtà era stata lei a uccidere Cesare, lei a esplodere tutti i colpi. Tranne l'ultimo, il sesto, quello che nelle parole di Gianfranco Bassi è partito accidentalmente quando ha tentato di disarmare la moglie. L'ultimo sparo, a vuoto, era invece servito a far sì che Sofia risultasse positiva al guanto di paraffina.

Claire, intanto, era meglio che non incontrasse i poliziotti, e che anzi sparisse per qualche giorno. Al suo ritorno, col passare del tempo e dei lavaggi, nessuno avrebbe più trovato i residui di sparo sulle sue mani.

Sofia ha accettato di prendersi la colpa dell'omicidio, perché al mondo nulla per lei valeva più che i suoi figli. Claire era sempre stata una ragazza fragile, da proteggere, e da quando si era sposata e viveva in Italia, Sofia aveva bisogno di sentirla al telefono, tutti i giorni.

Per paura di perderla era arrivata a registrare su nastri e bobine tutte le conversazioni che si tenevano in casa Bassi, anche le più banali, che poi spediva a Verona.

Valeva la pena sacrificarsi per lei.

La condanna che le infliggono è dura, undici anni di carcere. Ma Sofia non sconta l'intera pena, perché nel 1971 il presidente Luis Echeverría le concede la grazia. E lei se ne torna a casa, a dipingere, senza mai più parlare dell'incidente di villa Babaji.

Per Claire la vita non è facile. Si risposa, per divorziare quasi subito. Un ennesimo tentativo di suicidio la lascia quasi cieca. Ma si riprende, e sopravvive una decina d'anni all'adorata madre.

Un quotidiano messicano, il primo febbraio 2006, le dedica un semplice trafiletto:

> *Adios a Claire D'Acquarone: muy sentido fue para nosotros el deceso, a los 67 anos de edad, de Claire Diericx Celorio, viuda del conde D'Acquarone.*

Adios.

VII

1970 – Il delitto di via Puccini

La storia di Anna e Camillo, marchesi Casati Stampa

Un buon lavoro.

Lo ha sempre pensato che quello fosse proprio un buon lavoro: cameriere in un grande albergo, un hotel di lusso dove gli capita di incontrare stelle del cinema, ricchi imprenditori e gente d'antica nobiltà.

Non si può nemmeno lamentare dello stipendio, ma quello che fa la differenza sono le mance, soprattutto quando c'è da fare servizio in camera, a recapitare colazioni, oppure champagne in secchielli di ghiaccio.

Come il Dom Perignon del '62 che ha in mano quella sera, gentile omaggio della direzione e destinato alla coppia della 32.

È tardi, quasi mezzanotte, quando bussa discretamente alla porta, già pronto al solito cerimoniale: un rispettoso saluto, la bottiglia stappata e i calici versati, per finire con l'accenno a un inchino e, confida, un sentito ringraziamento per la generosità degli ospiti.

Un buon lavoro, lo ha sempre pensato. Almeno fino a quel momento, perché nemmeno immagina quello che gli riserva la serata.

L'uomo che lo invita a entrare è gentile ed elegante, e non lo congeda subito, anzi cerca di trattenerlo, lo fa sedere e poi comincia a parlare. Nulla di particolare, per carità, ma c'è qualcosa in lui che mette a disagio, perché lo fissa con insistenza, mentre gli dice che per lui quella è una notte diversa dalle altre, la sua prima notte di nozze.

Si capisce che vuole mostrarsi simpatico e disinvolto, infilando nel discorso qualche battuta, di quelle che si fanno con gli amici a proposito di donne e sesso.

Il cameriere sa che gli ospiti della camera 32, oltre che freschi sposi, sono di nobile famiglia, marchesi gli pare, eccentrici e un po' bizzarri come lo sono tutti gli aristocratici; ma nonostante tutto, proprio non capisce dove l'uomo voglia andare a parare.

L'unica cosa di cui è certo, è che a scontentare clienti di quel genere si rischia di rimetterci il posto, e allora cerca di stare al gioco.

Si alza il marchese: con un cenno lo invita a seguirlo, mentre gli sussurra che nel bagno lì accanto, sotto la doccia, c'è il corpo nudo e sensuale di sua moglie, bellissima e insaziabile.

Il cameriere è sempre più imbarazzato, ma in fondo perché non approfittare dell'occasione; se è questo che vogliono i signori, se ciò che desiderano è un servizio completo, non sarà certo lui a scontentarli.

Il cliente ha sempre ragione.

È così che all'improvviso Anna si ritrova davanti un estraneo seminudo, le cui intenzioni sono chiare nei gesti e visibili nello stato.

Cerca di coprirsi come può, mentre guarda stupita il marito; ma Camillo non le viene in soccorso, piuttosto si è accomodato sul bordo della vasca, pronto ad assaporare la scena, con gli occhi che brillano di una curiosità maliziosa, dell'eccitazione per una fantasia accarezzata a lungo.

Difficile dire perché Anna abbia ceduto alla perversione del compagno, prestandosi a uno squallido amplesso. Probabile che, in un istante, abbia compreso che quello sarebbe stato l'unico modo di amare il marito, ed essere amata da lui, impotente e masochista voyeur.

Ma ancor più che in altri drammi della passione, per capir bene la vicenda dei marchesi Casati Stampa di Soncino, bisogna fare un salto indietro nel tempo, ad Amorosi, un paesino che sta a una trentina di chilometri da Benevento.

Proprio qui, in un'umile casa, il 19 marzo del 1929 viene al mondo Anna Fallarino.

A scorrere la storia del borgo campano non è che si ritrovino eventi epici e gloriosi, anzi, fin oltre il 1400 non c'è traccia del paese nelle cronache e nei documenti. Occorre aspettare l'aprile del 1743 per registrare un fatto, quando Carlo III di Spagna, in marcia verso Napoli dopo la battaglia di Bitonto, decide di tirare il fiato e fermarsi da quelle parti per un giorno intero.

Dal passaggio del re borbone alla nascita della futura marchesa, ad Amorosi poco o nulla accade.

Anna è una bimba vivace e curiosa, e poi una ragazzina che in tempo di guerra si ritrova a fare i conti con la fame e la miseria. Un'esperienza che non scorderà mai e che le mette dentro una gran voglia di vivere, tanto che nel 1945, con l'accordo della famiglia, si lancia in un grande salto: lascia la campagna per trasferirsi a Roma, ospite dello zio Mario, maresciallo di pubblica sicurezza.

Come tutti i giovani del tempo, per lei la capitale vuol dire Cinecittà, le stelle dello spettacolo, le storie da fotoromanzo. E ad Anna poco importa se nell'attesa che un Amedeo Nazzari, una Mangano o un Blasetti si accorgano di lei, le tocchi fare la commessa in un negozio di abbigliamento.

Perché ha sedici anni, e poi perché sul pianerottolo di casa finisce per incontrare Remo, un ragazzo a posto, che aiuta il padre nella macelleria di famiglia in via del Lavatore.

Tre anni da fidanzati, e la loro è proprio una bella storia, pulita, da adolescenti; poi, all'improvviso, arriva l'occasione.

Si tratta di una particina, è vero, pochi secondi appena, ma per un esordio Anna non poteva sperare di meglio: la vogliono in *Totò Tarzan*, accanto alla più famosa maschera comica che l'Italia abbia conosciuto; forse il sogno della ragazzina di Amorosi sta per avverarsi, catapultandola con la sua prorompente bellezza nel dorato mondo del cinema.

E invece nulla; quel primo, piccolo ruolo resta anche l'ultimo. Anna Fallarino ha quasi vent'anni, e nemmeno il tempo di un rimpianto che conosce Giuseppe Drommi, saluta Remo e se lo sposa. Peppino, così lo chiamano tutti, ha ventotto anni, una laurea in ingegneria, e una tra le famiglie più ricche di Roma alle spalle.

Per quasi dieci anni le uniche occupazioni della signora sono le vacanze e lo shopping, i ricevimenti e i pettegolezzi. Le pare di non aver mai patito la povertà della guerra, la miseria delle campagne dov'è cresciuta, tanto le viene naturale vivere nel lusso e nell'ozio, e tutto scorre tranquillo fino all'estate del 1958.

Succede a Cannes, una delle mete abituali dei Drommi.

La serata ruota attorno all'ospite più famoso, al celebre playboy Porfirio Rubirosa; diplomatico, giocatore di polo, ma soprattutto sciupafemmine, Rubirosa vanta tre matrimoni e un numero incerto di amanti, tra le quali brillano Marilyn Monroe e Ava Gardner, Rita Hayworth e Kim Novak.

In quell'occasione, a stargli accanto è l'ultima compagna, la diciannovenne attrice francese Odile Rodin, sposata due anni prima, ma non è certo la presenza della moglie a impedirgli di puntare la procace italiana.

Così invita Anna a sedersi sul divano accanto a lui, e inizia la sua collaudata strategia di corteggiamento; ci va pesante, non si ferma ai complimenti, piuttosto, con studiata nonchalance, le poggia una mano sulla spalla e ce la tiene, fissando nel contempo Peppino Drommi.

Peppino non è uomo passionale, né tantomeno violento, ma dopo alcuni minuti la provocazione gli è diventata insostenibile. Allora si avvicina risoluto a Rubirosa, lo invita a tenere un contegno rispettoso, da gentiluomo. Porfirio nemmeno gli dà retta, gli gira le spalle e prosegue a fare i complimenti ad Anna, come se nulla fosse; almeno fino a quando un destro di buona potenza lo centra in faccia, mandandolo gambe all'aria.

Saremo anche a Cannes, e in uno dei locali più esclusivi della Costa Azzurra, ma la mischia che si scatena è degna delle risse tipiche delle peggiori bettole. E a menar calci e pugni per difendere l'onore di Anna, il più attivo non è il legittimo consorte, piuttosto il suo migliore amico, Camillo, da tempo innamorato discreto e segreto della donna.

Discreto e segreto fino a quella sera d'estate del 1958, quando gli occhi di Anna si piantano in quelli di Camillo, tra uno schiaffo e un tavolino che vola, e ci leggono passione, amore e una dedizione assoluta.

I soldi e il blasone possono molto, quasi tutto, tanto che in un solo anno la Sacra Rota annulla il matrimonio di Peppino, e anche quello di Camillo, sposato a Lidia, liquidata con un generoso assegno di 600 milioni.

Giuseppe Drommi si consolerà presto tra le braccia di Patrizia De Blanck, valletta del *Musichiere* ed ex fidanzata di Faruk Chourbagi, assassinato a Roma nel gennaio del 1964. Un matrimonio, quello di Peppino e Patrizia, che il 18 febbraio del 1981 sarà allietato dalla nascita di Giada, la contessina Giada de Blanck.

Quanto ad Anna, è libera di prendersi il suo Camillino, Camillo marchese Casati Stampa di Soncino, e lo fa nell'estate del 1959.

I Casati sono una famiglia lombarda iscritta all'albo d'oro della nobiltà italiana, con una storia che risale alla prima metà dell'XI secolo, e quello di Soncino è uno dei rami, germogliato dal tronco principale nel 1771.

Ma al di là di un patrimonio di centinaia di miliardi, Camillo si porta appresso l'eredità di antenati illustri, patrioti e politici di rango. Anche se qualcuno, dopo la tragedia, sosterrà vi sia pure una comune genealogia tra lui e Marianna De Leyva, passata alla storia come suor Maria Virginia, la monaca di Monza. Un legame tutto da dimostrare, giocato sulla base di una condivisa predisposizione a vivere scandalose storie di sesso.

Anna e Camillo vanno a vivere nella lussuosa palazzina di via Puccini, ai Parioli, in un appartamento disposto su due piani; camere della servitù e degli ospiti, saloni per le feste, e poi il locale che Camillo predilige, quello degli uccelli, una stanza interamente tappezzata di volatili impagliati di ogni specie. Li ha abbattuti lui stesso, perché la caccia, insieme ai cavalli, è la sua grande passione.

Che sia un tiratore infallibile lo dicono i suoi amici, e il compiacimento con cui ama ripetere una frase, profeticamente sinistra: «Se una cosa si muove abbastanza vicino a me quando ho un fucile carico, in un attimo è una cosa morta, che non si muove più».

La vita dei marchesi scorre tranquilla.

Lei si alza prima, verso le otto, prende solo un caffè, mentre Camillo ha gusti più raffinati, vuole che ogni mattina gli si faccia trovare un dolce fresco, appena sfornato dal fornaio sotto casa. Poi esce, diretto alle scuderie che possiede a Tor di Quinto, mentre Anna passa il tempo al telefono, con le amiche, con i genitori e le sorelle.

A primavera si spostano in Costa Azzurra, poi c'è la tenuta in Brianza, mentre l'autunno li vede sull'isola di Zannone, un gioiello del Tirreno poco lontano da Ponza, prima del rientro a Roma.

Nessuno immagina che la coppia, sorridente e affiatata, si regga invece su un equilibrio così bizzarro; perché la prestazione col cameriere non è stato un episodio isolato, e lo racconta il marchese stesso, che ha deciso di annotare ogni esperienza in un'agenda dalla copertina in pelle verde.

Non ci vorrà molto a trovarla, dopo i fatti, e sono passati solo pochi giorni dalle nozze, che già Camillo ci scrive:

> Oggi Anna mi ha fatto impazzire. Ha fatto l'amore in modo così efficace che anch'io, da lontano, ho partecipato alla sua gioia.

E ancora, la settimana successiva:

> Anna è stata magnifica. Incontrato un militare sulla spiaggia di Fiumicino.
> Ottimo quel soldato.
> Date trentamila lire.
> Ben spese.

Trentamila lire sembra proprio il compenso che Camillo ritiene giusto per le prestazioni di militari, marinai, avieri, comunque di giovani sconosciuti dal fisico prestante.

Quando le fantasie che coltiva superano il limite di una sopportabile eccitazione, il marchese prende sottobraccio la moglie, e se la porta lontano da casa, in posti dove nessuno sa chi siano e da dove vengano.

Come quella volta, in una spiaggetta isolata dalle parti di Capocotta, quando Anna si è messa a prendere il sole, con addosso un bikini così minuscolo che a stento le copriva i seni e il pube.

I due ragazzi, che a poche decine di metri si sono liberati dell'uniforme per restarsene in maniche di camicia, non potevano fare a meno di lanciarle occhiate d'ammirazione.

Certamente si sarebbero avvicinati, se non ci fosse stato quell'uomo accanto, un uomo vestito di lino bianco intento a fumare distrattamente una sigaretta dopo l'altra.

Ma lui, anziché mostrarsi seccato dai loro sguardi sfacciati, li ha invitati ad accostarsi, e poi ha fatto le presentazioni.

Anna, a questo punto, si è alzata lentamente, e lentamente è entrata in acqua. Poi, tornata accanto a Camillo, anziché asciugarsi, si è sfilata il reggiseno rotolandosi pigramente nella sabbia calda.

«Sarebbero così gentili» dice il marchese ai due ragazzi «da aiutarlo a rimuovere quei fastidiosi granelli dal corpo della moglie. E magari poi a cospargerla di crema solare.»

I due militari si guardano, imbarazzati, disorientati ed eccitati come altri prima di loro, come il cameriere dell'hotel di lusso, quello della prima notte di nozze.

Ma quando Anna si libera anche delle mutandine, ogni impaccio cade, e non importa se alle spalle si sentono i click di una macchina fotografica, quella che Camillo impugna fissando ogni momento, ogni particolare.

Alla fine se ne vanno con in tasca le loro trentamila lire e una storia piccante da raccontare ai compagni d'armi, regalando un ultimo commento sprezzante a quel debosciato che ha goduto nel vederli approfittare della compagna.

Ad Anna e Camillo non importa nulla di ciò che gli altri pensano; loro se ne stanno lì, abbracciati stretti, mentre il sole scende all'orizzonte.

Perché una cosa è chiara: se all'inizio la marchesa ha trovato il vizio del marito quanto meno stravagante, pian piano si è lasciata coinvolgere nel gioco. D'altronde una perversione di coppia poggia su ruoli diversi ma regole condivise, si possono al più introdurre piccole varianti, ma mai mettere in discussione i principi fondanti.

È Camillo che sceglie lo stallone di turno, e nel farlo si identifica con lui, ne assume le sembianze e il vigore sessuale che non possiede. Anna accetta il copione, fremendo sotto i colpi dell'occasionale amante, mentre immagina che a godere di lei e del suo corpo sia solo il marito.

Un simile patto funziona solo a una condizione, che il terzo incomodo resti sempre uno strumento al servizio dei due, e mai si trasformi da attrezzo a essere.

Massimo Minorenti ha venticinque anni, e non vanta nobili antenati, solo una madre casalinga e un padre impiegato alla GESCAL, l'istituto per le case popolari. Non si può nemmeno dire sia un ragazzo particolarmente brillante, tanto che all'università è finito fuori corso senza aver dato uno straccio d'esame.

Piuttosto ha dalla sua un buon numero di conquiste femminili, raccolte nei night club di Roma dove passa le serate a fingersi uomo di mondo. Può pure andar fiero di una storia con una soubrette famosa, tanto famosa che la gente la ferma per strada. Si chiama Lola Falana e nel '67 ha esordito in tv ballando con Don Lurio in *Sabato Sera*, lo show condotto da Mina.

L'incontro fatale avviene nel gennaio del 1970, nel corso di una serata organizzata per beneficenza. Tra Massimo e Anna corrono sedici anni, una differenza d'età che non li disturba, e l'iniziale simpatia presto si trasforma in una passione travolgente, sfogata tra le lenzuola di un alberghetto di viale Lazio.

Ma la loro non è solo una storia di sesso, Anna e Massimo non si limitano a fare all'amore, piuttosto si cercano, parlano, sognano di un futuro diverso.

È probabile che lei non gli abbia raccontato nei dettagli il tipo di legame che la unisce a Camillo, ma piuttosto si sia lamentata di un sottile senso di insoddisfazione che da qualche tempo la coglie all'improvviso, forse l'effetto di un rapporto ormai logoro, al quale il marito non vuole però rinunciare. Qualunque sia la natura del suo malessere, le basta avere accanto il suo Massimo che tutto cambia, e lei si sente felice come non le capitava da anni.

Passano le settimane, arriva la primavera e la solita trasferta nella villa di Zannone, ma questa volta il sole e il mare che adora, le portano solo una gran malinconia.

> 28 marzo. Sono molto triste.
>
> Di solito amo molto quest'isola, ma quest'anno la odio. Il peggio è che non posso farci nulla, mi auguro con il tempo di calmarmi, ma per ora la mia vita è un inferno.
>
> Penso che un tuo scritto mi renderebbe felice. Se puoi, scrivi la busta a macchina e come mittente metti Sartoria Botti, Corso Italia 21, Roma.
>
> Ora debbo lasciarti, Camillo sta rientrando.
>
> Ti abbraccio fortemente.
>
> La tua Anna.

Qualche giorno dopo, i toni si fanno ancora più accorati:

> Unico amore mio, ti scrivo mentre Camillo è comodamente seduto in poltrona ad ascoltare la radio. Cosa posso dir-

ti di più che di adorarti, tanto, tanto, tanto. Penso con grandissima emozione al giorno in cui potremo essere di nuovo insieme, noi due soli, una settimana o anche un solo giorno tutto per noi.

Ciao, mio grande amore.

Lei quindi sogna Massimo, mentre il marito «sta comodamente seduto in poltrona», senza immaginare i suoi tormenti. Ma nell'ignoranza Camillo ci resta poco, perché Anna rompe gli indugi, gli presenta il giovane senza nulla nascondere della passione che le ha preso.

Il marchese non vive la cosa con garbo signorile, né col giusto distacco che ben s'acconcia a un aristocratico, tanto che nel suo diario annota:

La più grossa delusione della mia vita. Vorrei essere morto e sepolto. Che schifo! Che piccineria! Il voltastomaco, ecco quello che mi ha dato Anna.

Solo lei, con quella sua mentalità da minimissima borghese, poteva farmi una cosa così bugiardamente losca.

Che delusione!

Dico, perdere la testa per un ragazzo assolutamente insignificante come Massimo, il quale, se non avesse i capelli che lo camuffano, sarebbe proprio zero.

Camillo non capisce, proprio non capisce.

Poi si convince che per Anna deve trattarsi solo di un'infatuazione. Certo è una cosa che sconvolge gli equilibri particolari su cui è costruito il loro rapporto, dov'è previsto e anzi ricercato il tradimento sessuale, ma del tutto vietata l'infedeltà dei sentimenti. Ma la marchesa non dà cenno di volersi staccare dal nuovo amante, e allora in Camillo subentra la paura, e la sofferenza, che puntualmente riporta con la sua elegante grafia:

Anna mi è completamente caduta dal cuore, ma la malattia che ho per lei mi lega.

Non riesco a dormire e lo vorrei tanto.

Ma come faccio quando vado a dormire e mi dice: "Tengo la linea del telefono libera finché non dormo", e poi fa una telefonata, ne riceve un'altra, ne fa un'altra ancora, e non mi dice nulla, e io sono in salotto a struggermi? Perché è così perfida?

Io non sopporto più questa situazione.

Vorrei tanto separarmi da lei, ma non ce la faccio.

Ma c'è un ultimo sussulto, un'ultima speranza. Il 26 agosto 1970, i marchesi escono ancora una volta insieme. Come se Massimo Minorenti non sia mai esistito.

A Fiumicino, nudissimi.
Anna bella spaparanzata.
Dopo passa un aviere nuovo…
Tutto divino.

I giochi sono dunque ancora aperti.

Anna sta tenendo il suo marchese sulle spine, forse sta usando Massimo come l'ultima carta per far capire a Camillo che una svolta alla loro vita bisogna pur darla. Perché, qualche mese prima, le è venuto un gran spavento, sotto forma di un nodulo al seno. Tutto si è risolto con un piccolo intervento, e la constatazione che il tumore era solo una benigna cisti, ma queste sono cose che ti obbligano a ripensare a tutto, a trovare la forza di svoltare.

Due giorni dopo l'ultima scorribanda erotica, il 29 agosto per la precisione, Camillo è ospite dei Marzotto, nella loro tenuta di Valdagno; c'è andato per una battuta di caccia, una di quelle cose che più ama, ma non riesce a rilassarsi, perché ha lasciato Anna nella casa di via Puccini, e insieme a lei c'è pure Massimo, e i suoi amici capelloni.

È sera quando chiama la prima volta, e la moglie gli risponde che la compagnia di ragazzi sta ancora tutta lì, che ceneranno insieme e poi si saluteranno. Ma a mezzanotte, alla terza telefonata, Massimo e un amico non se ne sono ancora andati, anzi, aggiunge Anna, forse chiederà a Massimo di fermarsi per la notte.

La misura è colma.

Camillo tuona, ammonisce, anzi, minaccia che è meglio che lei e il suo amante lascino subito l'appartamento, che ci sarà tempo l'indomani, al suo rientro, per chiarire con entrambi ogni cosa, una volta per tutte.

Questa volta la marchesa si spaventa; ha già assistito agli scoppi di collera del marito, e teme che non riesca a trattenersi.

Sono le due di notte quando Anna e Massimo, tremanti e impauriti, si presentano alla porta di un amico del ragazzo, Cesare Marangoni, che li accoglie e ascolta tutta la storia.

Passano la notte a parlare, a cercare di capire quale sia la cosa migliore da fare. Inutile evitare l'incontro con Camillo, non farebbe che peggiorare le cose, piuttosto Anna, appena è mattina, telefona in Questura a Napoli dove lavora suo cugino, lo prega di accompagnarla all'appuntamento, ma il vicequestore Fiumanò non vuole, o forse non può aiutarla.

Anche Massimo chiama un avvocato che conosce, per sentirsi solo dire che se ha da temere qualcosa dal confronto col marchese, è meglio che non si presenti in via Puccini.

Poi, con il passare delle ore, qualcosa nella testa di Anna inizia a cambiare; pensa che in fondo il marito le vuol bene, che forse si può trovare rimedio a tutto quel pasticcio. Ma tocca a lei fare il primo passo, quello di scrivere subito una lettera a Camillo, che lui possa leggere appena rientrato a Roma.

> Devi perdonarmi se ho sbagliato, ma ti prometto che chiuderò con Massimo e ritorneremo uniti come prima.

Il marchese, salutati i Marzotto e ripresa la strada per Roma, varca la soglia di via Puccini che sono le 18.30.

Si cambia d'abito, con calma, poi ordina ai domestici un succo di pompelmo, mentre legge e rilegge il messaggio della moglie.

Poi prende la sua decisione: che il maggiordomo dica ad Anna di venire pure, e la accompagni il ragazzo. Una volta entrati, si raccomanda, nessuno li deve disturbare, perché hanno questioni importanti e delicate da discutere.

Nel frattempo Camillo fa due cose.

La prima è prendersi dalla rastrelliera delle armi un fucile *Browning* a ripetizione, caricandolo con cinque cartucce per cinghiali. La seconda è mettersi allo scrittoio, per un'ultima nota, da lasciare all'amata moglie:

> Muoio perché non posso sopportare il tuo amore per un altro uomo. Quel che faccio lo devo fare.
>
> Perdonami.
>
> E qualche volta vienimi a trovare

Il messaggio d'addio di un suicida, senz'ombra di dubbio; quando Anna arriverà, assieme al suo Massimo, non troverà un uomo incollerito dal tradimento, ma solamente un corpo senza vita.

Ma perché allora riempire il caricatore del *Browning*, quando è evidente che basta un colpo per morire?

La risposta potrebbe stare nella drammatica confusione del momento, nei pensieri di chi sta per uccidersi e prepara il fucile in modo automatico, come sempre ha fatto nelle battute di caccia.

Tutto può essere, ma l'unica cosa certa è che l'uomo che verso le 19 invita la moglie e l'amante a sedersi nel salotto, del cadavere ha solo il pallore.

Nel frattempo Cesare Marangoni, che ha accompagnato i due amanti, si è fermato in auto ad aspettare, coi finestrini abbassati perché quella sera d'agosto fa proprio caldo. Il silenzio lo rassicura. Ancora qualche minuto, pensa, e poi se ne andrà, quando sente le urla, i vetri infranti, e poi quei colpi secchi che gli sembrano spari.

Salta giù dall'auto e si infila nel portone, poi su per le scale fino al quarto piano, ma qui lo blocca il maggiordomo dei Casati. Certo anche lui ha sentito i rumori, ma l'ordine del padrone è tassativo: non si deve disturbare, per nessun motivo.

Bisogna che Cesare chiami la sorella di Anna, e aspetti il suo arrivo, per vincere le resistenze del domestico, e aprire le porte del salone.

Anna è stata la prima a morire, centrata prima a un braccio, poi in pieno volto. Massimo ha cercato di fuggire, ha pure afferrato un tavolino nel patetico tentativo di proteggersi; il primo colpo lo ha raggiunto alle spalle, troncandogli la colonna vertebrale e paralizzandolo all'istante, mentre il secondo gli ha trapassato la nuca. Freddato il ragazzo, Camillo ha fatto fuoco ancora una volta contro la moglie, ferendola al torace e al collo.

Cinque proiettili, tutti a bersaglio.

Allora ha ricaricato, per completare la sua opera. Ha poggiato il calcio del fucile su una poltrona, e sistemato la canna ben piantata sotto il mento. L'esplosione ha fatto scempio della sua testa blasonata, spedendo un orecchio a incollarsi alla cornice di un antico dipinto.

Nel frattempo è arrivata l'ambulanza, giusto per prendere atto della morte dei tre, e insieme l'auto della polizia, con dentro il commissario Gianfrancesco.

Nemmeno per lui c'è granché da fare, visto che la dinamica dei fatti sembra subito chiara, e ancor più chiara appare dopo aver trovato, appoggiato su un mobile, il diario in pelle verde del marchese.

In qualche cassetto poi saltano fuori centinaia di immagini della contessa, per lo più istantanee che la ritraggono in pose tra l'erotico e il pornografico.

Nessun dubbio per il capo della Mobile.

O meglio, una cosa ci sarebbe. Il medico legale lo conosce da tempo, e ha pure una certa confidenza, per cui gli domanda cosa diavolo sia quel liquido biancastro, misto a sangue, che cola dagli squarci nel petto della marchesa.

Il dottore non si fa pregare, piuttosto lo prende un po' in giro: ma come, non gli dirà il commissario di non aver mai visto un paio di protesi al silicone? Evidentemente la marchesa non voleva arrendersi al passare del tempo, e fra le prime in Italia si è fatta regalare un viaggio per gli Stati Uniti e un corposo assegno per il chirurgo plastico, in cambio di un bel paio di tette rifatte.

In Questura non ci perdono molto tempo, perché a parte la notorietà dei personaggi e lo scandalo sessuale che obbligano alla riservatezza, si tratta in fondo di un triangolo finito male; un marito e una moglie, con tutte le loro abitudini più o meno strampalate, e un povero ragazzo che si è messo in mezzo senza capire quanto rischiava.

Certo che l'ultima lettera di Anna lascia tutti un po' perplessi. L'ha trovata Cesare Marangoni nella sua auto, quella con cui ha accompagnato gli amanti all'appuntamento fatale. La marchesa deve averla scritta nella notte del 29, e anziché consegnarla al destinatario, l'ha infilata nella borsetta da cui è caduta per sbaglio:

> Mio Max, ti scrivo e piango, mentre non so se il mio cuore esiste o no. Non ti vedrò mai più, però sappi che per me non sei stato affatto un'avventura. Ti penserò, non posso dire per sempre, ma per tanto, tanto ancora.
>
> Cerca di crearti una vita nel modo migliore e sii tanto felice.
>
> Ciao amore mio.
>
> Tua Anna.

Ma se la marchesa voleva riprendere i suoi rapporti con Camillo, e congedare Massimo, perché all'ultimo istante ha preteso che il giovane l'accompagnasse, anziché incontrare il marito da sola, ben sapendo quanto ascendente vantasse sull'uomo?

A parte Massimo, perfetto nel ruolo della vittima predestinata, Anna e Camillo giocano fino in fondo la loro partita mortale. Dichiarano un proposito, e puntualmente lo contraddicono nei fatti: chi vuol morire, prima di tutto uccide; chi vuol riprendere l'equilibrio passato, si porta appresso l'oggetto del conflitto, l'essenza della provocazione. Nemmeno loro erano consapevoli delle complesse dinamiche che da sempre accompagnavano la loro storia.

Anna e Camillo li hanno seppelliti uno accanto all'altra, nel mausoleo che la famiglia Casati possiede nel cimitero di Muggiò, non lontano da Monza. Camillo ricomposto in giacca scura e pantaloni chiari, Anna in un abito di velluto, foderato di seta e impreziosito di pietre dure.

Massimo Minorenti l'hanno portato fino a Guidonia.

Celebrato il funerale, si sono accorti che al cimitero del Verano, dove riposavano i suoi, non c'era più posto.

Alla strage di Via Puccini è sopravvissuta soltanto la marchesina Anna Maria, figlia di primo letto di Camillo, unica erede della famiglia Casati Stampa di Soncino. Si è trovata in tasca un patrimonio stimato tra i 300 e i 400 miliardi di lire, ma ancora minorenne, le è toccato affidarsi a un tutore.

A due settimane dalla tragedia, il 15 settembre 1970, il pretore di Milano Antonio De Falco stabilisce che di lei si occupi il senatore Bergamasco, e nomina come protutore un amico di famiglia, l'avvocato Cesare Previti.

Anna Maria, travolta dalla tragedia e dalla pressione mediatica, lascia l'Italia per trasferirsi prima alle Seychelles, quindi in Brasile, affidando al tutore, e soprattutto al protutore, la cura del suoi beni.

Sarà Cesare Previti a far da intermediario nella vendita di Villa San Martino, procurando che la costruzione di Arcore passi nelle mani dell'attuale proprietario, il cavaliere Silvio Berlusconi.

Un'operazione che susciterà non poche perplessità, così come l'intera gestione del patrimonio dei Casati Stampa.

Ma come direbbe un caro amico, questa è un'altra storia.

VIII

1981 – Il massacro di Wonderland

La storia di John Holmes

La sua è una storia con dentro tante altre storie, e non è facile capire dove stia la verità, e dove cominci la fantasia.

Perché a lui, a John Holmes, piaceva tanto parlare, raccontare dei suoi successi, di come era diventato il re del porno, ma non sapeva resistere alla tentazione di rendere le cose più belle, le imprese più spettacolari, le trasgressioni più forti.

Su una sola cosa non ha mai scherzato, e forse c'è da capirlo. Ha preferito farsi la galera che parlare dei «wonderland murders», gli omicidi del paese delle meraviglie, quattro cadaveri e le sue impronte sulla scena del crimine, al numero 8763 di Wonderland Avenue, Los Angeles, California.

John nasce l'8 agosto del 1944 in un paesino dell'Ohio che si chiama Ashville. Ad assistere al lieto evento, consumato su un tavolaccio in legno, non c'è Carl Estes, il padre fuggito da mesi, piuttosto una volonterosa vicina di casa, con buona esperienza di pance e travagli. È una donna energica, abituata a tutto, o almeno così credeva fino a quel momento, perché si accorge subito che nel marmocchio c'è qualcosa che non va.

Ma non sa bene se classificare la cosa alla voce «problemi», e allora se ne esce con un commento che accompagnerà John per tutta la vita: «Ma questo bimbo ha due piedi e tre gambe!»

Bisogna aspettare qualche anno prima che la straordinaria dotazione del piccolo si trasformi in una fonte di piacere e guadagno, e nel frattempo John ha ben altri problemi da affrontare, insieme ai fratellini Eddy e William e alla sorellina Ann. Mamma Mary ha infatti deciso di dare ai figli un nuovo padre, e allora si è risposata con Edward Holmes, scoprendo presto di aver commesso un terribile sbaglio.

Di professione falegname, Edward da tempo ha perduto ogni interesse per il lavoro, passando le giornate da un bar all'altro a tracannare birra; e quando arriva a casa, incattivito dall'alcol, se la prende coi ragazzi e la moglie.

Vivono tutti a Columbus, nella zona più degradata della città, quattro isolati di mattoni che un politico dall'umorismo demenziale ha battezzato «the project», il progetto.

Mary ha un gran da fare a tener lontano i figli dalle risse che ogni giorno scoppiano nel quartiere, tra bande di teppisti e spacciatori, e poi le tocca mettersi a lavorare, perché Edward non porta a casa nemmeno un dollaro. Fa la cameriera in un piccolo ristorante, poi la cassiera, ed è così in gamba che alla fine la promuovono responsabile del locale.

Quando una mattina come un'altra, Edward prende la porta di casa e se ne va per sempre, lei è impegnata con clienti e fornitori, e non si strappa certo i capelli.

Piuttosto, in capo a qualche mese, conosce un altro uomo.

Si chiama Harold, lavora per una compagnia telefonica, ed è un tipo a posto, che le promette una vita migliore, una nuova casa in campagna, lontano dal project e dalla miseria.

Mary è convinta, fa le sue pratiche di divorzio e si risposa, con la benedizione dei ragazzi. E Harold non la delude, perché non c'è impegno che non assolva, dalla piccola fattoria dove si trasferiscono, al cibo che non manca mai in tavola, accompagnato da attenzioni e gentilezza.

Senza la preoccupazione di dover schivare schiaffi e pugni, e con la pancia piena, per la prima volta nella sua vita il piccolo John si sente tranquillo, e la sua curiosità di bambino viene subito attratta dagli intriganti misteri del sesso.

Vivendo in campagna, in mezzo agli animali, ci vuol poco a capire come funziona la natura, ma per qualche lezione supplementare ci pensa Gloria, una ragazza chiamata a fargli da baby-sitter.

Gloria ha sedici anni, John poco più della metà, ma, complice il bagnetto prima della nanna, lei scopre le doti nascoste del bambino, e lui sperimenta qualcosa di assolutamente piacevole. Tanto piacevole che a dar retta ai racconti di John Holmes, quelli fatti da grande quando tendeva a esagerare, da qui in poi la sua sarebbe diventata una vera ossessione.

Realtà o montatura, i primi tempi con Harold a far da papà vanno alla grande. Non è però destino che Mary sia fortunata con gli uomini, perché dopo qualche anno Harold si ammala di un disturbo che gli psichiatri chiamano psicosi maniaco-depressiva.

Succede così che trascorra lunghi periodi sempre più triste e indifferente, senza nemmeno alzarsi dal letto. E poi, improvvisamente, non dorme più, parla in continuazione, diventa aggressivo con John e i suoi fratelli, che, uno dopo l'altro, se ne vanno lontano.

Anche John, appena compiuti i sedici anni, decide di lasciare la madre, anche se le vuole un gran bene e le resterà legato per tutta la vita. L'occasione gliela fornisce l'esercito, e nel 1960 si arruola e se ne va in Germania.

L'esperienza militare non va male; cresciuto con poche regole, si accorge che un po' di equilibrio e disciplina non gli dispiacciono, anche perché scopre come passare piacevolmente i permessi e le licenze. A lui pensa *frau* Helga, tenutaria di un bordello non lontano dalla caserma, che tanto apprezza le sue doti da non volerlo dividere con nessuna delle sue ragazze.

E poi c'è Tony, un ragazzo di New York che diventa il suo miglior amico e intanto gli spiega come abbordare mogli insoddisfatte e vedove inconsolabili. Tony e John si congedano nell'agosto del 1964, e per un paio di mesi se la spassano, con il generoso contributo di ricche signore disposte a pagare per le loro prestazioni.

Ma alla fine John si stanca, ha compiuto vent'anni e ha qualche velleità artistica; vuole studiare cinema, magari salire su un palcoscenico, e non c'è che un posto per realizzare i suoi sogni: Los Angeles.

Nella città degli angeli ci arriva nel marzo del 1965, e per campare si arrangia a fare qualunque lavoro, dall'autista di ambulanze alla vendita di spazzole porta a porta, fino a servire ai tavoli in una tavola calda sull'Hollywood Boulevard.

Ed è qui che conosce Linda, che di mestiere fa la segretaria in uno studio legale. Si piacciono, finiscono a letto, ma soprattutto Linda offre a John un posto dove vivere. La loro non è proprio una storia, piuttosto un modo pratico per dividere le spese, e senza starsi troppo addosso, perché la ragazza esce presto la mattina, proprio quando John rientra dal turno di notte al ristorante.

Ci vuole tempo prima che Linda racconti a John della sua doppia vita, che non le capita solo di lavorare in ufficio a sbrigare le pratiche dei clienti; piuttosto coi clienti le succede di intrattenersi in qualcosa di più personale, qualcosa che non le spiace e, soprattutto, le fa guadagnare tanti soldi con poca fatica. Una mattina aspetta John che torna dal lavoro, per informarlo d'essersi licenziata per dedicarsi a tempo pieno all'impegno più redditizio.

Holmes non la critica e non la giudica, cosa che Linda apprezza molto, tanto che di lì a poco coinvolge il suo amico e coinquilino nell'esperienza che gli cambierà il futuro.

Si tratta di recitare, ma non in un film vero, piuttosto in una pellicola alla buona, fatta in casa.

O meglio, fatta a letto.

Basta darci dentro per qualche minuto, e non essere timidi sotto la luce di un paio di riflettori con un tizio che ti riprende in super 8; il risultato si chiama «loop», una pellicola girata in bianco e nero, che non ha trama ma solo «azione», ed è rigorosamente illegale. Dopo averla ridotta a 8 mm, se ne stampano ogni volta un migliaio di copie, si butta il nastro originale e poi si vendono a cinquanta dollari l'uno, che per l'epoca non è una cifra da poco.

John Holmes per la sua performance con Linda ne guadagna un centinaio, ed è così che il mondo scopre «mister 32 centimetri» con la sua capacità di reggere per ore qualunque confronto, in totale e assoluto controllo: l'albeggiante mercato del porno ha trovato il suo re.

In capo a pochi mesi nell'agenda di Holmes non c'è più uno spazio libero. Quando non è impegnato negli scatti per le riviste o nelle riprese cinematografiche, gli tocca saltare da un letto all'altro, chiamato da un marito che vuole offrirgli la moglie godendosi lo spettacolo, o da una donna che del marito non sa cosa farsene.

Per lui è tutto lavoro, ma sa di essere fortunato, perché ciò che fa per campare gli piace; ma i sentimenti sono un'altra cosa, e se l'appendice vibra per molte, il suo cuore batte soltanto per una.

Si chiama Sharon Gebenini, di professione infermiera. L'ha conosciuta mentre faceva i turni in ambulanza, e dopo un serrato e tradizionale corteggiamento, accetta di diventare sua moglie nell'autunno del 1965.

Peccato che con lei John commetta un imperdonabile errore di valutazione, non raccontandogli subito quel che fa per campare. Quando Sharon scopre che suo marito, ogni giorno, è impegnato a far sesso con una donna diversa, ne resta sconvolta, e non la consola sapere che per lui si tratta di una specie di ginnastica ben retribuita.

Anche se resteranno sposati ancora per diciannove anni, il loro matrimonio è gia finito; da qui in avanti s'incontreranno poco, si parleranno ancora meno, e pochissimi sapranno del loro legame.

Di nuovo single, John Holmes, passa da una storia all'altra, e non senza qualche rischio. Come quella volta che un marito, rientrato a casa prima del previsto, gli spara addosso, centrandolo a una gamba e facendolo finire in ospedale mezzo dissanguato.

Continua a lavorare molto e a guadagnare bene, anche perché le cose stanno cambiando nel mondo della pornografia. Le scene dei *loop* sono sempre più esplicite, gli scatti sulle riviste immortalano le penetrazioni più fantasiose, e le maglie della legge si sono allargate.

È cominciata la rivoluzione sessuale, accompagnata dai cartelli delle femministe, dalle mutandine e dai reggiseni bruciati in piazza, e nel 1972, un tizio che si chiama Gerard Damiano decide di fare un lungometraggio, un film erotico con una storia.

Per la parte della protagonista sceglie una ragazza di 23 anni, il cui nome è Linda Susan Boreman, anche se si fa chiamare Linda Lovelace, e le propone un ingaggio di 1250 dollari per tutta la produzione. D'altra parte c'è poco da scialare, perché Damiano deve restare in un budget di 25.000 dollari.

La sceneggiatura della storia è sua, e racconta di una ragazza, una prostituta, perennemente insoddisfatta dai rapporti con l'altro sesso. Linda, la protagonista, cerca così l'aiuto in un'amica, che le raccomanda una serie di ragazzi particolarmente dotati; un rimedio convenzionale, ma il problema non sta nelle dimensioni degli attributi, piuttosto in un'anomalia che la ragazza scopre con l'aiuto di un medico: la natura le ha piazzato il clitoride in gola, anziché sistemarlo in zone più convenienti.

Da qui in avanti Linda, scoperto l'inghippo, troverà un'efficace stimolazione della sua parte più sensibile, dedicandosi alle prestazioni orali.

Gola Profonda incassa cento milioni di dollari, tanto quanto era riuscito a fare Walt Disney con *Biancaneve e i sette nani* in 35 anni di distribuzione, non meno di quello che otterrà il pluripremiato *Titanic*.

Ma soprattutto inaugura nuovi scenari nel mondo a luci rosse.

Nascono catene di cinematografi dedicati esclusivamente al genere, con un giro d'affari importante, che diventa eccezionale con l'avvento, nel 1976, dell'home-video in VHS.

John Holmes coglie al balzo le novità di Gerard Damiano.

In realtà già l'anno prima che uscisse *Gola Profonda*, si era inventato un personaggio, Johnny Wadd, una specie di ispettore Callaghan che affrontava i suoi casi infilandosi tra il caldo buio delle coperte, piuttosto che nella fredda oscurità dei vicoli. La trama non era altro che un pretesto per presentare scene di sesso, ma almeno, tra un'ammucchiata e l'altra, c'era una parvenza di racconto, con personaggi e ambientazioni. Il pubblico ha gradito, e ancor più gradisce i sequel, girati in Messico oppure sulle spiagge hawaiane.

John è ormai il più grande divo del cinema porno, capace di guadagnare nel 1977 la bellezza di 3000 dollari al giorno. Compra appartamenti, apre un negozio che affida al fratello, ma incappa anche in qualche guaio con la giustizia. Lo accusano di istigazione alla prostituzione, e lui se la cava diventando una specie di informatore della polizia.

Fino a quel momento il fisico lo regge bene, e al massimo ricorre a qualche spinello, giusto per rilassarsi. Ma poi comincia a sentirsi stanco, a dormire poco, a far tardi al lavoro e a perdere la concentrazione sul set, con effetti del tutto visibili.

La cosa all'inizio non lo preoccupa più di tanto, ma finisce lo stesso a parlarne con il suo produttore Bill, che lo tranquillizza: si tratta di un momento passeggero, gli dice l'amico, John ha solo bisogno di qualcosa che lo tiri su, di forza e di morale.

Detto questo, gli mette in mano un sacchetto, con dentro delle scaglie che sembrano sapone, e invece è freebase, cocaina ottenuta aggiungendo ammoniaca, per poi farla evaporare. La si fuma come il crack, ma la freebase è ancora più pericolosa, perché produce una dipendenza immediata.

Se ne accorge presto John, perché in capo a poche settimane si trova costretto ad alzare le dosi: gli volano 300 dollari la settimana, poi 500, e alla fine non gliene bastano nemmeno 1500.

Ma non è solo una questione di soldi, piuttosto la droga gli prende il cervello, gli fa cambiare il comportamento e perdere gli amici. È agitato e paranoico, dimagrisce a vista d'occhio e sul set non ci arriva nemmeno più.

Il lavoro comincia a diminuire, perché si sparge la voce che non sia più una macchina per il sesso, ma uno che non rispetta gli impegni. Qualcuno si inventa una battuta su come si sia ridotto: «Se proprio vuoi vedere John Holmes all'opera, devi tirare una striscia di coca dal bagno, dove sta chiuso ore a farsi, fino alla camera da letto».

Di soldi ne ha sempre meno, ed è costretto a vendere gli appartamenti e le auto; poi comincia a rubare, prima nelle borsette delle colleghe, quindi al deposito bagagli dell'aeroporto di Los Angeles, fino a fracassare i finestrini delle macchine per strappare gli stereo e farci qualche dollaro.

John sta per entrare nel suo peggior incubo, e ci si infila pian piano, senza rendersene conto.

Entra nel tunnel un pomeriggio di primavera, quando incrocia una ragazzina che cerca un passaggio in auto. Fa appena in tempo a caricarla in macchina, che lei già gli chiede se sia il famoso attore porno. E poi se abbia della coca da offrirgli.

Non gli dà nemmeno un secondo per rispondere, perché gli dice che non importa, perché sa lei dove trovarla, basta prendere il Sunset Boulevard, poi, a Laurel Canyon, girare a destra, e salire per i tornanti che s'inerpicano per le colline fino alla Lookout Mountain.

Poco prima di arrivare in cima, c'è una strada che si chiama Wonderland Avenue, un nome pieno di pretese, perché quella striscia d'asfalto non ha niente della *avenue*, e ancor meno del meraviglioso. Si vedono solo case fatiscenti di stucco e legno, i tetti cadenti e le pareti scrostate, e al numero 8763 una costruzione a due piani, con una facciata dipinta in un rivoltante color verde bile.

È intestata a una donna di nome Joy Miller, 46 anni, con una sfilza di arresti alle spalle per detenzione e spaccio di stupefacenti. Joy dimostra il doppio dei suoi anni, non esce mai di casa, dove si trascina con le sue ciabatte sfondate e una vestaglia lurida che le pende addosso, anche perché le hanno asportato entrambi i seni per salvarla da un tumore maligno.

Ma chi vive con lei, non è che se la passi meglio.

Il suo fidanzato Billy Deverell, 42 anni, l'hanno già arrestato una dozzina di volte, così come Ronald Launius, 37 anni, che si è meritato le attenzioni dei federali.

L'ultimo inquilino è David Lind, 39 anni.

«Feccia» li chiamerà John Holmes qualche anno dopo, drogati e insieme spacciatori che vivono tra i rifiuti, tra gli escrementi dei cani pitbull che si sono presi in casa a far da guardia.

Ma tra la feccia, quello che era il re del porno finisce per starci bene, perché non ha più lavoro, nemmeno amici, e in Wonderland Avenue trova qualcuno che gli rivolga ancora la parola, per cui lì ci passa la maggior parte del suo tempo.

In cambio di un poco di ospitalità e tanta coca, Holmes accetta di far le consegne a domicilio in giro per Los Angeles, ed è così che conosce Eddie Nash, un grosso spacciatore di Los Angeles.

Eddie, ma il suo nome è Adel Gharib Nasrallah, è nato in Palestina, e rappresenta il tipico esempio di come il sogno americano possa realizzarsi per chiunque. Partito con un chiosco di hot dog, alla fine degli anni '70, si ritrova proprietario di una dozzina di night-club che gli rendono bene, quasi quanto la sua parallela attività di spaccio e ricettazione.

La banda di Wonderland, oltre allo smercio di qualunque droga sia presente sul mercato, non trascura rapine e furti. E nello svaligiare un appartamento, Billy Deverell, Ronald Launius e David Lind, si ritrovano per le mani gioielli e un paio di antiche pistole di grande valore.

Il problema è piazzarle, e magari John può portarle a Eddie Nash e spuntare un buon prezzo.

Ma con grande sorpresa di Holmes, Nash non è interessato. Dice che quelle armi valgono almeno 75.000 dollari, ma è roba che scotta, e il massimo che può fare è prenderle in custodia, in cambio di un migliaio di dollari in cristalli di coca.

John protesta, poi finisce per accettare, ma i suoi soci non sono certo entusiasti dell'affare. Prima si fumano tutto quello che Holmes ha portato, poi lo spediscono a trattare di nuovo.

Ma il palestinese è irremovibile.

Anzi, questa volta tratta John come un pezzente, lo fa sbattere fuori a calci dalle sue guardie del corpo. Ma prima che ciò accada, Holmes chiede di poter andare in bagno, e approfitta per aprire una porta finestra che dà sul giardino dietro la villa. E, tornato in Wonderland Avenue, racconta che la casa di Nash è piena di refurtiva, di droga e denaro, disegnando una mappa della casa con il punto d'accesso che ha preparato per la banda.

John comunque vuole restarne fuori, e allora, dopo l'irruzione, raccomanda a Ronald, David e Billy di fracassare il vetro della porta da cui sono entrati.

Altrimenti Nash avrebbe capito subito chi era l'infame.

È l'alba del 29 giugno 1981 quando i tre attaccano la villa di Eddie Nash, sparano alla sua guardia del corpo e lo costringono a inginocchiarsi, ad aprire la cassaforte e poi a implorare pietà in cambio della vita.

Se ne vanno portandosi via un malloppo in denaro, gioielli e droghe per un valore di almeno un milione di dollari. Sono euforici, entusiasti di un bottino nemmeno sognato, ma alle spalle si sono lasciati un uomo ferito nell'orgoglio, un uomo pericoloso. E naturalmente si sono scordati di mandare in pezzi la porta da cui sono penetrati, quella che John aveva lasciato aperta per loro.

Holmes è terrorizzato. Li guarda e non capisce come possano vantarsi dell'impresa, parlandone con tutti, con i clienti, con le ragazze che nel frattempo sono passate a trovarli, con Barbara Richardson, amica di Lind, e poi con Susan, la moglie separata di Ronald Launius.

Non sarebbero stati così felici, sapendo che quelle sarebbero state le ultime ore della loro squallida esistenza.

Sono in tre, o forse quattro, gli uomini armati di barre di piombo che irrompono all'8763 di Wonderland Avenue verso le 4 del mattino del primo luglio.

Fanno tutto con una metodica ferocia, passando da una stanza all'altra, fracassando ossa, schizzando sangue e cervello dappertutto. Colpi sordi, qualche lamento. Poi solo l'abbaiare dei cani.

Ci vogliono dodici ore prima che un tizio che lavora nella casa accanto noti la porta aperta, i pitbull furiosamente liberi nel giardino, e si decida a dare l'allarme.

Il primo cadavere la polizia lo trova sul divano del salotto, ed è quello di Barbara; nella camera al piano di sopra, buttata sul letto c'è Joy Miller, mentre Billy Deverell sta a terra, in un angolo; la stanza accanto accoglie il corpo di Ronald Launius, e vicino a lui, orribilmente mutilata ma ancora viva, sua moglie Susan.

C'è così tanto sangue, che i tecnici della scientifica decidono di lasciare da parte le macchine fotografiche, e riprendere la scena con una telecamera. Il nastro finirà tra gli atti del processo, e anzi sarà la prima volta che una registrazione video sarà ammessa come prova in un tribunale americano.

Visti i precedenti delle vittime, non ci vuol molto a capire che quella strage assomiglia a un regolamento di conti tra bande, anche se un massacro di quel tipo non si è mai visto.

Soltanto David Lind è scampato alla strage, ma solo perché aveva deciso di passare la notte con una prostituta in un motel della San Fernando Valley. Ed è lui a raccontare alla polizia la storia con Eddie Nash.

I detective cominciano a farsi un'idea di quello che è successo, ma c'è da scoprire quanto c'entri John Holmes con gli omicidi, e allora vanno a interrogare Sharon, che è ancora sua moglie ed è rimasta in contatto con lui.

La donna racconta agli investigatori che lo ha visto arrivare poche ore dopo la strage. Era sconvolto, le aveva detto che aveva avuto un incidente d'auto, ma lei, che era pur sempre un'infermiera, non gli aveva trovato addosso ferite che giustificassero tutto quel sangue. Sharon aveva insistito, chiedendogli cosa fosse davvero successo, ma lui aveva taciuto, e se n'era andato.

John Holmes finisce nell'elenco dei ricercati, e gli uomini del dipartimento di polizia di Los Angeles impiegano nove giorni prima di scovarlo al Sherman Oaks motel, dove si è rifugiato in compagnia della sua giovanissima amante, Daisy Shiller.

Portano tutti e due al distretto, ma la ragazza non sa nulla e John non apre bocca. Senza prove sufficienti per trattenerli, prima lasciano andare lei, poi John, con la richiesta che non si allontani dalla città.

Ma Holmes non ha nessuna intenzione di fermarsi a Los Angeles, perché sa che è meglio mettere un bel po' di chilometri tra lui e Nash.

Si tinge i capelli di nero, dà una mano di grigio alla sua auto, poi ci carica Daisy e punta dritto verso la Florida. Ma prima di filarsela, passa un'ultima volta da Sharon e le racconta la sua versione degli omicidi di Wonderland.

È successo che il giorno dopo l'irruzione della banda nella casa di Eddie, due degli uomini del palestinese lo hanno visto mentre camminava con addosso una catena d'oro, frutto della rapina. E non appena John ha provato a saltare in auto, lo hanno bloccato e portato da Nash, che ha minacciato di ammazzare lui e tutti i suoi cari, se non gli avesse detto subito dove stavano quei pazzi, quelli che avevano avuto il coraggio di aggredirlo a casa sua.

Ma non è bastato fare nomi e indirizzi, a John è toccato portare gli uomini di Nash a Wonderland Avenue, mettere la sua faccia davanti allo spioncino e farsi aprire la porta; dietro a lui sono entrati i sicari, che l'hanno poi costretto ad assistere alla strage.

Arrivato a Miami, John trova lavoro in un'impresa di costruzioni, e pensa di potersela cavare dando un nome falso, per poi scoprire che non può incassare gli assegni intestati senza un documento d'identità.

È instabile e violento, gli manca la cocaina, e allora se la prende con Daisy, fino a quando la ragazza non ce la fa più e lo scarica, non prima d'essere passata alla polizia a denunciarlo.

Quando lo vanno a prendere, John non fa nessuna resistenza. Prova a fare il simpatico, offre agli agenti una tazza di caffè, ma quelli declinano la gentile proposta, gli mettono le manette e se lo riportano in California.

Nel dicembre del 1981 John Holmes viene formalmente incriminato per gli omicidi di Wonderland.

Il procuratore distrettuale Ronald S. Cohen sostiene, davanti alla corte, che l'uomo è il diretto responsabile di almeno uno dei delitti, e che nel colpire a morte ha lasciato l'impronta insanguinata della sua mano sulla tastiera del letto di Ronald Launius.

Di tutt'altra opinione è il suo avvocato, Earl Hanson, per il quale Holmes è piuttosto una vittima, dato che i veri assassini l'hanno costretto ad assistere impotente mentre massacravano i suoi amici.

Susan Launius, la sopravvissuta, non è di grande aiuto, perché si porta addosso i postumi permanenti di un trauma cranico, e degli aggressori ricorda soltanto le ombre sfuocate.

Lui, John Holmes, decide di non aprire bocca.

Il quinto emendamento glielo permette, e allora preferisce non rischiare, perché c'è la concreta possibilità che Eddie Nash dia seguito alle sue minacce, riservando a mamma e fratelli lo stesso trattamento della banda di Wonderland.

La scelta funziona solo in parte, perché se un primo giudice sostiene che non ci sono elementi sufficienti per rinviarlo a giudizio, il Los Angeles County Grand Jury non è dello stesso avviso. Lo convoca perché testimoni sui fatti, e al suo ennesimo rifiuto a parlare, gli regala una sentenza di oltraggio alla corte e un soggiorno presso le carceri federali.

Nel frattempo gli investigatori non hanno smesso di cercare le prove che leghino Eddy Nash agli omicidi. Sono anni che sanno dei suoi traffici, ma il palestinese è sempre stato bravo a mantenere un profilo basso, e allora la polizia decide di cambiare tattica. In pochi mesi si presenta almeno tre volte alla porta di casa sua, con tanto di mandato di perquisizione, e l'ultima volta ci trova quasi un chilo di cocaina.

L'avvocato di Eddy tenta un'improbabile giustificazione, sostenendo che ciò che la procura ha sequestrato è in fondo una modica quantità, esclusivamente destinata all'uso personale, ma questa volta non riesce a cavare d'impiccio il suo cliente, che si prende una condanna a otto anni.

Con Nash dietro le sbarre, Holmes si decide a fare qualche ammissione al Grand Jury, e dopo 18 mesi di galera, torna in libertà.

È il 1983, e sono ormai lontani i giorni in cui donne e produttori non gli davano tregua, per un momento di piacere o una nuova pellicola. Certo il mondo del porno non l'ha dimenticato, ma non è più il re, deve accettare qualunque cosa gli propongano, perfino un film gay, *The Private Pleasures of John C. Holmes*.

L'unica consolazione gli arriva da una ragazza, una collega che conosce sul set di *Fleshpond*; il suo nome d'arte è Misty Dawn, quello vero Laurie Rose, e non lo lascerà mai più, nemmeno quando scopre che si è ammalato di Aids.

John si vantava di avere interpretato almeno 2000 pellicole hard, e fatto sesso con 14.000 donne, e per quanto i numeri siano forse esagerati, è perciò impossibile stabilire chi gli abbia trasmesso il virus mortale.

In ogni caso, ben sapendo che se si fosse saputo in giro della malattia, per lui e per la sua carriera sarebbe stata la fine, John Holmes racconta piuttosto di soffrire di un cancro al colon, e continua a recitare senza alcuna precauzione, rischiando di contagiare i partner, donne o uomini che siano.

Se per l'Aids non c'è cura, uno stile di vita tranquillo può garantire un buon numero di anni di sopravvivenza. Ma John non ne vuole sapere; uscito dal carcere riprende a farsi di cocaina, aumentando le dosi, accompagnandole con generose quantità di alcol e almeno otto pacchetti di sigarette al giorno.

Nonostante tutto, gli arrivano dall'Italia un paio di offerte di lavoro, e una in particolare lo intriga, perché si tratta di far coppia con una poliedrica attrice, un curioso personaggio capace di passare con disinvoltura da un set a luci rosse a un più serioso dibattito politico.

Il film esce nel 1987 con il titolo *Carne Bollente*, ed è l'ultimo in cui si può ammirare l'arte di John Holmes.

Nello stesso anno la sua partner, Ilona Staller, in arte Cicciolina, viene eletta deputato tra le file dei radicali, raccogliendo un numero di voti inferiore soltanto a quello del leader del partito, l'onorevole Marco Pannella.

Nel gennaio del 1988, abbandonate le scene per l'avanzare della malattia, John sposa a Las Vegas la sua Misty.

Ma ormai il suo corpo sta andando a pezzi, pesa poco più di 40 chili, e un'infezione al cervello gli procura crisi epilettiche, quando non lo lascia del tutto frastornato; alterna improvvisi sbalzi d'umore, momenti in cui appare profondamente assopito, per risvegliarsi all'improvviso in preda a violente crisi di rabbia.

Quando accetta il ricovero all'Ospedale per Veterani di Sepulveda, gli restano soltanto poche settimane di vita, e l'unica terapia possibile sono le fiale di morfina che lo tengono tranquillo e gli calmano i dolori.

Convinti che almeno in punto di morte Holmes possa aiutarli a chiudere il caso degli omicidi di Wonderland, i detective della polizia di Los Angeles si presentano al suo capezzale.

John quel giorno è abbastanza lucido, ma ormai ha deciso di portarsi nella tomba la verità sulla storia, e d'accordo con Misty decide di recitare ancora una parte, quella del drogato sotto l'effetto di stupefacenti.

Prima di morire gli resta l'ultimo desiderio. Sa che si tratta di una paura assurda, ma teme che qualcuno arrivi prima della cremazione, e ne approfitti per staccargli quella parte che lo ha reso famoso, magari per imbalsamarla e farci un oggetto da collezione.

La moglie lo rassicura, ci penserà lei a vigilare che tutto, ma proprio tutto, finisca in cenere.

Il cuore di John Holmes smette di battere il 13 maggio del 1988; avrebbe compiuto 43 anni qualche settimana più tardi.

Di lui restano oggi alcune pellicole, e poi un attrezzo modellato sul calco del suo pene e venduto nei migliori sexy shop del mondo.

L'eternità in 32 centimetri di lattice.

IX

1990 – Omicidio a Mulholland Drive

La storia di Christian e Cheyenne Brando

Il giudice alza il braccio. Vuole ordinare una breve pausa. C'è bisogno che la donna in lacrime smetta di singhiozzare, altrimenti non si riesce a capire niente di quel che sta dicendo.

«Per favore, tenti di calmarsi e ci dica com'è andata.»

La donna si chiama Deborah, e ha quarantaquattro anni, anche se ne dimostra almeno dieci di più. Si è presentata davanti all'Alta Corte della Contea di Los Angeles accompagnata dal suo avvocato, sostenendo che da anni le tocca subire orribili violenze dal suo compagno: «Vostro Onore, lui si chiama Christian. È il figlio maggiore di Brando. Il famoso attore Marlon Brando. Mi picchia, mi costringe a fare sesso. Minaccia da tempo di morte me, la mia famiglia e la mia bambina. È una cosa che va avanti da tanto tempo, ma ora non ce la faccio, non ne posso più».

È il dicembre del 2005. L'accusa ha molto altro da aggiungere sul conto dell'imputato, che non è presente in aula: «È un alcolizzato violento, signori della giuria. Un uomo che la legge americana conosce bene. Ha più volte frequentato le aule dei tribunali, e più volte è stato condannato. È lo stesso Christian Brando che un giorno ha ucciso Dag Drollet, compagno della sua sorellastra Cheyenne». È un riassunto agghiacciante, quello che l'avvocato della signora Deborah Brando espone, dosando sapientemente professionalità e passione. Ma nel destino di Christian c'è davvero il marchio della tragedia, un marchio che gli si è impresso nella vita, così come il suo nome. Suo padre è avvolto dalla gloria, Marlon Brando, un uomo che sembra devastare il mondo su cui cammina, che porta a spasso una maledizione profonda, una malattia che da sempre gli sfregia l'anima.

Quando ancora non era così famoso, Marlon amava mentire sul suo passato. Raccontava di essere nato a Bangkok, altre volte parlava di Bombay, altre ancora di Mindanao. Chissà perché, gli piaceva anche aggiungere che suo padre fosse uno zoologo.

E invece arriva da Omaha, Nebraska, figlio di genitori che amavano bere, che avrebbero voluto fare gli attori ma che non sono mai riusciti a sfondare. Si porta tutto stampato sul suo volto attraente e dannato, segnato per sempre da un naso che si è spaccato quando a Broadway recitava in *Un tram che si chiama desiderio*. Ha fatto a pugni con gli operai della troupe, e non c'era mai stato il tempo per rimetterlo a posto, perché ogni sera doveva andare in scena.

La sua è una vita scritta come il copione di una tragedia, vissuta selvaggiamente, e imposta con crudeltà prima a se stesso, poi a chiunque gli stia accanto. È il divo di gran lunga più ammirato del cinema mondiale, un personaggio dall'aria e dai comportamenti insofferenti, che però le grandi case di produzione continuano a coccolarsi con pazienza.

Per quattro volte di seguito, dal 1951 al 1954, è regolarmente candidato all'Oscar. Lo vince nel 1954, nei panni di Terry Malloy in *Fronte del porto*, un ex pugile che l'interpretazione di Brando rende memorabile: dolore scolpito in faccia e giubbotto a scacchi.

Già quando nasce, Christian è figlio di un'aspra battaglia. Sua madre è Anna Kashfi, un passato costruito sul mistero e un nome da cinema. Quello vero è Johanna O'Callaghan, ben più ordinario, anche se di ordinario nella sua vita c'è poco altro.

Ha sangue indiano? I suoi meravigliosi tratti non lascerebbero dubbi, ma i genitori, William O'Callaghan e consorte, giurano di essere del Galles e che quella splendida creatura è tutta loro.

Piuttosto, nella storia familiare, è racchiuso un segreto che Anna conosce. E che rivelerà solo più tardi. Sa che tra suo padre e sua madre c'è sempre stato un patto del silenzio, perché durante un lungo soggiorno nelle Indie Britanniche, approfittando dell'assenza per lavoro del marito, la signora O' Callaghan ha goduto dell'esuberante compagnia di un giovane indigeno. Un ottimo sistema per ritrovarsi incinta, e dare alla luce una neonata dai lineamenti dolcissimi, e dall'incarnato assai poco britannico.

Quando si è avvicinato alla culla per la prima volta, mister William ha compreso all'istante, ma intenerito dalla vista della piccola, ha deciso di ingoiare il boccone, e far da padre a quella bimba dalle fattezze innegabilmente esotiche.

Nel giorno delle sue prime nozze, è l'ottobre del 1957, Johanna scriverà sul registro dei matrimoni, alla voce «padre della sposa» il nome di Devi Kashfi; un uomo originario di Calcutta, morto, pare, poche settimane prima della cerimonia.

Dopo anni trascorsi in India, la famiglia O'Callaghan al completo fa ritorno nell'amato Galles, e qui Johanna respira le prime boccate di una vita tutta sua. Comincia con un semplice impiego da commessa, ma ha il volto e il corpo di una modella, e il mondo delle passerelle si accorge in fretta di lei. Neppure l'esperienza delle sfilate dura a lungo, perché c'è Hollywood che la chiama.

A ventidue anni, nel 1956, la Paramount la sceglie per una parte ne *La montagna*, al fianco di Spencer Tracy e Robert Wagner. Il taglio asiatico del volto, insieme alla leggerezza flessuosa del suo corpo, suggeriscono ai produttori i ruoli da affidarle nei primi tre film: recita così nelle vesti di una ragazza indù, poi di una coreana, infine nella parte di una giovane messicana.

Ad Anna Kashfi il nuovo nome piace molto di più; troppo occidentale e ipocrita l'O'Callaghan che le hanno regalato alla nascita, ed è col suo nuovo nome che nel 1957 sposa Marlon Brando.

Lui è già una star, con dieci anni e tanti film importanti più di lei. Il matrimonio cattura l'attenzione della stampa di tutto il mondo, con titoli e foto sbizzarriti nel ritrarre il grande ribelle che ha trovato moglie. Ci si chiede se Anna sarà capace di placare il furore distruttivo di Marlon Brando, ma è una curiosità che ha vita breve: un anno dopo la coppia è già crisi, meno di due e la notizia del divorzio è ufficiale.

«È impossibile amare un uomo che non c'è» racconta l'ex signora Brando in un'intervista. «Piuttosto che starmi accanto, spariva per settimane. Passava giorni e notti in bettole e in altri luoghi orribili. Perché lo faceva? Avrei tanto voluto saperlo. Forse perché credeva fosse parte del suo lavoro, oppure perché in fondo è davvero questa la vita che gli piace di più, quella che sente più sua.»

Nel frattempo Brando ha già fornito la sua amara versione dei fatti all'avidità dei cronisti: «Il mio matrimonio con la Kashfi? Roba messa su per far star buoni i produttori. Sono state le case produttrici a volere davvero quelle nozze. Ma io avevo già molte storie con altre donne, fin dai primi tempi del rapporto con lei. Ho accettato di sposarla perché aspettava un bambino. Soltanto per questo».

Resta il fatto che da quel matrimonio, breve e tumultuoso, cinque mesi dopo nasce un figlio; Anna partorisce l'11 maggio, proprio il giorno del suo compleanno.

Molti diranno che la scelta del nome, Christian, c'entri qualcosa con *Gli ammutinati del Bounty*, dove Brando interpreta il capitano Fletcher Christian. Ma le riprese del film sono del 1961, e la pellicola uscirà nelle sale un anno dopo, quando il bambino ha già quattro anni. In realtà, il nome del piccolo è un omaggio a Christian Marquand, regista e attore francese, lo stesso che nel '68 dirigerà Marlon in *Can-*

dy, affidandogli il ruolo grottesco di un guru indiano. I due sono amici strettissimi, e forse anche più che amici. Perché nella biografia di Brando, il capitolo sulle scelte sessuali, non è certo tra i più semplici da interpretare.

Già prima che la separazione diventi ufficiale, la signora Anna Kashfi Brando cade in preda di una crisi profonda. Si perde nell'alcol, abusa di stupefacenti, nell'illusione di poter così sciogliere l'angoscia che la incatena, di sedare il tormento che da tempo la tortura. O forse vuole soltanto distruggere se stessa, nel presentimento dei tempi oscuri che ancora l'attendono.

Un giorno, che è già divorziata, prende il figlio con sé e corre verso l'ufficio di Brando. Arrivata in Wilshire Boulevard, lascia il piccolo Christian sul sedile posteriore dell'auto e irrompe nella stanza dell'ex marito. È una furia incontenibile, in preda a una crisi isterica batte i pugni sulla scrivania, piange con una rabbia desolata che nessuno riesce a contenere. Non ce la fa più, logorata dalla battaglia che lei e i suoi avvocati hanno ingaggiato nei tribunali californiani per l'affidamento di Christian.

Tra lei e Marlon nessuno arretra d'un passo. Entrambi vogliono il figlio, entrambi sostengono che l'altro conduce una vita inadeguata al compito di accudire ed educare un bimbo. È un conflitto durissimo, dal quale Anna Kashfi esce alla fine sconfitta, soprattutto a causa delle droghe di cui è diventata dipendente.

Quando Christian ha tredici anni, un giudice mette fine alla storia, stabilendo che il bambino sia affidato alle cure del padre. Fino ad allora il ragazzino ha vissuto un po' in casa della madre, un po' a Tahiti, dove il papà soggiorna piuttosto spesso e dove ha addirittura comprato un'isola.

Ma lo scontro non è per nulla finito. La madre non accetta la sentenza, e progetta così un tentativo disperato: una mattina si presenta all'uscita della scuola di Christian, lo carica in macchina, e poi lo affida a una banda di hippies che conosce da tempo, con l'incarico di tenerlo nascosto per un po'.

In cambio, promette ai complici di pagare 10.000 dollari, ma quando la banda si presenta a riscuotere la somma, Anna prende tempo; dice di non aver mai promesso quel denaro, e che devono solo restituirgli suo figlio. La verità è che quei soldi non li ha mai avuti, né sa come procurarseli. Gli hippies reagiscono male, promettono che gliela faranno pagare. Intanto si tengono il ragazzino e con lui passano la frontiera del Messico, facendo perdere le proprie tracce.

Marlon Brando nel frattempo è in Francia, impegnato con Bernando Bertolucci nelle riprese di *Ultimo tango a Parigi*. Appena lo informano della scomparsa del figlio, si mette subito in azione. Non è difficile immaginare che il bambino sia stato rapito, e chi ci sia dietro al sequestro. Muove tutti i suoi contatti, poi decide di assumere Jay J. Armes, un investigatore privato celebre nell'ambiente di Hollywood, dove è considerato affidabile come nessun altro, discreto e pressoché infallibile.

L'ingaggio di Armes gli costa un bel po' di dollari, ma questo per l'attore non è certo un problema. Il detective contatta la sua rete di informatori, e nel giro di poche ore individua il rifugio dove il gruppo di balordi tiene nascosto il ragazzo. Con i suoi uomini più fidati, Armes vola subito in Messico e fa irruzione nel loro covo. Prende Christian con sé, e già nel cuore della notte lo riporta nella casa di Los Angeles.

Si conclude così, con un blitz fulminante, una vicenda scriteriata e dolorosa che Anna Kashfi paga duramente. Chiamato nuovamente in causa, il tribunale sentenzia che d'ora in poi Marlon Brando potrà godere dell'affidamento esclusivo di suo figlio.

Su di lui, la madre non potrà più esercitare alcun diritto.

Difficile dire quanto a Christian sia rimasto dentro di tutta questa storia. Di certo, la sua è un'infanzia speciale e caotica, e vivere nella dimora tahitiana del padre è per lui insieme un divertimento e una fatica. Papà Marlon è quasi sempre assente, sostituito da un esercito di balie, cameriere e istitutrici. Per giunta, quando c'è, ama circondarsi di compagnie numerose e sempre diverse.

Anni dopo, Christian ricorderà divertito quel continuo girotondo di gente: «Ogni giorno, quando al mattino mi sedevo a tavola per colazione, dovevo dire a chi mi stava di fronte: e tu chi sei?»

Tutto sommato ci sono però anche i risvolti positivi. Soprattutto quando, attorno ai dieci anni e grazie al nome che porta, lo scelgono per piccoli ruoli nel cast di un paio di film: *Diario segreto di una moglie americana* e *Lasciami baciare la farfalla*. Nulla da dire sui compagni di lavoro: nel primo si ritrova accanto Walter Matthau, nel secondo Peter Sellers.

Il tipo di vita che trascorre con la madre è del tutto diverso. Anna Kashfi è amareggiata da una carriera presto inaridita, annientata dal rapporto breve e distruttivo con l'ex marito, dall'alcol e dalle droghe che le consumano i giorni e il conto in banca. Non ha più soldi, al punto che spesso sta al buio per risparmiare sulla bolletta. In quel piccolo appartamento, Christian ha la compagnia di un gatto, il che gli è utile quando la mamma non c'è, quando esce a cercare lavoro e accetta perfino di far la donna delle pulizie, pur di guadagnare qualcosa.

Sono passati un paio di anni dal divorzio, e la cronaca rosa torna a occuparsi di Marlon Brando; fotografato in abiti da sposo, sorride sulle copertine delle riviste di gossip a fianco della nuova moglie. Di origini messicane, si chiama Maria «Movita» Castaneda, ha sette anni più del marito, e uno scarno curriculum d'attrice. Sarà lei la madre dei due primi legittimi fratellastri di Christian Brando, Miko e Rebecca.

Venticinque anni prima, Maria aveva recitato in un film di successo di Frank Lloyd, *La tragedia del Bounty*, insieme a Clark Gable e Charles Laughton. Il regista le aveva piazzato una collana al collo e assegnato la parte di Tehanni, una delle indigene che l'equipaggio del Bounty incontrava nell'arcipelago della Polinesia francese.

Ma quella nave, il Bounty, è destinata a giocare un ruolo

ben più importante nella vita di Marlon Brando. La Warner Bros. lo mette infatti sotto contratto per il remake del film, *Gli ammutinati del Bounty*. Il ruolo dell'ufficiale in seconda, Fletcher Christian, quello che fu di Clark Gable, stavolta tocca a lui, e sul set di Tahiti, Marlon Brando conosce il suo nuovo amore.

Ha un nome strano, ancor più esotico di quello delle prime due mogli. È nata a Bora Bora e si chiama Tarita Teriipia. È l'indigena scritturata dalla produzione per il ruolo di Maimiti, e anche a lei è toccato mettersi fiori intorno al collo e un sorriso incantevole stampato sulle labbra.

L'attore divorzia da Maria e la sposa immediatamente. Anche Tarita regala al compagno due figli, Simon Teihotu e Astarita Cheyenne, e con la bimba Christian stabilisce subito un legame strettissimo, di grande intesa e affetto. I due stanno spesso insieme a Tahiti, dove Cheyenne trascorre l'infanzia con la mamma. Christian è più grande di 12 anni, e scopre che gli piace da morire fare il fratello maggiore. Crescono in fretta, come orfani di un padre che c'è stato pochissimo prima, e che ora c'è ancora meno.

Divenuta adolescente, la ragazza mostra i segni di una fragilità che presto si trasforma in una vera malattia mentale. In lei, i sintomi del disagio sono poi aggravati dalla dipendenza dall'alcol e dalle droghe, che assume in misura sempre più incontrollata.

È davvero molto bella Cheyenne, tanto che spesso le offrono ingaggi da fotomodella, ma la maledizione dei Brando sta per segnarla con il suo tragico marchio.

Ha solo diciannove anni, è il 1989, quando un incidente stradale le risparmia la vita, lasciandole però il volto sfregiato. Nell'urto si frattura la mandibola, ha un orecchio strappato e uno squarcio alla guancia che nemmeno il più abile dei chirurghi estetici riesce a sistemarle. È la fine della sua carriera di modella.

Lei se la prende col padre, che quel giorno era sul set a Toronto, per le riprese di *The Freshman*: «Ero a Tahiti e gli avevo detto che avevo voglia di raggiungerlo in Canada. Volevo stare un po' con lui, ma me l'ha impedito, mi ha detto di starmene a casa».

Infuriata, ha bisogno di sfogarsi, salta sulla sua jeep e cerca di raggiungere Dag, il suo ragazzo. Ma va troppo veloce, con il piede schiacciato sull'acceleratore, per questo perde il controllo dell'auto e si schianta contro un muro.

«Perché non ha voluto vedermi? Si comporta sempre così. Per lui non contiamo niente. È tutta colpa sua se adesso sono ridotta in questo stato.»

Il solo che le resti accanto nei terribili giorni della convalescenza è Dag Drollet, figlio di una delle migliori famiglie di Tahiti. Le vuole un bene nell'anima, non la abbandona un momento, ma certo con un po' di attenzione avrebbe potuto evitare che Cheyenne rimanesse incinta, in un periodo così delicato.

Alla famiglia Drollet piace poco la relazione coi Brando, e anche quella ragazza sempre più lanciata verso la follia. Ma Dag non li ascolta, dice di amarla, nonostante tutte le difficoltà, incluse le inopinate decisioni di mister Brando, che chiede alla figlia di trasferirsi in California. Non si fida delle cure degli ospedali di Tahiti, vuole averla definitivamente con sé negli Stati Uniti.

È una delle tante incoerenze dell'uomo, che è sempre fuggito dai suoi doveri di padre, e poi, all'improvviso si fa vivo e impone le sue scelte. La nuova casa di Cheyenne diventa così la principesca villa da quindici stanze che Brando possiede a Mulholland Drive, tra le colline di Santa Monica. Da parte sua, Cheyenne ama e al contempo odia quello strano papà. Di lui racconta a tutti che è unico, che nessuno ha un padre bello, famoso e ricco quanto il suo, ma dolorosamente avverte la sua distanza, sente che quell'uomo celebre è in fondo solamente un idolo da copertina. Anche per lei, sua figlia.

Sarà colpa della solitudine, o forse della schizofrenia che pian piano le sta distruggendo la mente, ma Cheyenne è sempre più aggressiva. Dag ogni tanto viene a trovarla a Los Angeles, e spera che la vicinanza del padre possa arginare la sua instabilità. Marlon sa che gli impulsi autodistruttivi della figlia sono ogni giorno più forti, per questo ordina alla servitù di non perderla mai di vista, di nascondere ogni cosa con cui possa ferirsi: lamette, coltelli, oggetti affilati.

Anche Christian si presenta adesso nella casa di Mulholland Drive, anche lui perduto nell'alcol e negli stupefacenti. Qualcuno tra gli amici gli ha fatto notare che la sorellastra sta approfittando della fama e dei soldi del padre, e che è il caso che vada a controllare la situazione.

Negli ultimi tempi le cose non sono andate per il meglio al primogenito di Brando. Il primo matrimonio con Mary McKenna, sua amica dai tempi della scuola, si è malamente concluso con strascichi giudiziari. La donna, all'indomani della separazione, ha denunciato infatti i comportamenti brutali di Christian: «Più volte mi ha minacciata. In tante occasioni tornava a casa completamente ubriaco. E allora dovevo subirlo senza poter fare molto: diventava violento, e spesso mi obbligava a fare sesso. Un giorno che era furibondo, urlò: "Chiama la polizia o esci immediatamente da questa casa. Perché sto per ammazzarti, fosse anche l'ultima cosa che farò nella vita"».

Ma non è solo la sua ex a raccontare in giro quanto sia fuori di testa. Pare che un giorno, completamente annebbiato dalla droga, si sia trovato con una pistola tra le mani e abbia sparato a un amico. Così, quasi per scherzo. Gli ha sfiorato il volto, due centimetri poco più a destra e l'avrebbe freddato.

Ma per lui non è ancora arrivato il momento di uccidere.

Nella primavera del 1990, si ritrovano tutti a Mulholland Drive. Christian, Cheyenne e Dag. La situazione, agli occhi del vecchio Marlon, sembra aver raggiunto un equilibrio accettabile. È convinto che la presenza di Dag faccia bene alla figlia, e dunque insiste perché lui passi più tempo in California.

«Nella sua casa di Hollywood» racconta Jo Champa, l'attrice compagna di Massimo Troisi, che gli sarà accanto nel film *Don Juan de Marco* «le stanze erano piene di fotografie di tutti i suoi ragazzi, quelli legittimi e quelli adottati. Ma di sicuro Marlon aveva per Cheyenne un'attenzione particolare: non c'è dubbio che in qualche modo si sentisse responsabile dell'instabilità psichica della figlia».
Dag, tuttavia, da qualche mese non ha più veri rapporti con Cheyenne. Le sta accanto come può, ma ormai i due si comportano solo da buoni amici. Ora è volato lì a Los Angeles, ma non dorme con lei e alloggia nella dependance della villa destinata agli ospiti, al confine con il giardino accanto. Il vicino è Jack Nicholson, proprietario della casa in cui, nel 1977, Roman Polanski si era portato a letto Samantha Geimer, una ragazzina che aveva solo tredici anni. Quella sera Nicholson era fuori, e lo stesso regista ha ammesso che il rapporto c'era stato: «Ma ero sotto l'effetto di droghe». Polanski ha patteggiato con la giustizia americana, poi è fuggito ugualmente all'estero.

La sera del 16 maggio 1990, Dag Drollet se ne sta da solo sul divano, in una delle stanze a sua disposizione nella tenuta dei Brando.

Cheyenne e Christian scelgono invece di cenare fuori. Mangiano al «Musso & Frank Grill», il ristorante delle star sull'Hollywood Boulevard. Lei è depressa, racconta al fratellastro la disperazione profonda da cui non riesce a liberarsi.

Christian ha conosciuto Dag Drollet solo da poche ore, e Cheyenne gli confida che Dag è violento, che la picchia, che non è affatto il tipo tranquillo che sembra. Mente, e forse nemmeno se ne rende conto; di certo non si accorge che le sue parole stanno alimentando la collera di Christian. Forse ha solo bisogno di un sostegno, di qualcuno che la ascolti, ma la verità è che non sopporta che la loro storia stia morendo. Perciò la sua mente squilibrata, corrotta dalla follia, le mette in bocca quelle false accuse.

Quando tornano a casa, Christian saluta Cheyenne e si

dirige verso la stanza di Dag, accecato dalla rabbia per il racconto della sorella, e per i tanti bicchieri di whisky che si è scolato a tavola.

Dag è un ragazzone alto e robusto, ma Christian ha in tasca un revolver calibro 45. Lo trova in accappatoio, è solo e sta guardando la tv. Ha il telecomando in una mano, con l'altra arrotola la cartina di una sigaretta. Il figlio di Brando gli arriva alle spalle, all'improvviso. Impugna la pistola. L'alcol gli impasta la bocca, e insieme gli mette una gran voglia di parlare: «Prendi a schiaffi mia sorella, eh?» gli grida addosso. Dag non ha il tempo per capire cosa stia accadendo. «Hai sentito cosa ho detto?» urla ancora più forte «Sei un bastardo. Sta' attento, non farlo più!» Ha il braccio teso, e l'arma puntata verso la schiena di Dag.

«Non volevo sparare» racconterà poi ai giudici «non ero lì per ammazzarlo.» Ma il dito è già teso sul grilletto. Dal revolver parte il colpo che si conficca nella nuca di Dag Drollet.

«Sono rimasto lì per un po' a guardare» spiegherà ancora Christian «non riuscivo a muovermi. Non sapevo cos'altro fare. L'avevo ucciso, c'era un uomo che moriva proprio di fronte a me».

Il suono agghiacciante dello sparo riecheggia in tutta la casa.

Al vecchio Marlon gela il sangue, ma è il primo a correre sul posto. Vede il corpo di Dag che sanguina. Lo prende tra le braccia, tenta di rianimarlo, di praticargli la respirazione artificiale.

Ma capisce in fretta che tutto è inutile.

Allora si gira e vede il figlio ubriaco e una pistola che fuma ancora. Non sa perché l'ha fatto, ma ora sa chi è stato. È sconvolto, ma trova la forza per ordinare che si avverta subito la polizia.

Quando l'agente Cunningham giunge sul posto, nella stanza, accanto al cadavere, trova Christian abbracciato a Cheyenne. Sono seduti sul pavimento, lei piange, lui pare tranquillo mentre la consola. Dalla villa di Mulholland Drive, il primogenito di Marlon Brando esce in manette.

Steve Osti è il detective a cui il Dipartimento di Polizia di Los Angeles affida il caso. Osti trova in casa molte armi, e quando interroga l'omicida le risposte che ottiene sono insensate e contraddittorie: «Non volevo ucciderlo, abbiamo lottato ed è partito un colpo. Ma giuro che non volevo, non l'avrei mai fatto in casa di mio padre». Ma già poche ore dopo, la nuova versione è gelida e determinata: «L'ho ammazzato perché era una carogna, faceva del male a mia sorella. È stato fortunato, per uno così la morte è troppo poco».

Gli esperti della scientifica accertano in fretta che il racconto dell'assassino non regge: Drollet è stato colpito alle spalle, non c'è stata alcuna lotta, i due non si sono mai guardati negli occhi.

Nel giro di qualche minuto, centinaia di fotografi e telecamere affollano l'esterno della villa. Gli elicotteri dei network televisivi volteggiano su Hollywood Hills. I cronisti tentano di intervistare chiunque sia nei paraggi: poliziotti, domestici, vicini di casa, passanti. Rovistano pure tra i cassonetti dei rifiuti sistemati fuori dagli appartamenti.

La famiglia Drollet apprende della morte di Dag da un notiziario tv. «Li conosco da tempo, sono persone meravigliose» dice avvilito Marlon Brando «avrei preferito che venissero a saperlo direttamente da me.» Jacques Drollet, il papà di Dag, dichiara soltanto: «So che mio figlio non può aver picchiato Cheyenne. Possono pure aver litigato, ma sono certo che lui non è mai stato violento. E poi lei era incinta del loro bambino. Ma ora tutto questo non conta, ora è tutto finito».

Cheyenne la mandano subito a Tahiti, perché porti a termine la gravidanza lontano dai clamori della tragedia. A ragione del suo stato mentale, non è considerata una testimone attendibile. Giunta in Polinesia, solo pochi giorni dopo aver partorito, tenta di togliersi la vita coi sonniferi. Il neonato, il piccolo Tuki, le viene sottratto e sottoposto a un trattamento di disintossicazione, anche lui vittima dell'abuso di sostanze ingerite dalla madre durante la maternità.

Christian intanto finisce in cella, e il giudice fissa la cauzione in 10 milioni di dollari; nemmeno un padre ricco come il suo può tirarlo fuori dalla galera. L'accusa non ha dubbi: omicidio di primo grado. Due settimane dopo, la cauzione è ridotta a 2 milioni di dollari. Marlon ipoteca la villa e deposita la somma, pur di riavere il figlio libero.

Al processo, la difesa riesce abilmente a impedire che il nastro con la prima confessione di Christian Brando venga utilizzato. Il giudice Larry Fidler dispone che si escludano dagli atti del processo sia quella registrazione, che la testimonianza di Cheyenne, ormai ricoverata a Tahiti.

Il pubblico ministero dipinge l'imputato come un soggetto socialmente pericoloso, e per questo chiama a deporre Mary McKenna, l'ex moglie che lo aveva accusato di violenze. Ma a sorpresa, la donna ridimensiona la sua versione: «Al tempo in cui divorziammo» dichiara «ero arrabbiata con lui e forse per questo ho esagerato un po'.» A favore di Christian, c'è anche la testimonianza di Saul Faerstein, il suo psichiatra, chiamato dalla difesa. «È solo un ragazzo tempestoso, cresciuto in una famiglia tempestosa. Ma questo non ci autorizza a concludere che si tratti di un individuo pericoloso per la società.»

Il resto lo fanno l'amore per il figlio e le doti di straordinario attore di Marlon Brando. Quando l'eccellente Robert Shapiro, l'avvocato che lui stesso ha ingaggiato, lo interroga, Marlon mette in scena uno dei suoi capolavori. Sceglie l'enfasi, e di recitare il ruolo del colpevole, di impersonare il padre assente che solo ora comprende le sue responsabilità: «Responsabilità che sento mie» dice «e che appartengono pure ad Anna Kashfi». È la madre di Christian, e adesso non è in aula. «È forse la donna più bella che abbia incontrato nella mia vita. Ma ha avuto un impatto negativo. So che ho sprecato gran parte della mia esistenza. Inseguendo donne, per esempio, un vizio che ha causato i miei fallimenti di padre. Come genitore ho tentato di fare del mio meglio, mi accorgo di esserci riuscito troppo raramente».

Il monologo si blocca per un istante. L'attore ha ancora due preziose carte da giocare. La prima la spende con rabbia: «Volete sapere quel che penso? Questo è un processo a Marlon Brando. Se Christian fosse povero, se fosse nero o messicano, non sarebbe in quest'aula, circondato da tutti voi. Sembra che aspettiate tutti una parte del bottino». La seconda gioca coi sentimenti: «Non posso continuare guardando l'odio nei tuoi occhi» si rivolge in francese a Jacques Drollet, seduto di fronte a lui «mi spiace che sia successo, mi spiace con tutto il cuore».

Il figlio, quando è il suo turno, riesce solo ad aggiungere: «Vorrei tornare indietro, non aver mai sparato quel colpo. Ma purtroppo non è possibile».

Alla fine, per il giudice Robert Thomas tutto ciò merita dieci anni di carcere. Contando sulla buona condotta, Christian Brando può cavarsela con la metà.

La schizofrenia intanto ha vinto la sua battaglia con Cheyenne. L'incanto di Tahiti le è indifferente, è sempre più sola coi suoi pensieri malati, le voci nella testa, gli occhi che inseguono cose che non esistono. Sopravvive a stento in un dolore ovattato, interrotto da crisi feroci di disperazione.

Nell'aprile del 1995, riesce dove aveva fallito cinque anni prima. È in casa della madre. Si tira su dal letto, fissa la corda al soffitto e stringe l'altro capo intorno al collo. La ritrovano impiccata. Il marchio tragico dei Brando.

«Per le violenze imposte alla moglie, questa corte condanna il signor Christian Brando a tre anni di libertà vigilata.»

In quel dicembre del 2005, la signora Deborah è l'ultimo anello di una catena di morti, maledizioni e condanne che sta per chiudersi. Lei che raccontava di essere figlia di Elvis Presley, si è pentita di essere stata moglie di un Brando. Alcuni mesi dopo, divorzierà formalmente dal marito.

Come i suoi due matrimoni, è scritto che anche la vita del primogenito dei Brando sia breve.

Christian muore all'Hollywood Presbyterian Medical Center di Los Angeles a soli quarantanove anni, il 26 gennaio del 2008. Causa del decesso una polmonite fulminante. Il suo corpo viene sepolto a Kalama, a un passo da Washington, dove viveva da quattordici anni.

«A volte è complicato essere famosi» dice il reverendo Timothy Berg al suo funerale. E Donna Goen, la sua ultima compagna, aggiunge: «Si era impegnato in un compito forse troppo difficile per lui: voleva darsi una vita.»

X

1991 – Il mistero dell'Olgiata

La storia della Contessa Alberica Filo della Torre

10 agosto 1991.

Un cane abbaia. Il labrador della villa accanto.

«Margherita, da brava cagnetta, abbaia anche tu, così lo spaventi.»

«Domitilla, bevi il latte e metti giù Margherita. Vuoi ancora un po' di cereali o preferisci un toast? Se ne avete voglia, più tardi possiamo fare una passeggiata. Cosa ne dite?»

Melanie Uniacke è la baby-sitter di casa Mattei. Piuttosto giovane, viene dall'Inghilterra, ed è stata fortunata a trovare quel posto, perché non è complicato occuparsi di Manfredi e Domitilla, i ragazzi che la famiglia le affida. Loro sono ben educati.

«Il tostapane non funziona. Bisogna avvertire la mamma che si è rotto.»

Lei, la mamma, la signora Alberica, sembrava volesse far colazione in camera, invece compare in cucina, e si ferma un quarto d'ora a chiacchierare coi figli, col loro amichetto inglese, che in quei giorni è ospite della casa, e con Melanie.

Poi, quindici minuti prima delle 9, la contessa Filo Della Torre risale in camera, portandosi qualche biscotto preso in cucina.

Fuori fa caldo, ma almeno non c'è l'afa tremenda dei giorni passati. Melanie ha il permesso di usare la piscina, e quei trenta gradi che il sole le appiccica sulla pelle la invitano a tuffarsi, prima che la giornata cominci davvero. Nuota disinvolta, assaporando la freschezza dell'acqua, poi si arresta galleggiando, con gli occhi chiusi, su quello specchio azzurro che si offre al cielo e che scintilla qua e là.

Sarebbe meraviglioso potersi fermare, ma ormai s'è fatto tardi. Si concede allora al getto della doccia che sta sul margine della piscina, poi entra in lavanderia, indossa un abitino leggero sciacquando il costume da bagno.

Intorno, i suoni ovattati dalla calura estiva. Ogni tanto un cane abbaia, infastidito da un rumore, o forse irritato per quel clima da savana.

Dalla casa arriva solo il silenzio.

Normale.

Violeta, una delle due cameriere filippine, è in casa; ha già cominciato il suo solito giro per le pulizie delle stanze. Intanto pensa che tutto sommato, il padrone, il dottor Mattei sia proprio una persona ammodo. Anche se della casa si occupa poco, e ha sempre l'aria di essere molto impegnato, uno con la testa altrove.

Quella mattina è uscito presto, forse qualche minuto prima della otto. Ha fatto una doccia, ha salutato la moglie e si è rapidamente avviato all'esterno. Poi si è accorto di avere scordato il telefonino, uno dei primi modelli venduti in Italia. «Il cellulare, mio caro!», la voce di Alberica è ironica. Mattei lo ha infilato nella cartella, ha sorriso, salutando nuovamente la moglie. Una volta in cortile, ha incrociato i quattro operai che lui stesso ha fatto chiamare, raccomandando loro di sistemare con cura il prato della villa, e poi di disporre le sedie, i tavolini, e preparare il barbecue.

Perché quello non è un giorno come gli altri.

Esattamente dieci anni prima, Pietro Mattei e Alberica Filo Della Torre sono diventati marito e moglie, perciò stavano facendo i preparativi per festeggiare il loro anniversario di nozze. Ma niente di esagerato, piuttosto un piccolo ricevimento nella loro villa all'Olgiata, in compagnia di una ventina di amici. La vera festa preferiscono immaginarla di lì a un mese, magari cominciando con un viaggio, per finire con un party meno intimo.

Verso le 8.30, all'interno dei cancelli della villa, restano soltanto in dieci: i quattro operai che lavorano per la serata, due domestici, la baby-sitter Melanie e i tre ragazzini. Senza contare Margherita, la cagnetta di casa.

Pietro Mattei è nella sua auto, diretto verso l'ufficio, dov'è ormai quasi arrivato e lo aspettano un paio di appuntamenti telefonici. «Signorina» ha raccomandato alla segretaria fin dal giorno prima «per favore, domani cerchi di concentrarmi tutti gli impegni importanti in mattinata, al massimo nel primo pomeriggio. Ho bisogno di finire il lavoro il più presto possibile, perché ho ospiti a casa, è una giornata speciale e non posso rischiare di far tardi».

Le 10 sono passate da poco, e Pietro Mattei è già immerso negli impegni di quella sua strana giornata.

«C'è una chiamata per lei sulla linea uno, dottore. Da Milano.» All'apparecchio c'è il titolare di una società lombarda con la quale l'impresa di costruzioni di Pietro Mattei ha rapporti piuttosto frequenti.

Mezz'ora dopo, una telefonata cambierà per sempre la sua vita.

«Dottore, una chiamata sulla due» lo avverte la segretaria.

«La ringrazio, signorina. Si faccia dire chi è, richiamerò io più tardi.» La ragazza obbedisce, ma nel giro di pochi secondi è incollata alla scrivania di Pietro Mattei, che intanto sta ancora al telefono con Milano.

«Dottore» sussurra lei «mi scusi se la disturbo. Ma è l'ingegner Bernardi. Insiste, dice che è molto urgente.»

Bernardi è un amico personale di Mattei, difficile che quella sua chiamata c'entri qualcosa col lavoro. Anche per questo, il messaggio della segretaria ha un sapore inquietante. E poi Bernardi è tutt'altro che una persona invadente. Cosa vorrà mai? E soprattutto, perché ha tanta fretta?

«Scusami, devo lasciarti, mi chiamano. Ci risentiamo dopo.» Mattei chiude la telefonata e alza lo sguardo verso la segretaria: «Va bene, signorina, mi passi Bernardi. Vediamo cos'ha di tanto importante da dirmi».

«Pietro, devi tornare a casa. Tua moglie non sta bene.»

«Non sta bene? Ma che è successo? Io sarei anche pieno di impegni...»

«Non so cosa sia successo. Ma so che non sta bene e che è necessaria la tua presenza a casa, immediatamente. Pietro, devi fare presto.» Mattei non si preoccupa nemmeno di riattaccare la cornetta, la lascia cadere sulla scrivania. Cerca con gli occhi le chiavi dell'auto, fruga agitato tra i blocchi di fogli. Appena le trova, le raccoglie e le stringe in un pugno. Ha dentro di sé una paura che non ha mai provato, un'angoscia strana, alimentata dal mistero di quella telefonata.

Saluta frettolosamente la segretaria, senza darle alcuna istruzione sul lavoro di quel giorno, né per gli appuntamenti già fissati, né per quelli ancora da organizzare. Niente.

Attraversa la zona dell'Eur, guida verso casa tentando di arginare la burrasca dei suoi pensieri. Prova a telefonare dall'auto. La domestica riferisce frettolosa che «la signora non sta bene», senza aggiungere altro.

«Va bene» risponde lui «ditele che la richiamo tra un attimo.» Ci riprova, e stavolta gli comunicano che «la contessa è svenuta da qualche minuto, che non può parlare».

Una volta all'Olgiata, arrivato al vialetto che porta alla villa, non ha bisogno di azionare il telecomando; il cancello è spalancato, e una folla di sconosciuti occupa il giardino, e forse anche l'interno della casa.

Pietro Mattei ha i brividi, fatica a trattenere la nausea che gli monta dentro. È successo qualcosa di grave? O magari di irreparabile? Procede lentamente oltre il cancello, e attraverso il finestrino non smette di fissare le facce di tutta quella gente. Loro guardano lui. In un angolo, c'è chi piange.

Una sciagura si è abbattuta al 28/a dell'Isola 106 dell'Olgiata, la villa che Alberica ha tanto desiderato. Da tempo voleva lasciare la vecchia residenza alla Giustiniana. Desiderava una casa più grande. Diceva di volerne una più sicura. Ora la tragedia ha acceso la sua miccia invisibile ed è esplosa. Prima silenziosa, poi distruttiva, rivoluzionaria e spiazzante, come solo una tragedia autentica sa essere.

«Lei chi è, scusi?» Un carabiniere dall'espressione severa cerca di bloccare quell'uomo che si fa largo e che vuole sapere cosa è successo.

«Sono Pietro Mattei, questa è la mia casa.»

«Deve aver pazienza. Per ora abbiamo l'ordine di non far passare nessuno.»

Mattei avverte l'impeto di una ribellione scomposta, ma il corpo non gli risponde. Riesce solo a sussurrare: «Mi dite almeno cosa sta succedendo? Mi dite come sta mia moglie? Io devo saperlo».

Un fiotto di lacrime sta per lasciare i suoi occhi e bagnargli le guance. Ma non deve piangere, non deve. Il pianto sarebbe la resa, spianerebbe la strada al dramma che fin qui ha temuto e al tempo stesso respinto. Perché forse non c'è stata nessuna disgrazia. In fondo, Bernardi al telefono gli ha detto solo che Alberica stava male.

Magari è proprio così, Alberica è solo svenuta, fra poco si riprenderà, se ne andranno via tutti, e la villa tornerà piena di sole e delle grida felici dei bambini.

Sente una voce dire: «Pare sia caduta nella vasca».

Pietro si gira di scatto verso il carabiniere che gli sbarra il passo: «È così? È caduta nella vasca? Sta molto male? Mi dica qualcosa, o mi faccia parlare con qualcuno che può spiegarmi».

All'uomo in divisa s'intenerisce lo sguardo, ma gli ordini sono ordini: «Pare di sì, ma non posso dirle altro. C'è da aspettare ancora un poco».

Ma Pietro Mattei ormai non ce la fa più. La rabbia e la paura prendono le forme di un urlo che non riesce a trattenere: «Ma che cazzo devo aspettare? Io voglio passare, io devo sapere dov'è mia moglie». Il carabiniere prova a trattenerlo, ma l'uomo si divincola, è già oltre, corre verso la casa, verso la tragedia.

«Il corpo giace in posizione supina, pressoché perpendicolare alla parete sinistra della camera da letto. Si tratta di un soggetto di sesso femminile, della apparente età di circa 40 anni, in normali condizioni di nutrizione. Tutto intorno si osservano schizzi di sostanza ematica. Al capo si apprezza una ferita lacero-contusa frontale destra, una tumefazione dell'emifaccia sinistra, ecchimosi varie, inferte in momenti verosimilmente precedenti rispetto all'azione di soffocamento. Al collo si apprezza una vasta area di escoriazioni multiple e di contusioni. Visibili numerose lesioni apparentabili a unghiature. Nessuna lesione agli arti superiori, le mani presentano unghie ben curate e di rilevante lunghezza, nessuna delle quali presenta segni di rottura. Gli arti inferiori sono divaricati e con le punte dei piedi rivolte verso l'esterno. All'altezza del malleolo si notano internamente piccole escoriazioni di circa 7 centimetri. Ha gli occhi chiusi, la bocca semiaperta e il volto tumefatto. Intorno al collo osserviamo, ben annodato, un lenzuolo. Indossa un completo intimo interessato nella parte anteriore da macchie di sostanza ematica. Al polso sinistro notiamo un orologio, marca Rolex, funzionante. Sul pavimento giace uno zoccolo sinistro anatomico di legno, con adese sulla suola delle formazioni pilifere, repertato insieme a due pillole di colore bianco e una di colore rosso. Alle 15.30 si è apprezzata una incipiente rigidità cadaverica degli arti superiori e inferiori.»

Questo sta scritto sul rapporto che la Scientifica riassume qualche ora più tardi. Il cadavere di Alberica Filo Della Torre di Santa Susanna lo hanno trovato nella sua camera da letto, lì dove lei si era ritirata dopo essere stata per un po' in compagnia dei bambini e di Melanie. E il mistero della sua morte sta tutto nello spazio di mezz'ora. Trenta minuti che non sarà facile ricostruire.

La storia dell'incidente fatale, dello scivolone nella vasca da bagno, regge poche decine di minuti. L'hanno pensato per non allarmare i vicini subito accorsi, e i curiosi, attratti dall'arrivo delle volanti e dell'ambulanza. E poi è servito per tenere a bada il marito, perché non si agitasse troppo una volta rientrato in casa, perché si fa sempre così con i parenti dei morti ammazzati.

Perché chi è lì, in quella stanza, con le pareti schizzate di sangue, sa che la contessa Alberica Filo Della Torre, discendente di uno dei più antichi casati del Regno di Napoli, è stata vittima di un brutale omicidio. Assassinata in modo feroce.

Dalle 8.45 alle 9.15 Alberica è sola nella sua camera, dove vive l'ultimo frammento dei suoi 42 anni. La stanza è chiusa a chiave dall'interno, ma c'è una finestra aperta, dalla quale il killer probabilmente è fuggito. L'omicida ha brutalmente aggredito la donna «causandole una mortale asfissia meccanica», si leggerà nel referto del professor Silvio Merli, il medico legale. L'autopsia riferisce che Alberica ha subìto «uno strozzamento atipico», il che significa che la mano dell'omicida al collo della vittima non era aperta, ma premeva con due sole dita.

Sotto le unghie di Alberica non vi è traccia di tessuti cutanei, né di fibre di indumenti. Significa che non ha reagito, non si è difesa. Ma perché? L'assassino può averla tramortita con lo zoccolo trovato sulla scena del crimine, prima di strangolarla. Ma questo non spiega tutto. Alberica non è stata aggredita alle spalle, chi l'ha colpita le stava di fronte. E allora per quale motivo è rimasta immobile? E soprattutto, chi l'ha uccisa? Perché lo ha fatto?

Come capita in ogni delitto, scoprirne il movente può condurre a identificare il colpevole, ma fin dai primi passi dell'inchiesta, nella torrida calura dell'Olgiata, i misteri anziché sciogliersi s'infittiscono.

Il pubblico ministero cui viene affidata l'indagine è il dottor Cesare Martellino, che da un anno si sta rompendo la testa dietro un altro caso terribile, l'omicidio di Simonetta Cesaroni, uccisa negli uffici dell'Associazione italiana alberghi della gioventù di via Poma. La telefonata che gli arriva in procura quella mattina gli pare il segno di un destino avverso, la maledizione delle estati romane.

A fianco degli investigatori, il magistrato raccoglie le prime osservazioni: le ferite inferte sul corpo della vittima fanno pensare che Alberica sia stata colpita con gli oggetti trovati sulla scena. L'assassino non si è portato un'arma, dunque è probabile che non avesse premeditato l'uccisione. È chiaro poi che ha continuato a colpire la donna con una violenza furiosa anche quando ormai non ce n'era più bisogno. Tutto porta in un'unica direzione, nell'ipotesi più semplice, quella del delitto passionale.

Le indagini percorrono subito quella pista, cercando un assassino che magari era anche l'amante segreto della contessa, o qualcuno che si era invaghito di lei ed era stato respinto. È lungo il filo di questo percorso che i carabinieri suonano alla porta di Roberto Iacono. Hanno tra le mani un documento firmato dal sostituto procuratore. «Signor Iacono, deve seguirci.»

È lui il primo indiziato, sospettato di essere l'uomo che la mattina del 10 agosto è entrato nella stanza della nobildonna romana, l'ha colpita alla testa con lo zoccolo ritrovato ai piedi del letto, imbrattato di sangue e capelli, e poi l'ha soffocata, stringendole le dita alla gola. L'uomo che infine ha lasciato quella camera maledetta saltando dalla finestra, riuscendo a scappare senza che nessuno lo notasse.

Roberto Iacono abita all'Olgiata, non troppo lontano dalla villa dei coniugi Mattei; è il figlio della signora Franca Senapa, governante e insegnante di inglese di Manfredi e Domitilla, i bambini di Pietro e Alberica. Gli inquirenti pensano che abbia avuto una relazione con la donna, che la storia con Alberica abbia preso una brutta piega e che lui si sia perciò rabbiosamente vendicato.

Il mostro che offre la propria faccia alla prima copertina della vicenda è lui, Roberto Iacono; della sua vita, della sua personalità, si esplora ogni particolare. Viene fuori che la relazione durava da tempo, che la contessa volesse lasciarlo, che lui è mentalmente disturbato, dunque capace di perdere il controllo e arrivare a gesti drammatici ed estremi.

«Mi sono svegliato alle 9.30, quella mattina. Alle 11 sono uscito di casa per comprare il giornale e andare a prendere un caffè al bar Melampo. Poi alle 12.30 sono ritornato a casa.» È questo che risponde all'interrogatorio pressante degli investigatori. Dice di non sapere nulla, e di non avere altro da aggiungere.

E invece qualcosa c'è, anche se non ha nulla a che fare con la passione amorosa. Sua madre, che pare chiedesse di continuo prestiti e aumenti, è stata licenziata qualche settimana prima da Alberica, e se n'è andata sbattendo la porta, tra mille rancori reciproci. Per un individuo già affetto da turbe psichiche, anche questo può rappresentare un valido movente.

La poco invidiabile solitudine di Roberto Iacono, unico sospettato, dura pochissimo. La procura romana si concentra ora su un'altra figura, altrettanto convincente nei panni del potenziale assassino: si chiama Manuel Winston, nazionalità filippina. Ha lavorato come domestico nella casa dei Mattei. Un mese prima, anche lui è stato licenziato. Sempre per questioni di denaro.

Manuel aveva un milione di motivi per voler male alla contessa, come un milione di lire era la cifra intascata di anticipo sullo stipendio, e mai restituita. In casa, gli altri domestici sussurrano che la signora aveva spesso ripreso Winston sull'argomento, anche in modo energico, e lui si era permesso di replicare vigorosamente. Tanto che era stato invitato a prendere la sua roba, e ad andarsene dall'Olgiata.

Tra i reperti della scena del crimine, ci sono tracce biologiche su cui disporre l'esame del Dna, e c'è grande fiducia nelle risposte che il laboratorio può dare. Ma gli analisti dell'istituto di genetica consegnano al dottor Martellino un risultato che azzera tutto: Iacono e Winston non c'entrano. Il materiale organico raccolto non appartiene a nessuno dei due indiziati.

Convinti o meno, gli investigatori non possono che accettare le conclusioni della scienza; salta la pista dell'amante psicolabile e salta quella dell'ex dipendente vendicativo. Si deve ricominciare daccapo. Cercare altrove. Ma dove? E con quali elementi?

Mentre la procura romana segna il passo, quotidiani e settimanali continuano ad aver tanto materiale da costruirci per mesi servizi esclusivi e copertine a effetto. C'è tanto frenetico e morboso interesse attorno al giallo dell'Olgiata, che più d'una volta i giornalisti ne scoprono risvolti inediti, ancor prima che ci arrivino carabinieri e polizia.

Si analizza nuovamente ogni dettaglio. Non ne viene fuori granché. Le impronte digitali nella stanza del delitto sono tante, troppe, spesso inutilizzabili.

Si pensa anche alla baby-sitter. Melanie si è allontanata dai bambini proprio nel momento in cui è stato commesso il crimine. «Quando sono andati a giocare nella loro stanza» racconta lei «io sono rimasta ancora un po' in cucina. Poi sono andata in piscina, e infine in lavanderia per lavare il costume.»

E se l'avesse lavato per ripulirlo dal sangue? Tutto viene setacciato, palmo a palmo, si smontano perfino i sifoni dei lavandini. Ma non c'è traccia di sangue.

Durano pochissimo anche i sospetti su Pietro Mattei, il marito, mai ufficialmente indagato. Uno degli operai che lavoravano in giardino sostiene di averlo visto uscire quella mattina in abito blu. La segretaria dichiara di averlo invece visto arrivare in ufficio con un vestito «piuttosto chiaro, sul verde». Ma Pietro non c'entra, basta controllare i suoi spostamenti per scagionarlo del tutto.

Così si rischia solo di perdere tempo.

Si percorre allora l'ipotesi del balordo entrato solo per rapinare, e che sorpreso dall'arrivo di Alberica, si è trasformato da ladro in assassino. La verifica sui gioielli rubati offre però conclusioni incerte: è vero che mancano un paio d'orecchini, un anello di brillanti e un collier d'oro, ma altri preziosi che stavano in quella camera non sono stati toccati; e al polso sinistro di Alberica è rimasto un prezioso orologio Rolex, quello ancora funzionante descritto nel referto della scientifica.

Il tentativo di ricostruzione non è semplice, perché nella villa dell'Olgiata, a quell'ora, era possibile introdursi anche senza essere notati.

«Quella mattina non ho visto entrare estranei. Alla contessa avevo portato la colazione a letto alle 7.45. Ma poi è scesa lei stessa in cucina verso le 8.30. E dopo quindici o venti minuti ho sentito piangere Domitilla perché la mamma non le rispondeva.»

Sono le parole di Violeta Alpaga, la domestica filippina che accoglie i lamenti della bambina. La piccola ha perso un cerchietto e inutilmente bussa alla porta della mamma. Violeta le si avvicina e chiama anche lei più volte la contessa. Ma non riceve risposta e rinuncia. Mezz'ora dopo, fa un secondo tentativo. Stavolta abbassa la maniglia, e si accorge che la porta è stata chiusa a chiave dall'interno. Guarda allora attraverso il buco della serratura, dal quale scorge solo il tavolo che è al centro della stanza. Comincia a preoccuparsi davvero, forse la signora sta male. Dice allora ai bambini di chiamare col telefono interno. Ma non c'è risposta nemmeno agli squilli, che loro stessi sentono dall'esterno della camera.

Così va a prendere la chiave di riserva.

Violeta entra. Ed è la prima cui tocca quello spettacolo agghiacciante. Il cadavere scomposto della padrona, le ferite. Dietro di lei, Manfredi ha il tempo di entrare nella stanza. Vede la madre distesa sul pavimento, i capelli fradici di sangue. È solo un bambino, resta in silenzio a guardare per alcuni secondi. Poi una forza straordinaria lo spinge ad accostarsi al corpo, e a coprire con un lenzuolo la testa della sua mamma.

Le indagini proseguono, e ora imboccano un'altra strada, la pista del denaro. Ad alimentare il nuovo filone delle indagini la scoperta che, appena rinvenuto il cadavere di Alberica Filo della Torre, nella villa dell'Olgiata si è presentato un certo Michele Finocchi. Per qualcuno sarebbe arrivato ancor prima dei carabinieri della circoscrizione e degli agenti del Nucleo Operativo.

L'uomo ha continuato ad aggirarsi per l'appartamento, mescolandosi ai presenti. Di certo, nelle prime ore del pomeriggio, è entrato nella camera da letto, dove ancora giaceva a terra il cadavere della contessa, per prendere un abito dall'armadio.

Ma chi è Michele Finocchi?

Un semplice controllo permette di scoprire che si tratta di un alto funzionario del SISDE, capo di gabinetto del servizio segreto che cura l'attività di spionaggio per conto del Ministero dell'Interno. Un professionista della riservatezza. Difficile pensare che la sua presenza in casa Mattei, quel 10 luglio 1991, sia del tutto casuale.

Ma ad allontanare ogni dubbio ci pensa Pietro Mattei: «Nessun mistero, Michele l'ho chiamato io intorno alle 13. Gli agenti mi avevano detto che Alberica era morta, e io avevo già visto i miei bambini. Michele era un amico, e in casi come questo si chiama un amico. Perché vuoi conforto, perché vuoi aiuto».

«Quella mattina» aggiunge Finocchi «ho ricevuto la telefonata del dottor Mattei mentre ero in ufficio, in riunione con altri colleghi. Si è affacciata la mia segretaria, che aveva già appreso da Pietro Mattei della disgrazia, e ha richiesto la mia presenza urgente. Ho scambiato con lui poche parole. Era ovviamente agitato, sopraffatto dal dolore. Mi disse che Alberica era morta. Se ricordo bene, la chiamata giunse poco dopo le 13. Dissi ai colleghi che mi sarei allontanato e mi sono diretto verso l'Olgiata. Quando arrivai erano più o meno le 14, e nella villa dei Mattei c'erano almeno cinquanta persone. Alcune ore dopo sono entrato anche nella camera da letto. Gli investigatori avevano appena avvertito Pietro che l'ambiente sarebbe stato sigillato, e che lì non si poteva più accedere. Pietro chiese: "In quella stanza c'è il guardaroba, domani come mi vesto?" Mi pregò allora di prelevare un suo vestito. Chiesi il permesso all'ufficiale dei carabinieri che era sul posto. Lui si rivolse al magistrato, che diede il suo consenso. Accompagnato da due agenti, entrai. Passando, vidi il corpo di Alberica lì a terra. Ma tirai dritto.»

Sono davvero amici, lui e la famiglia Mattei; al punto che, quando ha pensato di arredare la sua nuova casa all'Aventino, Michele Finocchi si è rivolto ad Alberica. «Conoscevo il suo buon gusto. Mi piaceva lo stile che aveva dato alla casa dell'Olgiata, e a quelle in cui aveva abitato prima. Le chiesi consigli e assistenza. Lei ne fu felice, proprio in nome della nostra amicizia.»

Poi, durante la bagarre delle indagini, tra illazioni e finti scoop, spunta fuori un regalo fatto da Finocchi ad Alberica. E anche un bigliettino. Elementi che sembrano suggerire un rapporto più intimo tra i due.

«In occasione di un compleanno, se non ricordo male, le regalai effettivamente una collana. Era il segno della mia gratitudine. Alberica si era impegnata molto con la mia nuova casa. Certo, il dono era ovviamente accompagnato da un bigliettino, nel quale le porgevo auguri e ringraziamenti. È falso e assurdo che ci fossero le frasi di cui hanno parlato. Con lei, col marito, coi loro bambini, c'era un rapporto di amicizia. Niente di più.»

Ma non ci sono soltanto i pettegolezzi, le indiscrezioni sui segreti della contessa. Piuttosto gli inquirenti s'insospettiscono quando Finocchi resta invischiato nell'inchiesta sui fondi neri del SISDE, e un controllo bancario permette di scoprire l'esistenza di conti svizzeri intestati a Pietro e Alberica; conti con depositi miliardari, troppo denaro per le tasche dei Mattei. L'ipotesi della procura è che i soldi del SISDE siano transitati proprio sui conti intestati all'imprenditore romano e a sua moglie.

«Impossibile» chiarirà Finocchi «io non ho mai avuto alcun rapporto di tipo finanziario con la famiglia Mattei.»

Nuove accuse arrivano da Emilia Parisi Halfon, che nel 1994 getta nuova benzina sul fuoco della storia. Si lega sentimentalmente a Pietro Mattei nei mesi successivi alla morte di Alberica, ma quando la loro relazione finisce, lei avvia una serie di denunce all'indirizzo dell'ex compagno, passando documenti e dossier al pubblico ministero Davide Iori.

Mattei intanto la diffida dal frequentare i suoi figli. Ai carabinieri della compagnia Cassia, segnala episodi nei quali l'ex amante ha avvicinato Manfredi e Domitilla, per chiedere loro degli spostamenti del papà.

«Le accuse della Parisi?» si difende Mattei. «So che ha mostrato copia di alcune ricevute di cambio. Il fatto risale a un viaggio in Svizzera fatto con Alberica. Erano avanzate delle lire e le convertimmo in franchi svizzeri. Tutto qui. Quattro miliardi? Non scherziamo. Su quel foglio può anche essere scritto così, ma è un errore. Si trattava di quattro milioni di lire.»

Il suo legale, l'avvocato Giuseppe Valentino, tenta di sgombrare il campo da ogni dubbio: «L'origine delle cifre versate su quei conti svizzeri è stata ampiamente documentata. Non c'è legame tra quei soldi e l'omicidio». Malgrado le rogatorie e le trasferte degli inquirenti, la pista del denaro si rivela più complessa e sterile di quanto promettesse all'inizio.

Nei primi mesi del 1995 c'è un nuovo, inatteso sviluppo.

Nell'inchiesta compare il nome di un cittadino cinese, si chiama Franklin Yung: «Mia figlia» spiega nel suo italiano zoppicante «era molto amica di Domitilla. Sono cresciute insieme. Per questo conoscevo la contessa».

Qualcuno parla di Yung come un gigante alto due metri, esperto di arti marziali, che sarebbe stato capace di uccidere con una mano sola una donna in pochi secondi, impedendole di urlare. In realtà, il cinese non è affatto un superman, piuttosto è un imprenditore originario di Hong Kong, proprietario di un'azienda che si occupa di import-export.

«Quella mattina» racconta Yung «sono uscito dalla mia casa dell'Olgiata intorno alle 8.30 e mi sono diretto verso il centro di Roma. Alle 9 ho raggiunto il mio negozio.»

Più tardi ha ricevuto la telefonata della moglie: «Franklin, la contessa Alberica è morta». Si è rimesso in auto e ha raggiunto nuovamente l'Olgiata. «Devo essere arrivato lì quando era l'una. La villa era già piena di gente. Non sono nemmeno riuscito a entrare.» Yung conosceva Alberica e Pietro dal 1990, e successivamente ha progettato con Mattei la costruzione di una Chinatown. Non se ne farà mai nulla.

«Non avevano affari tra loro» dice Annamaria Signorile, segretaria dell'ufficio romano di Yung. Ma passando al setaccio la vita privata Yung, ne viene fuori qualche lato oscuro: la violenza nei confronti della moglie Caterina, e perfino un tentativo di strangolamento. «Non è vero» risponde lui «piuttosto è lei che spesso perde il controllo e diventa aggressiva.»

Sulla storia continua ad ammucchiarsi tanto fango, e la soluzione del giallo sembra sprofondare sempre più sotto una montagna di dubbi, incertezze, false piste e segreti inconfessabili.

La giustizia si arrende formalmente nel giugno del 2005: il procuratore aggiunto Italo Ormanni firma la richiesta di archiviazione del caso, motivandola con la «mancata identificazione del responsabile dell'omicidio».

Una decisione inaccettabile per Pietro Mattei e i suoi figli: «Voglio difendere la memoria di mia moglie e la dignità della mia famiglia. Si deve andare avanti, e trovare chi ha assassinato Alberica». Si affida allora all'avvocato Nino Marazzita, che chiede la riapertura del caso, in virtù delle nuove tecnologie investigative che «permettono oggi un esame del Dna mille volte più potente».

Proprio Ormanni, nel 2007, accoglie l'istanza e conduce nuovi accertamenti sui primi indagati per il delitto, Roberto Iacono e Manuel Winston. Un anno dopo, si giunge alla stessa conclusione di un tempo: il Dna maschile rinvenuto sulla scena del crimine non appartiene a nessuno dei due.

Nel giugno del 2009, a 18 anni dall'omicidio, il gip Cecilia Demma, chiamata a pronunciarsi su una nuova archiviazione, dispone invece che sui reperti vengano eseguiti ulteriori accertamenti.

L'assassino di Alberica Filo Della Torre continua a non avere un nome e un volto.

«Voglio ricordarla com'era la mattina in cui le ho dato un bacio per salutarla. Non posso immaginarla picchiata e malmenata.»

Pietro Mattei continua a desiderare che Alberica, e la vita che trascina da quel 10 luglio, siano le vittime di un crudele ladruncolo da due soldi. Grida da anni che quella morte è soltanto stupida e assurda, che non ci sono trame, amanti e complotti. Quel bonario padre borghese insegue la sua piccola verità, e la vuole tragica e banale.

Del dramma ha accettato il dolore, non le ombre e i sospetti.

Per questo è un uomo disperato.

XI

1995 – La maga, la rabbia, l'avidità

La storia di Francesca Reggiani e Maurizio Gucci

«Conosci un killer? Me ne serve uno.»

La signora Auriemma non si scompone nemmeno stavolta. Eppure la sua amica l'ha appena sfidata con una strana domanda, più aspra, più precisa del solito. Pina Auriemma distende il viso nell'espressione incantata che sovente indossa, soprattutto quando fuma. E ora ha una Marlboro tra le labbra.

«Un killer? E che devi farci? Scommetto che hai sempre in testa la tua vecchia idea.»

«Lo ammazzo, Pina. Giuro che lo faccio fuori.»

Patrizia ha gli occhi cerchiati e un po' umidi. È stanca, la notte prima ha dormito pochissimo, colpa di un'emicrania feroce che la tormenta da settimane. Le sembra di avere in testa una bestia immonda che lavora con denti e artigli, fino a estenuarla, a riempirla di pensieri cattivi. Dev'essere la tortura di quel dolore sordo e continuo a invelenirla, a metterle in bocca parole agghiaccianti.

Patrizia Reggiani è una donna resa fragile da ciò che le è successo; non è impazzita, ma forse è avvenuto qualcosa di peggio: un tumore ha messo le radici nel lobo frontale del suo cervello, fin dal 1992.

Il professor Ludovico Infuso, neurologo di fama, in quei giorni fu categorico. Lo fu fin dalla prima occasione in cui la visitò. «Signora, bisogna operare, e in fretta. C'è una massa che si sta sviluppando. Dobbiamo asportarla al più presto. Dopodiché, devo avvertirla che possiamo solo sperare. Sperare che non ricompaia mai più.»

La donna seduta di fronte a lui non è una paziente qualsiasi; la bella e terrorizzata signora cui il professor Infuso sta parlando si chiama Patrizia Martinelli Reggiani in Gucci, un nome celebre in tutto il mondo, un'icona della moda più raffinata ed esclusiva.

Gucci è Maurizio, l'uomo che l'ha sposata nel 1972, e dal quale si è separata tredici anni dopo, nel 1985.

Insieme sono stati tanto felici, e anche molto infelici.

«L'intervento chirurgico fu un trauma orribile, devastante. Non dimenticherò mai gli sguardi delle mie figlie e di mia madre nell'istante in cui mi portavano in sala operatoria. Potevo non uscirne viva, nella migliore delle ipotesi segnata per sempre. Volevo Maurizio, in quel momento. M'illudevo che da un momento all'altro comparisse accanto a me. Ma lui non arrivò, non arrivò mai.»

Patrizia è ferita da quell'assenza, ancor più che dal taglio ampio e profondo del bisturi, che da allora la costringe all'uso di una parrucca. E appena superati i postumi dell'intervento, chiede le procurino un registratore vocale. Vuole che Maurizio ascolti un messaggio. Quel che esce dalle sue labbra è solo un grumo di odio selvaggio: «Sei arrivato al limite estremo di farti disprezzare dalle tue stesse figlie, che non vogliono più vederti. Sei una... sei una escrescenza deforme. Sei un'appendice dolorosa che tutte noi vogliamo dimenticare. Mi hai detto che durante il periodo della falsificazione della firma di tuo padre sei passato dall'inferno. Eh, no! Ti sbagli, Maurizio. L'inferno per te deve ancora venire».

La storia della firma falsificata, cui Patrizia accenna, è una grana giudiziaria che ha coinvolto il marito all'indomani della morte del padre, avvenuta nel 1983. Maurizio era stato accusato di aver siglato, in luogo di Rodolfo Gucci, quegli atti notarili che attestavano la volontà del genitore di donare a lui l'intero patrimonio della casa.

Ma quella non era certo stata la prima volta che Rodolfo Gucci aveva creato problemi a Maurizio e a Patrizia.

«Papà, io a Patrizia voglio bene davvero. Vorrei anche sposarla e mi piacerebbe che presto tu la conoscessi.» Così gli aveva sussurrato timidamente il figlio sul finire del 1970, qualche mese dopo averla conosciuta a una festa. «Ma dico, sei completamente pazzo?» l'aveva minacciato Rodolfo Gucci «non se ne parla nemmeno. Va' pure con quante donne vuoi. Ma io le tue ragazzine non le voglio tra i piedi. Se nei tuoi progetti c'è ancora un futuro qui in azienda, è solo dell'azienda che devi occuparti. Ora lascia perdere le donne e lascia perdere i matrimoni. Impara una cosa, piuttosto. Col cognome che porti in giro, da te vogliono soltanto i soldi. Solo quello. Lo capisci o no?»

Una certa propensione alla teatralità, Rodolfo l'ha sempre avuta, fin da ragazzino. In casa lascia tutti sgomenti quando, sul finire degli anni '20, poco più che sedicenne, comunica ai genitori la sua insolita scelta, fare l'attore del cinematografo. «Cosa? L'attore? T'ha dato di volta il cervello?»

Ma Rodolfo ha deciso. Avrebbe calcato le scene e recitato davanti al ronzio di una macchina da presa. Al negozio del padre ci pensassero pure gli altri, ci pensassero i suoi fratelli. Soprattutto Aldo, il maggiore, che sembrava proprio tagliato per star vicino al babbo nel negozio di borse e valigie di via Tornabuoni.

Un regista danese venuto a lavorare in Italia, Alfred Lind, gli offre la prima grande opportunità, interpretare un ruolo da protagonista nel film *Ragazze non scherzate*. Al suo fianco Isa Bluette, anche lei debuttante, destinata a un futuro di attrice breve e di scarse soddisfazioni. Il nome di Rodolfo Gucci non è ancora celebre, e secondo i produttori, nemmeno può funzionare nel mondo dello spettacolo. Così ci pensano su, e poi glielo cambiano: «Ti chiamerai Maurizio D'Ancora. Che ne pensi? Secondo noi va meglio». È lo pseudonimo col quale Rodolfo proseguirà la sua decorosa carriera d'attore.

Nel 1929 Mario Camerini lo vuole come protagonista di *Rotaie*, il suo ultimo film muto. Un dramma nel quale D'Ancora è il giovane compagno di Kathe Von Nagy, all'epoca un'attrice piuttosto popolare.

L'avventura prosegue, forse meno suggestiva rispetto agli esordi. D'Ancora lavora comunque con registi celebri. Ottiene la parte di Saverio Mercadante in *Casta diva*, un'opera musicale sulla vita di Vincenzo Bellini, che Carmine Gallone dirige nel 1935.

Qualche anno più tardi, mentre le bombe alleate cadono sull'Italia, Rodolfo conosce Alessandra Leverkusen, attrice tedesca di secondo piano, più nota al cinema col nome d'arte di Sandra Ravel, e la sposa di lì a poco.

Ma il momento dei ripensamenti è vicino; la guerra è finita e Maurizio D'Ancora decide di abbandonare set e palcoscenici.

Gallone lo chiama ancora nel 1946. È nel cast di *Biraghin*, al fianco di attori come Paolo Stoppa, Andrea Checchi, Tino Scotti, Mario Pisu. È la sua ultima apparizione sullo schermo.

Rivuole Firenze e rivuole l'azienda, che intanto non è più il negozietto degli anni passati. A 34 anni, è ora di tornare a essere un Gucci, di affiancare il padre e i fratelli e lanciare nel mondo il marchio delle due G.

Rodolfo veste così i panni di un invidiato imprenditore, al timone di un'azienda che, crescendo, s'impone sul mercato europeo, poi su quello americano, fino ad aprire negozi ed esposizioni nel lontano oriente.

Il colosso Gucci ha bisogno che ogni energia di famiglia sia dedicata al lavoro, e con assoluta devozione. Per questo Rodolfo proibisce al figlio ogni compagnia femminile troppo assidua e profonda. E poi c'è sempre il sospetto che a rendere affascinante un Gucci non siano prestanza, modi o cultura, quanto piuttosto la fama e il conto corrente.

«Non voglio nemmeno vederla, Maurizio. Tu hai solo ventidue anni e puoi divertirti ancora. Non fare il bischero, pensa all'azienda. Alle donne non dare troppa importanza. Falle durare poco.»

Maurizio china il capo e resta in silenzio. Preferisce evitare lo scontro aperto col padre, ma non smette di vedere Patrizia, a Milano, soprattutto. E dire che a quella festa, in casa di amici, non s'erano nemmeno trovati simpatici. Una certa attrazione, quella sì, ma niente di più.

«Chi è quella col vestito rosso?» sussurra Maurizio a un amico, mentre da un calice di cristallo beve champagne Krug Clos, «assomiglia a Liz Taylor. Presentamela.»

«Non m'era piaciuto per niente» racconterà più tardi Patrizia «perché era pieno di sé. Aveva un che di arrogante. Sembrava dire a chiunque gli stesse intorno: guardate che io sono Maurizio Gucci. Non dimenticatelo, non dimenticatelo mai».

Ma poi, solo alcuni giorni dopo, lui le telefona, la invita a uscire. Lei accetta, così inizia la loro storia. «Ho scoperto subito un'altra persona» spiegherà ancora Patrizia «completamente diversa da quella con cui alla festa avevo scambiato poche parole. Maurizio era in realtà un uomo pieno di dolcezza e sorprendentemente fragile. Si capiva chiaramente che dalla sua famiglia non riceveva granché. E che dentro aveva soprattutto bisogno d'amore. Un bisogno urgente e disperato».

Se il marchio Gucci è diventato una delle grandi leggende della moda, lo si deve all'intuito del nonno di Maurizio, il geniale Guccio Gucci. È il vulcanico fiorentino che, partito dalla vecchia bottega messa su attorno al 1908, decide nel 1921 che è ora di allargarsi, di aprire un vero e proprio negozio in via Tornabuoni.

Ha capito che il lusso potranno pure permetterselo in pochi, ma quei pochi ne sono così misteriosamente attratti, da essere disposti a pagare qualsiasi prezzo pur di procurarselo. Per questo le sue borse di pelle, le sue eleganti valigie cominciano a farsi sempre più pregiate, sempre più raffinate. E sempre più costose.

Il suo è un successo travolgente, al punto che già sul finire degli anni '30 approda in via Condotti, la via dei ricchi. Guccio è lì, in mezzo a ingegneri e operai, a spiegare come vada costruito e poi allestito lo sfarzoso negozio che sta aprendo nel centro di Roma.

«Non m'importava come si chiamasse e quanti soldi avesse.» Patrizia Reggiani liquida i sospetti con disprezzo. Per lei il fascino di Maurizio era ben altro. «Ci amavamo teneramente, solo questo ci ha spinto a tenere in piedi la nostra relazione» e aggiunge «una vita piena di agi io potevo già permettermela. Appartenevo alla Milano bene, quella che negli anni Sessanta aveva i mezzi per divertirsi, per togliersi ogni sfizio.»

Fernando Reggiani, il padre di Patrizia, è in effetti un ricco industriale lombardo. Ma in questa storia conta molto di più la mamma, Silvana Martinelli Barbieri. È lei che, giovanissima, resta vedova del primo marito, con la piccola Patrizia da crescere. Sola e senza mezzi, si adatta a fare lavori diversi, anche la lavapiatti, ma ha la fortuna di essere intelligente e carina, tanto da conquistare il commendatore Fernando. Costui ha già un figlio, Vincenzo. Sposa Silvana, ma non può riconoscere formalmente la bambina. Le vorrà comunque un gran bene, la adotterà e la tratterà sempre con grande affetto, fino al giorno della sua morte.

È proprio lui, Fernando Reggiani, ad appoggiare la giovane coppia di innamorati, che Rodolfo Gucci continua invece a non voler riconoscere.

«Voglio sposarti, Patrizia. Facciamolo subito.» È il 1972, e Maurizio telefona al padre per metterlo al corrente della decisione. Spera che la sua ostinazione si sia attenuata, che il tempo l'abbia ammorbidito, che sia finalmente convinto che Patrizia è davvero la donna della sua vita.

Invece niente. Rodolfo Gucci è duro. Duro come il marmo della sua Toscana. «Vuoi sposarti? Fallo pure. Io ti ho detto come la penso. Adesso t'avverto, sono affari tuoi. Sappi solo che da me non avrai nulla.» E gli riattacca in faccia l'apparecchio.

Il giorno delle nozze, Maurizio non lo vedrà alla cerimonia, e nemmeno lo sentirà. Quella mattina Rodolfo è volato negli Stati Uniti per risolvere delle questioni d'affari. Il lavoro viene prima del figlio che è sull'altare a prendere moglie.

Se anche padre e figlio non hanno mai condiviso emozioni e sentimenti, stavolta la rocciosa severità di Rodolfo ha superato il limite. Maurizio ne è ferito. È difficile perdonare il fatto che tuo padre non abbia voluto essere accanto a te, in un'occasione così speciale.

Pina Auriemma fuma la sua Marlboro, colorando di rosso fragola il filtro. Aspira nervosamente, mentre si sforza di non tradire emozioni; Patrizia invece è tesa, fatica a contenersi, proprio lei che un tempo sapeva mantenere un aristocratico distacco in qualunque occasione.

«Io un killer devo trovarlo. Voglio che ammazzi Maurizio.»

«E smettila!» sussurra Pina evitando di guardarla «sono solo cose che dici. Sono sicura che non le stai pensando veramente. E poi, con quella faccina che ti ritrovi, ti scoprirebbero subito. Un'ora dopo il delitto avresti carabinieri e polizia fuori la porta.»

Pina è lì, in quel lussuoso appartamento milanese, forte di una saggezza che ha conosciuto la miseria. Non ha nulla a che fare con la persona che le sta di fronte. Sono cittadine di pianeti diversi.

Patrizia ha trascorso tanti compleanni della sua vita ricevendo in regalo pellicce, smeraldi, una villa ad Acapulco e quattro a St. Moritz. Riconosce che il marito è stato un uomo generoso. «Lo era naturalmente. Ed era anche premuroso e galante. È improvvisamente cambiato nel 1983, con la morte del padre. Da quel momento in poi, è diventato un altro. Ha deciso che della famiglia doveva liberarsi, che non sapeva più cosa farsene.»

Aggiungerà, qualche anno più tardi, che da tempo si era liberato anche dei suoi doveri coniugali. Era per lui iniziata la stagione dei festini e delle avventure fugaci, delle modelle frequentate per una notte soltanto. Venuto a mancare Rodolfo Gucci, quel figlio timido e garbato, si era trasformato d'un colpo in un amante delle trasgressioni e degli eccessi.

Pina è invece una comune mortale, ordinaria abitante di questo mondo, e per la gran parte dei suoi compleanni non ha ricevuto viaggi e gioielli, ma al massimo una telefonata di auguri.

Ha dei sogni, ne ha tanti, ma sa bene che quasi tutti resteranno tali. Non per questo si può dire sia una donna rassegnata, anzi è intraprendente e sveglia, abile a sfruttare l'opportunità di quello scampolo d'amicizia che le offre Patrizia Reggiani.

Ma chi è Pina Auriemma? Perché tutti la chiamano «la maga», e com'è arrivata in casa Reggiani?

Patrizia l'aveva conosciuta nell'estate del 1976 a Ischia, dove si era recata per un trattamento termale. Un'amica le aveva presentato quella spumeggiante donna napoletana, e lei l'aveva trovata tanto piacevole da incontrarla volentieri nelle successive estati trascorse sull'isola.

Pochi anni dopo, era squillato il telefono nella casa milanese dei Gucci: Pina Auriemma aveva bisogno di un favore, voleva aprire a Napoli una boutique in franchising proprio col marchio Gucci. Patrizia le aveva spiegato che non dipendeva da lei, ma che ne avrebbe parlato volentieri al marito.

L'affare era andato in porto, e Pina aveva realizzato il suo progetto, che però non aveva avuto il successo sperato. La signora Auriemma aveva così deciso che era ora di tentare altrove la fortuna, e proprio a Milano.

Non legge i tarocchi e non usa amuleti, possiede però una straordinaria capacità di sedurre. Piace a Patrizia, della quale conquista l'assoluta fiducia, piace anche a Maurizio, in genere assai scettico davanti a personaggi simili. Ottiene da entrambi aiuti in denaro, e in più occasioni. Nemmeno Patrizia sa spiegarsi come mai. Chiama «simpatia» l'inspiegabile potere magnetico che la donna esercita su di lei. «Sapeva sdrammatizzare, ecco tutto. Mi faceva stare bene. Forse per questo sentivo che dovevo confidarle tutto.»

Un potere che non ha alcun effetto sulla madre e le figlie della signora Gucci, che invece detestano Pina Auriemma, e che osteggiano come possono quella presenza costante e sempre più invadente.

È il 27 marzo 1995. Una invisibile nuvola di profumo si spande nell'elegante bagno dell'appartamento di corso Venezia a Milano. È la casa in cui Maurizio Gucci vive da anni, e che ora divide con Paola Franchi, la sua nuova compagna, donna d'aspetto e movenze assai diverse da Patrizia Reggiani. Paola è di un biondo elegante, e in passato la sua bellezza l'ha accompagnata sui set di tanti fotoromanzi.

È una giornata fresca d'inizio primavera, non piove.

Maurizio si schiaffeggia con tocchi leggeri le guance, appena inumidite dal dopobarba. Indossa giacca, cravatta e un soprabito leggero, poi esce dal portone e si dirige come al solito verso il suo ufficio di via Palestro, che dista solo alcune centinaia di metri.

Lungo i pochi minuti del tragitto, pensa ai problemi delle ultime settimane. A Paola per esempio, che è una persona discreta, ma è chiaro vorrebbe sposarlo. Lui forse sbaglia quando glissa sull'argomento, facendo intendere che è questione di poco, ma senza aggiungere altro. In realtà ha mille dubbi. Ora le donne che gli stanno più a cuore sono Alessandra e Allegra, le due figlie nate dal matrimonio con Patrizia. Si stupisce a pensare che Alessandra abbia già diciannove anni e Allegra sia ormai una quattordicenne. Le vede pochissimo, ed è tutta colpa sua. Dovrebbe stare con loro più tempo, o almeno sentirle più spesso per telefono. Gli mancano. Ha addosso una voglia pazzesca di abbracciarle.

Nel frattempo ha imboccato la svolta per via Palestro. Cammina ancora con passo tranquillo. Non ricorda di appuntamenti già fissati per quella mattina. L'orario è quello di sempre, un quarto alle nove. Sa che troverà Giuseppe, il custode, col portone già spalancato. La segretaria dovrebbe aspettarlo in ufficio da una decina di minuti.

Con un gesto del tutto automatico, un gesto inutile, cerca le chiavi nella tasca del soprabito. Non ha bisogno di tirarle fuori, non gli servono, ma le stringe lo stesso nel pugno, le fa tintinnare e rimbalzare in mano.

L'ingresso di via Palestro 20 è davanti ai suoi occhi. Maurizio Gucci sale i gradini che dividono il portone dalla strada. Vede il portiere e sta per rivolgergli il consueto buongiorno. Giuseppe è nell'atrio, rivolto verso di lui e distante solo tre o quattro metri. Ha un'espressione strana sulla faccia. Anzi, inspiegabile. Di solito gli sorride. Di solito, a questo punto, ha già lanciato il suo fragoroso: «Buongiorno, dottor Gucci».

Invece ha gli occhi impauriti, terrorizzati. Perché? Ha un braccio teso in avanti, e qualcosa in gola gli strozza le parole. Maurizio Gucci rallenta. Vorrebbe capire, spiegarsi il perché di quel comportamento strano e insolito. Non ne ha il tempo. Sente la schiena squarciarsi da un calore affilato. Poi più nulla. Non saprà mai che a un metro dalle sue spalle c'era un uomo col viso scoperto, un berretto da baseball e un revolver carico puntato su di lui.

Tre colpi, due alla schiena, uno alla nuca. Maurizio Gucci ha appena 47 anni quando crolla a terra, colpito a morte. Un quarto colpo il killer lo tiene per Giuseppe Onorato, involontario testimone del delitto. Ma ormai ha perso la calma. Nella testa ha solo la fuga. Ferisce il portiere a un braccio, poi si volta e scappa. Una Clio verde lo aspetta lì in strada. L'omicida salta nell'utilitaria che ha il motore acceso e un uomo al volante. In pochi istanti l'assassino di Maurizio Gucci scompare nel traffico del centro milanese.

«Riportatemi in cella, qui in aula non voglio starci. Se non c'è Patrizia, voglio andarmene anch'io.» Nella sala enorme e affollatissima della Quarta Sezione della Corte d'Assise di Milano, Pina Auriemma è la più agitata tra gli imputati. È il maggio del 1998, siamo alle battute iniziali del processo per l'omicidio di Maurizio Gucci, avvenuto tre anni prima.

Dopo mesi e mesi di buio assoluto, sul finire del 1996, c'è stata una svolta improvvisa nelle indagini condotte dal sostituto procuratore Carlo Nocerino. Fino ad allora, le piste seguite sono state tante, e la più attendibile portava ai recenti affari svizzeri della vittima. Gucci aveva in mente di aprire un casinò a Crans-Montana; dal 1993 disponeva infatti di una grossa liquidità, avendo ceduto per 270 miliardi di lire il 50% del suo pacchetto azionario a una finanziaria araba, che già controllava l'altra metà delle azioni. Aveva così lasciato a Nemir Kirdar, sprezzante presidente della Investcorp, il controllo totale di un'azienda, incurante del lascito di nonno Guccio e del padre Rodolfo, secondo i quali «mai un pezzetto della Gucci dovrà uscire dalla famiglia».

L'affare del casinò valeva montagne di soldi, ed era un'opportunità che poteva far gola a molti. Non era escluso che qualche rivale avesse pensato di ricorrere alle maniere forti pur di vincere la sfida. Fabio Franchini, penalista milanese amico di Maurizio, è stato l'uomo che ha segnalato a Gucci l'occasione svizzera. Quando ha reso omaggio alla salma, all'indomani dell'omicidio, l'avvocato ha sussurrato, piangendo: «E dire che quelli lì glieli ho presentati io».

Ancor prima dell'ipotesi svizzera, indagando sulle persone più vicine alla vittima, gli investigatori hanno scoperto quanto acceso fosse il conflitto tra Maurizio Gucci e la ex moglie, e pure le sue strane richieste su come assoldare un sicario. Ma non c'erano prove che alle parole fossero seguiti i fatti, che le intenzioni omicide della Reggiani si fossero trasformate in progetto ed esecuzione.

E forse le prove non le avrebbero mai avute, senza una soffiata raccolta in Commissariato; in gergo si chiama «fonte confidenziale», e ha raccontato di avere sentito un tale Ivano Savioni, portiere d'albergo, riportare particolari sul delitto Gucci. C'era coinvolta Patrizia Reggiani, ma anche Pina Auriemma, napoletana di 51 anni, amica della ex signora Gucci, nonché sedicente maga. E, naturalmente, il portiere Ivano Savioni. Era stata la Reggiani a cercare gli altri due, a promettere loro 500 milioni in cambio della morte di Maurizio. Al terzetto si sarebbero poi aggiunti Orazio Cicala, un pregiudicato di 58 anni, e Benedetto Ceraulo, siciliano di 35 anni, anch'egli pregiudicato.

Dopo il delitto, materialmente commesso da Ceraulo con il Cicala a far da palo, i soldi sarebbero presto finiti. E allora alla Reggiani sono cominciate ad arrivare richieste d'altro denaro.

Gli investigatori della Criminalpol a questo punto dovevano conoscere tutti i particolari, prima di chiudere il cerchio. Per farlo si sono serviti di un agente sotto copertura, di un infiltrato che si è fatto credere uno spietato spacciatore colombiano nel giro frequentato da Cicala e Ceraulo.

Una mossa vincente, in quanto ha permesso di mettere ogni tassello al suo posto, e perché ha consentito alla polizia di intervenire prima che il gruppo di criminali decidesse di eliminare anche la Reggiani, ormai spremuta e diventata solo un testimone pericoloso.

Per quanto appaia incredibile, la «maga» sembra appassionarsi all'immagine che i media offrono di lei. Con la sua implacabile cadenza napoletana dichiara: «I giornalisti hanno scritto che durante la scorsa udienza indossavo un maglioncino verde assai dozzinale e scarpe con la griffe falsa. Questo è troppo!»

Il presidente della corte, Renato Samek Lodovici, è più interessato ai fatti, a comprendere la dinamica che ha portato al delitto. Poco lo aiutano le intercettazioni telefoniche tra la Auriemma e la Reggiani. «Sapevamo» rivelerà Patrizia «di avere i telefoni sotto controllo. È stata proprio Pina a segnalarmelo». Perciò i loro colloqui non sono stati che una recita, messaggi in codice di chi sa di essere ascoltato.

Un tempo amiche, ora Patrizia e Pina si ritrovano spietate avversarie, pronte a rinfacciarsi ogni accusa pur di uscire indenni dalla battaglia del processo, una battaglia che vuol dire libertà, oppure anni e anni di carcere. La Reggiani dice di essere stata plagiata e ricattata dalla Auriemma. L'altra risponde che è stata proprio l'ex moglie di Maurizio Gucci a commissionare l'esecuzione e a chiederle di assoldare i killer.

Patrizia Reggiani accetta di essere stata ingenua e pure incauta, tutte le volte che ha raccontato in giro, e non solo alla Auriemma, di voler morto il marito. «Quale moglie non ha mai pensato e pronunciato una frase simile? Non dicevo sul serio. Solo una matta può coltivare razionalmente un progetto simile e poi raccontarlo in giro a chiunque capiti.» La maga sostiene invece che il desiderio della Reggiani era invece autentico, al punto da averla scongiurata di occuparsene al più presto.

E cosa dire dei due assegni che Patrizia Reggiani ha versato alla Auriemma, uno nel '94, l'altro dopo la morte di Maurizio Gucci?

Per la signora Pina la spiegazione è semplice: non si tratta d'altro che dei compensi per la banda, divisi in un acconto, e poi nel saldo a lavoro compiuto.

La Reggiani smonta la tesi che la accusa, con un racconto di segno opposto: «Avevo aiutato economicamente Pina già in passato più di una volta. E l'aveva fatto anche mio marito, quando su richiesta di lei le aveva permesso di aprire un negozio Gucci in franchising a Napoli. Per quella operazione, so che Maurizio in cambio non ha mai ricevuto soldi. Ma stavolta quegli assegni, uno da centocinquanta e un secondo da cento milioni di lire, glieli ho versati per paura. Lei mi riferì che c'erano uomini che avevano assassinato mio marito e che adesso da me volevano denaro, tanto denaro. Altrimenti erano pronti a raccontare che la mandante ero stata io. Ma soprattutto, se non avessi dato loro quei soldi, erano decisi a far violenza sulla mia famiglia, sulle mie figlie. Per questo ho pagato, solo per questo».

Il processo prosegue, conquistando le telecamere e le prime pagine dei giornali. Nel collegio difensivo della Reggiani c'è l'avvocato Gaetano Pecorella, uno dei professionisti del foro più celebri e capaci, all'epoca presidente delle Camere Penali.

Giunto all'epilogo del dibattimento, l'avvocato tenta un'ultima carta: «Nel '95 Patrizia non aveva alcun movente per uccidere Maurizio Gucci. Il problema di Patrizia è che di fronte si trova un gruppo coeso di voltagabbana che la accusano all'unisono, in modo coordinato e preordinato. Mentendo».

Sono appassionatamente dalla parte di Patrizia anche le due figlie. E naturalmente la madre, Silvana Barbieri, che però proprio in quei giorni vive una spiacevole esperienza. Riappare Vincenzo Reggiani, il fratellastro di Patrizia, e al pubblico ministero dottor Nocerino, racconta che suo padre Fernando non morì per cause naturali, bensì ucciso dalla moglie, che intendeva così garantirsi la piena eredità del defunto. Ma alla scioccante rivelazione, non seguiranno i doverosi riscontri.

La sentenza giunge il 3 novembre 1998, al termine di un processo durato sei mesi. Patrizia Reggiani è riconosciuta mandante del delitto Gucci, e condannata a 29 anni di reclusione. Pina Auriemma dovrà scontare una pena solo di poco più lieve, 25 anni. A Benedetto Ceraulo, il killer che continua a reclamare la sua innocenza, viene inflitto l'ergastolo. Savioni e Cicala, mediatore e complice, si prendono 26 e 29 anni.

Poco meno di tre anni dopo, il 17 marzo 2000, la prima Corte d'Appello di Milano conferma il verdetto emesso in primo grado, con piccole riduzioni alle condanne. La Reggiani passa a 26 anni di detenzione, la Auriemma a 19 anni e 6 mesi.

«Mia madre non è una dark lady» commenta in lacrime la figlia Alessandra dopo la sentenza «lei è solo un pulcino.»

Ora Patrizia è in carcere col suo dolore e un animaletto a farle compagnia, grazie a un permesso speciale accordatole dalla direzione di San Vittore. È entrata in cella nel gennaio del '97, tenendo un furetto tra le braccia. Glielo hanno fatto trovare dopo qualche giorno impiccato alle sbarre. È stata la cerimonia di benvenuto offerta dalle altre detenute, un modo sadico di avvertirla che i trattamenti di riguardo per madame Gucci non erano graditi.

«Ma poi qui dentro ho anche trovato tanta umanità.»

E allora si è fatta portare un'altra bestiola, che ha chiamato Bambi. I suoi legali non hanno mai smesso di combattere, di chiedere che si rivedesse il processo. Il motivo stava in quell'intervento di asportazione del tumore al cervello. Per molti psichiatri e neurochirurghi un'operazione di quel tipo può in effetti alterare la capacità di intendere dell'individuo. Secondo l'opinione degli specialisti «può accadere che si perdano parzialmente le abilità cognitive, ma non è una certezza. Sono segnalati casi in cui si realizza una vera e propria variazione dei comportamenti. In pratica, è come se da un intervento simile si uscisse diversi. Come essere diventati un'altra persona».

Patrizia Reggiani Gucci un'altra persona lo è diventata dal giorno in cui quel marito ricco e col cognome famoso le ha urlato in faccia: «Di te non ho più bisogno. Esci dalla mia vita».

Aveva pensato fosse solo un brutto sogno, che al suo Maurizio avesse preso una strana malattia da cui sarebbe presto guarito. Ma poi la speranza era venuta meno, si era trasformata in ossessione, in odio profondo.

Patrizia Reggiani ha già scontato la metà della sua pena. Difficile dire chi sia oggi, se abbia fatto i conti col giudizio che di lei hanno dato i giudici. Nelle motivazioni della sentenza hanno scritto che a evitarle l'ergastolo è stata solo l'attenuante di possedere un'abnorme personalità istrionica e narcisistica.

Quanto a Maurizio, per l'Assise di Milano, «agli occhi dell'ex moglie, aveva due grandissimi torti: essere il detentore di un formidabile patrimonio e di uno status sociale ancora internazionalmente noto, e l'averle tolto, con la separazione prima e con il divorzio poi, una serie di lussi cui Patrizia Reggiani non intendeva rinunciare».

XII

1997 – Omicidio a Miami

La storia di Gianni Versace e Andrew Cunanan

Prima c'è Santo, il primogenito, poi Giovanni Maria, detto Gianni, e infine Donatella, la più piccola.

Arrivano tutti da Reggio Calabria, e portano un nome destinato a diventare famoso in tutto il mondo.

Tre fratelli, uniti tra loro, ma il genio della famiglia è senza dubbio Gianni, che nasce il 2 dicembre del 1946 e, dopo essersi trasferito a Milano, fa il suo debutto come disegnatore per le griffe Callaghan, Complice e Genny agli inizi degli anni '70.

Il 23 marzo del 1978 firma la prima sfilata in via Senato, con 98 modelli, 30 indossatrici, e un successo trionfale.

Passa un anno, e Versace sceglie il suo marchio di fabbrica, la «Medusa», che affianca quelli di Giorgio Armani e di Valentino, a consacrare il successo del made in Italy nel mondo.

Gianni ha in testa un modo nuovo di intendere la moda, fatto di colori appassionati, di fantasia e libertà, uno stile che conquista personaggi dello spettacolo come Madonna e Lady Diana. E per la passerella non sceglie modelle qualunque, ma ragazze dalla bellezza e dalla personalità non comuni, come Naomi Campbell, una sua scoperta.

Ama l'arte, e le splendide case, come quella sul lago di Como, e poi villa Casuarina, a Miami, che ha comprato nel 1992 per tre milioni di dollari e ristrutturato con spese faraoniche: sedici camere da letto, due sale da pranzo, un'enorme biblioteca, e poi, ovunque, quadri e arredi preziosi.

Il successo non gli ha però cambiato il carattere, è sempre gentile, disponibile e pacato; a un uomo così il futuro non può che riservare soddisfazioni sempre più grandi.

Almeno fino a quel giorno, il 15 luglio 1997, quando la sua storia ne incrocia un'altra, cominciata a San Diego ventisette anni prima.

Mary Ann pensa che quel ragazzo sia proprio un sogno, con addosso la divisa della marina americana, e anche il nome le piace, Modesto, perché le ricorda tanto l'Italia dove è nata.

È vero che Modesto di cognome fa Cunanan, e non ha niente di mediterraneo perché arriva dalle Filippine, ma a Mary Ann Schillaci piace così tanto che se lo sposa.

Il loro è un grande amore, almeno fino alla nascita del primo figlio, Christopher, che arriva nel 1961, perché poi, a Modesto, gli prendono degli insensati attacchi di gelosia, tanto da sostenere che Elena, la secondogenita, non è nemmeno figlia sua.

Per Mary Ann e la solida fede cattolica con cui è cresciuta, le assurde accuse di tradimento sono una pugnalata al cuore, ma continua lo stesso a seguire il marito da una base navale all'altra, mettendo al mondo Regina, nel 1967, e poi Andrew, che nasce a San Diego il 31 agosto 1969.

Certo in casa il clima non è dei migliori, ma non si può dire che i piccoli Cunanan vivano un'infanzia disastrosa, anche perché quando nonno Schillaci passa a miglior vita, lascia alla figlia abbastanza soldi da comprarsi una bella casa a Bonita, nella San Diego County.

Il fatto è che il piccolo Andrew è un bimbo del tutto particolare, un bimbo che non sopporta i conflitti tra mamma e papà. Appena i genitori si mettono a litigare, e il tono della voce si alza, a lui sembra che la realtà vada in pezzi, e allora scappa al piano sopra della casa, e si chiude dentro la sua cameretta.

Solo lì è al sicuro, padrone di sé e dei suoi pensieri, in un mondo di fantasia che si è creato col tempo, e che pian piano ha riempito di personaggi della televisione e dei fumetti.

Andrew diventa sempre più bravo a prendere le cose e a cambiarle, a farle diventare migliori, così succede che nei suoi discorsi Modesto e Mary Ann si trasformino in persone straordinarie e ricche, talmente ricche che non c'è desiderio del loro figliolo che non venga immediatamente esaudito.

I compagni di scuola in un primo momento sono sorpresi per le assurdità che Andrew racconta ogni giorno, per le sue incredibili sparate, poi cominciano a ridere di lui, e alla fine gli mettono addosso l'etichetta di bugiardo patologico, e lo sopportano come si fa con il pagliaccio della classe.

Nel frattempo Modesto Cunanan ha deciso di dare una svolta alla sua vita; si congeda dalla marina, si rimette a studiare, fino a prendersi la licenza di agente di cambio e aprire un ufficio tutto suo.

Ma un professionista che tratti nel mondo degli affari ha bisogno di un look appropriato, a cominciare dagli abiti migliori e dagli accessori alla moda. E siccome Andrew è il preferito di papà, a 12 anni si ritrova anche lui a indossare soltanto capi firmati; la cosa soddisfa il suo enorme bisogno di apparire, anche se i ragazzi lo prendono in giro per le movenze che assume, come se stesse su una passerella anche quando gli capita di attraversare la strada da un marciapiede all'altro.

Inizia a girar voce che sia gay, ma lui non ci bada, in fondo si sente al centro dell'attenzione, e questo è ciò che desidera.

Certo è che il suo modo di atteggiarsi finisce per essere troppo eccentrico per la provinciale comunità di Bonita, e allora i suoi lo iscrivono alla prestigiosa Bishop School, dove gli studenti indossano eleganti divise, e c'è pure un «gentlemen's club»; il minimo, se si considera che nel 1981 la retta dell'istituto supera i settemila dollari l'anno.

Andrew è felice, e almeno all'inizio miete conquiste per l'eleganza e la brillante conversazione. Ma anche se gli misurano il quoziente di intelligenza, e il risultato di 147, lo mette nella categoria dei geni, dentro comincia ad avere una gran confusione, non riesce a capire le emozioni che passano nella sua testa di adolescente.

Le ragazze lo incuriosiscono, ma nessuna assomiglia alla sua adorata mamma, piuttosto sono i ragazzi a interessarlo, a muovergli qualcosa, soprattutto quelli che appaiono più deboli e gentili.

Non sa che fare, fino a quando gli succede di incontrare un giovane con le sue stesse incertezze, e vivere la sua prima esperienza omosessuale. Una cosa bella, che gli piace, ma che non è capace di tenere per sé, perché comincia a vantarsene, così come prende a raccontare di ogni storia che gli capita.

Come già era successo a Bonita, anche qui i compagni della Bishop guardano con stupore quel compagno che va raccontando ogni dettaglio delle sue prestazioni; lo giudicano un buffone, un pagliaccio talmente svergognato che non vale la pena nemmeno prendere di mira.

Ma Andrew non ci bada, oppure non vuole badarci, e a 15 anni, complice un fisico già adulto, fa il salto di qualità e comincia a frequentare i locali gay di San Diego; ed è qui che si compie la sua decisiva trasformazione in un perfetto camaleonte sociale.

Quando si accorge che le sue origini filippine fanno poco glamour, si inventa subito nuove identità; si fa chiamare Andrew Da Silva, oppure David Morales, e racconta di avere sangue spagnolo nelle vene, come spagnolo è il divo e il sex symbol del momento, Antonio Banderas.

Terminati gli studi alla Bishop, Andrew s'iscrive alla facoltà di Storia all'Università La Jolla, ma abbandona presto, perché ha intuito che un nuovo capitolo della sua vita si sta aprendo.

C'è un mondo che pian piano ha imparato a riconoscere, un mondo di ricchi professionisti che non ci tengono a svelare le proprie fantasie, preferendo viverle con discrezione: sono avvocati, medici, dirigenti d'azienda, con tanto di copertura fatta di mogli e magari di figli.

Lui sa come riconoscerli, e loro riconoscono lui.

E siccome la richiesta è alta, Andrew può tranquillamente stabilire condizioni e prezzi; non gli importa l'avventura di una notte, piuttosto propone ai suoi amanti qualcosa di più stabile, e in cambio ottiene auto di lusso, appartamenti, carte di credito da usare a suo piacere. I partner accettano, e lo presentano come il proprio associato, oppure il segretario, dandogli l'opportunità di conoscere altra gente che conta.

Il ragazzo archivia nomi, volti, informazioni che impara a tenere rigorosamente per sé, perché ha capito che se vuole continuare a giocare deve smettere di parlare troppo, di vantarsi con tutti.

Nel frattempo mamma e papà cominciano a sospettare qualcosa, perché il loro figliolo ha un tenore di vita altissimo, e nessuna fonte conosciuta di guadagno. Ma Andrew glissa, approfittando del fatto che i signori Cunanan si ritrovano con un problema ben più urgente, il fallimento dell'attività che Modesto ha intrapreso dopo aver lasciato la Marina.

Accusato di appropriazione indebita, per evitare il carcere Modesto fugge nel suo paese d'origine, le Filippine, abbandonando la moglie al suo destino.

Mary Ann è così costretta a vendere la casa e accettare i soldi dai figli, ma non da Andrew, perché prima vuole sapere, guardandolo negli occhi, se era suo figlio quello che ha visto baciare un altro uomo, un pomeriggio che era passata per il centro di San Diego.

La discussione è violenta, e Andrew perde il controllo, scaraventando la madre contro una parete e slogandole la spalla. Si pente subito del gesto, ma lei non glielo perdona, e allora il ragazzo decide di mollare tutto e andare a stare qualche tempo dal padre.

Una decisione che si rivela disastrosa.

Cunanan, abituato al lusso, ai tavoli prenotati nei ristoranti esclusivi, alle suite degli alberghi a cinque stelle, si ritrova in mezzo alla miseria, ai rifiuti che si accumulano davanti alle case, e soprattutto alla disperazione di Modesto. Si mette allora a vagabondare nei quartieri a luci rosse, e poi a vendere a chiunque il suo corpo, pur di racimolare abbastanza denaro per tornare negli States.

Passa settimane da incubo, ma alla fine riesce a comprarsi un biglietto aereo in classe economica, e punta dritto verso San Francisco, verso il Castro District, il quartiere prediletto da omosessuali e travestiti.

Riprende le vecchie abitudini, ogni sera cambia identità, incarna un nuovo personaggio, e nei locali del Distretto conosce Eli Gould, un avvocato che lo introduce nel mondo dello spettacolo e della moda.

Ed è proprio con Eli Gould che si ritrova una sera a un party organizzato al Colossus Disco's, quando nella sala fa il suo ingresso Gianni Versace.

Lo stilista sorride, saluta, stringe mani note e sconosciute, poi lo scorge in un angolo e gli si fa incontro.

«Lago di Como, no?» domanda al giovane, dando per scontato che i due si siano già incrociati nel passato, cosa in realtà mai avvenuta.

«Giusto» gli risponde prontamente Andrew «e grazie per esserselo ricordato, signor Versace.»

Tutto finisce lì, con Gianni che si allontana, e Cunanan entusiasta per aver conosciuto un personaggio così celebre.

Il loro secondo incontro non si rivelerà altrettanto amichevole.

Nella spregiudicata San Francisco Cunanan si muove con assoluta libertà, ma non gli bastano più le storie con ricchi uomini d'affari pronti a riempirlo di attenzioni e dollari.

Scopre il mondo delle perversioni più estreme, e per la sua bellezza e depravazione lo chiamano a recitare in pellicole di stile sado-maso, dove predilige il ruolo dello schiavo sessuale, sottoposto a impensabili umiliazioni e torture.

Ma verso la fine del 1996 qualcosa nella sua testa si rompe; da vanitoso uomo gentile e sorridente, si tramuta in un soggetto imprevedibile, pieno di aggressività e rabbia. E poi fa cose assolutamente bizzarre, come la volta che trasforma la sua camera in una specie di santuario dedicato a Tom Cruise, quindi si mette a camminare per le strade di San Francisco imprecando contro Nicole Kidman che glielo ha rubato.

Si sottopone ai test per l'Aids, ma non ritira nemmeno i risultati, perché tanto è convinto d'essere già spacciato.

A 27 anni, di colpo, si lascia andare.

Mette su 15 chili, veste qualunque straccio gli capiti a tiro, si fa crescere barba e capelli, e poi se la prende con due dei suoi giovani amanti, Jeff Trail e David Madson, perché si convince che se la intendano fra loro, e tutto alle sue spalle.

Jeff lo ha conosciuto nel 1992. Era un giovane di buona famiglia, matricola alla U.S. Naval Training Academy di Annapolis, e Andrew lo ha frequentato assiduamente, almeno fino a quando, ormai stanco della disciplina militare, il ragazzo ha mollato la marina per trovare impiego in un'azienda di Minneapolis.

Ma non si sono mai persi di vista, ed è successo che durante un viaggio per andare a trovare l'amico, Cunanan si è imbattuto in un'altra vecchia fiamma, l'architetto David Madson, scoprendo che anche lui si era trasferito nella cittadina del Minnesota.

Nel conversare, David ha saputo di Jeff, e si è offerto di presentargli un po' di gente, giusto per metterlo a suo agio in un ambiente nuovo, dove lui ha il vantaggio di essere arrivato qualche mese prima. Cosa che puntualmente fa, scatenando la gelosia di Andrew, che anziché attenuarsi, con il passare del tempo gli cresce dentro come un cancro.

Andrew comincia a tempestare Jeff di telefonate, lo accusa di avere una storia con David, di mentirgli; poi lo minaccia di prendere il primo volo da San Francisco e ammazzarli tutti e due.

Nonostante gli amici comuni lo abbiano messo in guardia, dicendogli che Andrew da tempo è fuori controllo, il 26 aprile del 1997, Madson va a prenderlo all'aeroporto di Minneapolis.

David è convinto che Cunanan passi un momento difficile, ma proprio per questo gli serve qualcuno di cui aver fiducia; e allora, per convincere Andrew che tra lui e Jeff non c'è proprio nulla, che entrambi gli vogliono un gran bene, organizza una cenetta a tre, così da chiarirsi, una volta per tutte.

Le cose però non vanno come l'architetto ha sperato.

Altro che amicizia, battute e risate! Il clima della serata è a dir poco glaciale, e alla prima occasione partono le rivendicazioni, poi volano gli insulti, soprattutto tra Jeff e Andrew, fino a quando quest'ultimo decide che ne ha abbastanza, s'infila in cucina e torna brandendo un martello che cala pesantemente sulla testa di Trail, fino a fracassargli il cranio.

Madson resta impietrito.

Come un automa aiuta Cunanan a sistemare il cadavere dell'amico arrotolandolo in un tappeto, per poi piazzarlo dietro a un divano; lì ce lo lasciano almeno un paio di giorni, durante i quali Andrew e David entrano ed escono dall'appartamento.

Difficile dire se Madson accetti di far da complice alla follia di Andrew perché in preda allo shock, oppure per il timore di fare la stessa fine di Trail.

Sta di fatto che un collega di lavoro che non vede Jeff da tempo, chiede alla portinaia dello stabile di dare un'occhiata al suo appartamento, nel timore che si sia sentito male; e appena la donna vede gli schizzi di sangue, e poi un paio di gambe che spuntano da un tappeto arrotolato, chiama immediatamente la polizia.

Mentre la pattuglia più vicina parte sgommando, con tanto di sirene e lampeggianti, David e Andrew salgono sulla jeep dell'architetto e s'infilano in autostrada, direzione nord.

Si fanno una quarantina di chilometri prima di uscire allo svincolo di Duluth, e prendono per la campagna. E alla prima sosta, Cunanan tira fuori una pistola, e pianta tre proiettili nel corpo dell'amico.

Ci vogliono tre omicidi, in posti e luoghi diversi, per qualificare un assassino come serial killer, e la polizia ha paura che Cunanan abbia decisamente intrapreso quella strada. Lo hanno collegato in fretta ai corpi di Trail e Madson, ma per agguantarlo prima che uccida di nuovo devono capire il movente che gli ha armato la mano.

Forse ha perso il controllo, magari la paura dell'Aids gli ha fatto deragliare i binari del pensiero, oppure la sua è tutta e soltanto una storia di passioni gay, di tradimenti e di gelosia.

Mentre gli investigatori valutano le ipotesi, e cercano di buttar giù un profilo psicologico, Andrew colpisce ancora, a 400 chilometri di distanza, e lo fa in un modo totalmente imprevedibile.

Lee Miglin è un imprenditore di successo, ha 72 anni, e vive a Chicago. Lee è un tipo famoso in città, non solo per la qualità del suo lavoro, ma anche per l'impegno nelle attività benefiche a favore della comunità. Anche Marilyn, sua moglie, è una donna attiva, leader di un'azienda che vende profumi e cosmetici per corrispondenza, ed è per promuovere i suoi prodotti che, quella mattina, è partita per un tour lasciando solo il marito per qualche giorno.

Lee Miglin lo vedono per l'ultima volta la sera del 3 maggio; sta in piedi davanti a casa, con l'aria di quello che è uscito a prendersi una boccata d'aria.

Difficile dire perché sia diventato un bersaglio. Forse Cunanan passava di lì per caso e gli ha chiesto un'indicazione, o magari il killer era sotto effetto di qualche droga è ha deciso di giocare a far dio con il primo che incontrava.

Sta di fatto che Andrew costringe Lee a entrare nel garage accanto alla sua abitazione, e lì, dopo avergli legato i polsi e chiuso la bocca con del nastro adesivo, inizia a torturarlo con tutti gli attrezzi da giardino che trova nella rimessa.

Alla fine, gli taglia la gola con una sega, e non contento, sale a bordo della Lexus dell'uomo, e si mette a passare sopra al suo cadavere, avanti e indietro, prima di decidere che si è divertito abbastanza ed è ora di andarsene.

Quando gli investigatori arrivano sulla scena del crimine, capiscono che c'è un grosso problema.

Non si tratta più di storie di omosessuali, ma di un assassino folle e spietato, un sadico talmente convinto di essere inattaccabile, che nemmeno si preoccupa di nascondere il suo passaggio. Ha arraffato in casa Miglin un sacco di monete d'oro da collezione, lasciando in giro le sue impronte, e poi ha abbandonato lì vicino la jeep di David Madson.

La faccia di Cunanan finisce così sui volantini dell'FBI, quelli con le foto dei dieci ricercati più pericolosi degli Stati Uniti.

Solo per un momento i federali pensano di avere in pugno l'assassino, perché la Lexus di Miglin ha un telefono a bordo che è possibile tracciare; ma Cunanan se ne accorge, e l'apparecchio finisce fuori dal finestrino, insieme alle speranze degli inseguitori, obbligati a capire in fretta dove sia diretto, e chi colpirà la prossima volta.

Lui, il serial killer, segue il suo istinto, o forse la sua follia, e dopo aver guidato per altri 800 chilometri, passa il fiume Delaware e costeggia il cimitero di Finn's Point a Pennsville, in New Jersey.

Sa che i federali cercano l'auto della sua ultima vittima, che deve trovare un mezzo, e quel pick-up Chevrolet color rosso, parcheggiato davanti alla casetta del custode del cimitero, sembra proprio fare al caso suo.

Si chiama William Reese, ha 45 anni, e ha lasciato il suo posto di elettricista per occuparsi di lapidi e vialetti, perché per lui Finn's Point è un posto magico, ci sono sepolti i soldati dell'unione che hanno combattuto la guerra civile, e mentre cammina sistemando i prati e raccogliendo le foglie, gli pare di sentire il rullo dei tamburi e il tuonare dei cannoni.

Ma quella mattina del 9 maggio 1997 non è una vedetta del generale Grant che bussa alla porta, ma un uomo sui trent'anni, coi tratti asiatici e una pistola in mano.

Vuole il suo pick-up, e William non sta certo a discutere, prende le chiavi e gliele consegna immediatamente.

A Cunanan va bene che il tizio non gli crei problemi.

Comunque gli spara lo stesso.

Poi si mette in macchina, e guida fino a Miami, l'ultima tappa del suo viaggio, dove arriva il giorno dopo; lascia l'auto in un parcheggio pubblico e si prende una stanza al Normandy Plaza Hotel, un posto decoroso dove una stanza gli costa 690 dollari al mese.

Gli viene data la numero 322, e lui paga in anticipo.

Nelle settimane successive Andrew si confonde tra i turisti durante il giorno, e la sera frequenta i locali gay, mentre pensa alla sua prossima vittima, per chiudere in bellezza.

A Miami Gianni Versace è arrivato da pochi giorni, stanco per le sfilate di Milano e Parigi, esaltato per il successo. Dovrebbe essere a Roma, per l'ultima performance, ma è stanco, ha proprio bisogno di staccare.

Alle 8.45, come tutte le mattine da quando vive in Florida, va a piedi a prendere i giornali al *News Café*, soprattutto riviste di moda e settimanali di spettacolo.

Torna dopo pochi minuti, sale la breve rampa di scale che lo porta all'ingresso di casa ed è solo, senza le guardie del corpo che gli hanno sempre raccomandato e che lui ha sempre rifiutato.

Due colpi di pistola squarciano l'aria, il primo lo raggiunge alla nuca, il secondo lo centra in pieno volto.

Ci sono una quindicina di testimoni, più o meno vicini alla scena, e in casa il personale di servizio. C'è anche Antonio D'Amico, il suo compagno, ed è lui che corre in soccorso a Gianni, mentre parte la telefonata per il 911, il numero dell'emergenza.

Ai poliziotti che arrivano, appare subito chiaro che non c'è più nulla da fare.

Nelle comunicazioni con la centrale parlano di «vittima attinta da due colpi alla testa, con un'attività cardiaca ancora presente», ma aggiungono che le possibilità di sopravvivenza sono molto, molto scarse.

Gianni Versace muore poco dopo il suo arrivo in ospedale.

Mentre il mondo piange la scomparsa di un grande personaggio, di un uomo raffinato e gentile, la polizia di Miami è sotto pressione.

C'è un video a circuito chiuso, che ha ripreso la scena dell'agguato, dove si vede un uomo che sta scappando, ma non lo si distingue bene in faccia.

Poi, poche ore dopo, in un garage non lontano dal luogo del delitto viene ritrovata una pila di vestiti accanto a un pick-up Chevrolet color rosso.

Alle 14.30 gli investigatori collegano il pick-up all'omicidio in New Jersey di William Reese.

Alle 15 viene diffuso un primo identikit dell'aggressore.

Alle 16.10, nel pick-up abbandonato vengono ritrovati alcuni bossoli, sparati dalla stessa arma che ha ucciso Versace.

Alle 20.45 c'è il nome dell'assassino.

Durante la conferenza stampa, il detective Barreto annuncia ai giornalisti che il killer si chiama «Andrew Cunanan, 27 anni, americano di origini filippine, gigolò, ritenuto il possibile autore di altri quattro omicidi, ed estremamente pericoloso».

Quella che si scatena è una vera e propria caccia all'uomo. Almeno quattrocento agenti federali distribuiscono volantini con la foto dell'assassino seriale, e un portavoce della procura dichiara che la sua cattura è questione di ore.

Una previsione ottimistica, perché ci vogliono almeno otto giorni prima che succeda qualcosa, e intanto i media danno addosso alla polizia, all'ufficio del sindaco e all'FBI, sostenendo che solo la morte di un personaggio famoso li aveva finalmente svegliati.

Salta fuori infatti che c'erano state segnalazioni della possibile presenza di Andrew in città, ma nessuno aveva ritenuto di informare la comunità; quattro giorni prima del delitto Versace, il commesso di un bar lo aveva riconosciuto e aveva avvisato il 911, senza suscitare alcuna apparente reazione.

E il pick-up di William Reese lasciato per due mesi fermo in un garage pubblico vicino al suo albergo? Lo hanno identificato soltanto dopo la morte dello stilista.

Ci voleva tanto a cercare l'auto rubata alla quarta vittima del killer in ogni luogo possibile, soprattutto dopo che Cunanan, uno dei ricercati più pericolosi d'America, era stato avvistato a Miami?

Ma c'è dell'altro, e sembra tutto incredibile.

Il 7 luglio, a corto di soldi, Cunanan è andato in un banco dei pegni e ha venduto una moneta d'oro di quelle rubate a Lee Miglin. Si è portato via 200 dollari, non prima di aver compilato un modulo, mettendoci la sua vera firma e l'indirizzo del Normandy Plaza Hotel.

Per legge, tutti i moduli vanno in copia al Miami Beach Police Department, dove un funzionario verifica che gli oggetti impegnati non siano il frutto di una rapina.

Ma nella commedia degli errori, come i giornalisti cominciano a chiamare l'affare Cunanan, succede che il fax sia arrivato sulla scrivania di un poliziotto che nel frattempo era in vacanza, e che lì sia rimasto fino alla morte di Versace.

Se però è troppo tardi per salvare la vita dello stilista, almeno il dipartimento ora sa dove vive il killer, e una squadra della SWAT, il team di teste di cuoio specializzate negli assalti, fa irruzione al Normandy Plaza.

Di Cunanan nemmeno l'ombra.

Peccato che il direttore dell'albergo scopra due giorni dopo di essersi sbagliato, di non aver dato ai poliziotti il numero giusto della camera, così, per la seconda volta, tutti gli inquilini dell'hotel si ritrovano improvvisamente sfrattati per permettere un nuovo blitz.

Nella stanza 322 trovano un sacco di cose dell'assassino, tranne, ovviamente, il legittimo proprietario.

Ma nonostante le incredibili leggerezze dell'indagine, il destino di Andrew Cunanan è ormai segnato.

Fernando Carreira è il custode di una rimessa di house-boat, di case galleggianti, e il 23 luglio, durante il suo solito giro d'ispezione lungo l'Indian Creek Canal, arriva all'altezza dell'imbarcazione di Torsten Reineck, un milionario tedesco.

Sa bene che il proprietario è partito per una vacanza a Las Vegas, e quando vede la porta d'accesso socchiusa, capisce che c'è qualcosa di strano; appena entrato non gli pare ci sia nulla fuori posto, ma poi prende le scale per salire al piano sopra e si trova faccia a faccia con uomo, che immediatamente si getta in quella che è la stanza da letto di mister Reineck e si chiude la porta alle spalle.

Fernando pensa che è meglio non fare l'eroe, che il tizio potrebbe essere l'assassino ricercato dall'FBI, e allora si precipita fuori e chiama aiuto.

In pochi minuti arriva una specie di esercito, con gli uomini della polizia di Miami e quelli della contea di Dade, e poi le teste di cuoio della SWAT insieme agli agenti speciali dell'FBI.

Impiegano due ore per circondare l'house-boat e stabilire il centro operativo per coordinare l'assalto; dopo di che aspettano altre tre ore prima di fare irruzione, e non si capisce bene perché.

Forse non vogliono lasciare nulla al caso, dopo le tante figuracce rimediate negli ultimi giorni, o forse rappresentano tante di quelle istituzioni diverse, da mettersi a litigare su chi debba fare che cosa.

Quando finalmente si decidono a entrare, quello che trovano non è Cunanan, ma soltanto il suo cadavere, buttato su un letto con sotto un paio di cuscini. Ha la barba lunga di qualche giorno, un paio di boxer di cotone, e nella mano sinistra, appoggiata all'addome, tiene stretta una semi-automatica *Taurus* calibro 40.

Il killer si è suicidato, sparandosi un colpo in bocca.

Il 23 novembre 1997 viene redatto il rapporto di chiusura delle indagini, dove sta scritto che l'assassino di Gianni Versace è Andrew Cunanan, lo stesso che ha sparato a William Reese e David Madson, che ha ucciso Jeff Trail e Lee Miglin.

Il perché delle sue imprese rimane un mistero che si è portato nella tomba, e a noi restano soltanto un pugno di ipotesi.

Per gli psichiatri, Cunanan è stato un vero camaleonte, un soggetto con una doppia personalità, dove alla fine, a trionfare, è stata la parte sadica e oscura.

Vernon Geberth, la massima autorità statunitense in fatto di omicidi, ha aggiunto che basta osservare la dinamica del delitto Versace per capire che Andrew ha ucciso il suo mito, la persona che non sarebbe mai riuscito a diventare.

E Robert Ressler, il capo dell'unità di scienze del comportamento dell'FBI va ancora più in là nel cercare un movente. Per il profiler, Cunanan ha avuto molte relazioni, e una si è interrotta in modo traumatico. In più aveva gravi problemi economici, e per un soggetto narcisistico, questo era bastato a portarlo allo scompenso e innescare un comportamento aggressivo.

E forse si era anche convinto che la sua attività professionale, quella che gli garantiva il lusso e la bella vita, gli aveva appena regalato il virus mortale dell'Aids.

XIII

2001 – Tragedia a Villa Altachiara

La storia della contessa Francesca Vacca Agusta

La mattina del 30 gennaio 2001

È il suo piccolo rito quotidiano. Nulla di originale, per carità, solo quelle semplici cose che ogni mattina l'aiutano a cominciare meglio la giornata: una tazza di latte macchiato, i biscotti preferiti, un paio di quotidiani freschi di stampa. E mentre aspetta che la colazione si raffreddi, il titolo del «Nice Matin» si prende tutta la sua attenzione: «Ancora senza nome la donna ritrovata morta in mare».

C'è qualcosa in quelle parole che la disturba, anche se fatica a capire cosa sia. Lascia il primo giornale, e si mette a sfogliare rapida il secondo, il «Var Matin». Cerca la stessa notizia. Eccola. Sta in un pezzo che occupa tutta la quinta pagina: «IL MISTERO DEL CORPO DI POINT DU PINET».

Legge d'un fiato tutto l'articolo, e finalmente capisce cos'è che la inquieta: quella notizia le ricorda una storia, una storia che ha sentito per caso durante la sua recente vacanza in Liguria. C'entrava con la scomparsa di una contessa, un fatto successo una ventina di giorni prima. Si diceva che la donna fosse nella sua villa, e che all'improvviso di lei non si era saputo più nulla.

Vuoi vedere che...? Al diavolo latte e biscotti.

«Pronto? Commissariato della polizia di Nizza? Posso parlare con un funzionario? Credo di avere alcune informazioni che potrebbero esservi utili.»

«Dica signora, di che si tratta?»

«Ho visto i giornali di questa mattina. Dicono che il cadavere misterioso di una donna è stato ritrovato sugli scogli della nostra costa. È così, no?»

«Vada avanti, signora, dica quel che ha dire.»

«Il fatto è che in Italia, e precisamente a Portofino, è sparita da alcune settimane una contessa, si chiama Vacca Agusta. Forse dovreste tenerlo presente. Qualcosa mi dice che il cadavere che avete trovato a Cap Bénat, potrebbe essere proprio il suo.»

«Verificheremo la sua segnalazione. Intanto, per favore, mi lasci il suo nome e le generalità.»

Clic.

Silenzio.

La signora ha interrotto la comunicazione; chissà poi perché, ma ha preferito restare anonima e tornarsene alla colazione interrotta.

«Linda, guarda là, in basso sulla scogliera!» «Dio mio! Sembra un corpo, quello è un cadavere. Chiamiamo subito la polizia.»

È il 22 gennaio del 2001, un lunedì. Linda e Max sono in vacanza da un paio di giorni sulla costa meridionale della Francia, e passeggiano nella zona di Bormes-Les-Mimosas.

«Dovete assolutamente andarci» aveva suggerito un vecchio amico prima che partissero «è un posto pieno di sorprese.»

Aveva perfettamente ragione.

Bormes-Les-Mimosas è una piccola baia del promontorio di Cap Bénat, che s'affaccia sul mare della Costa Azzurra, un luogo splendido, per un turismo esclusivo.

I due fidanzati si tengono per mano, poi si fermano, incantati dal panorama, dall'arcipelago delle Isole d'Oro con la splendida Porquerolles. Fino a quando, ad attrarre il loro sguardo, è l'inquietante macchia biancastra, una livida forma restituita dal mare, sospinta, e a tratti ripresa dalle onde.

Per i gendarmi di Le Lavandou, il villaggio vicino, bastano pochi minuti per arrivare, ma tutt'altra cosa è scendere fino alla scogliera, e poi risalire portandosi dietro ciò che resta di un corpo. Per recuperarlo ci vogliono ore di lavoro, e perfino l'aiuto di una gru.

Intanto i flash della scientifica lampeggiano a fissare la scena, gli scogli che trattengono il cadavere nudo, i suoi capelli castano chiari e il volto irriconoscibile. A un primo esame l'unica certezza è che si tratti di una donna adulta. C'è pure un altro elemento, piuttosto curioso: nessuna zona di quel corpo ha una minima traccia di peluria. Probabilmente era affetta da una forma estesa di alopecia, o forse si era ammalata di un cancro e l'avevano curata con la chemioterapia. Poi, infilati in quel che resta delle dita, un paio di anelli d'oro.

Comunque troppo poco per capire chi sia quella sconosciuta.

Un aiuto gli investigatori se lo aspettano dai medici legali, che si mettono subito al lavoro e stabiliscono alcune cose: innanzitutto che al momento della morte la donna aveva circa cinquant'anni. E poi che la frattura del cranio, le ferite e i tagli profondi agli arti e al torace indicano una morte violenta, avvenuta in seguito a colpi inferti con particolare potenza e accanimento. Non si tratta dell'azione delle onde e delle correnti, le lesioni non sembrano nemmeno procurate post mortem dall'intervento di predatori marini. Almeno non quelle più profonde.

Se è poi vero che il cadavere è rimasto in mare a lungo, nei polmoni non c'è acqua, perciò va esclusa l'ipotesi dell'annegamento.

Pur con tutte le cautele del caso, la polizia si orienta verso la pista dell'omicidio; è probabile che quella donna senza volto e senza nome sia stata aggredita da un assassino che l'ha percossa ferocemente, prima di gettarla in mare.

Ma nei registri delle persone scomparse di recente in Francia, nessuno corrisponde alle caratteristiche del cadavere, e nessuno si fa vivo denunciando una sparizione sospetta.

Così nasce il caso di Bormes-Les-Mimosas, un mistero che cresce di giorno in giorno, anche perché i francesi limitano le loro ricerche al territorio nazionale. Almeno fino a quando una solerte ma anonima cittadina lascia per un momento la sua tazza di latte macchiato, per fare una telefonata.

30 gennaio del 2001.

«Sì, signore, certo. Un corpo può arrivare fin qui addirittura dall'Italia. Signore, aggiungo che non sarebbe affatto la prima volta.» Il gendarme della stazione di Le Lavandou cerca di spiegare al superiore di Tolone quello che può essere successo, come un cadavere abbia percorso più di trecento chilometri in mare, prima di essere rigettato sulle spiagge della Costa Azzurra.

Hanno sentito anche la guardia costiera e gli esperti meteo, per scoprire che davanti a Portofino c'è una corrente capace di risucchiare al largo, e una volta lì, ne incrocia un'altra che viaggia parallela alla costa. Tre settimane sono più che sufficienti per compiere il tragitto.

Non resta allora che mettersi in contatto con le autorità italiane, e lavorare insieme per risolvere il caso. Viene così allertata la polizia di frontiera, che subito comunica la richiesta al comando dei Carabinieri di Genova, già impegnato nelle indagini all'indomani della scomparsa della contessa. Certo l'improvvisa intraprendenza non basta a chiarire i dubbi, a spiegare come mai due paesi cugini e confinanti come Francia e Italia abbiano comunicato tra loro con tutto quel ritardo.

Francesca Vacca Agusta era sparita dalla sua casa di Portofino nella sera dell'8 gennaio; villa Altachiara s'affaccia su un promontorio a strapiombo sul golfo del Tigullio, e già dal giorno successivo undici sommozzatori dei Carabinieri e quattordici dei Vigili del Fuoco, con tanto di motovedette, elicotteri e unità cinofile, avevano battuto la costa e l'entroterra. Avevano trovato soltanto le sue pantofole.

Solo tre giorni più tardi i sommozzatori erano riemersi con un accappatoio strappato sulla schiena, ripescato a quasi venti metri di profondità.

Da Genova, proprio all'indomani della sparizione, era partito un fonogramma di segnalazione per la polizia francese, un fonogramma che tuttavia era stato misteriosamente ignorato fino al 30 gennaio. E poi c'erano quotidiani e riviste, che in Italia da venti giorni strillavano il caso della nobildonna inspiegabilmente svanita dalla sua splendida dimora ligure.

In Francia nessuno sapeva, nessuno aveva letto, nessuno era informato. Nessuno aveva mai pensato che la soluzione dell'enigma stesse lì, a un paio di ore di distanza. Un poco più di attenzione, e i gendarmi, ma anche i medici legali di Lione, avrebbero pure compreso la stranezza del corpo depilato: non si trattava di una malattia, né dell'effetto di una terapia, ma solo il risultato di un costosissimo trattamento estetico.

I carabinieri, sorpresi e anche un po' seccati per aver inutilmente speso tempo ed energie, volano a Tolone, e basta un primo esame in obitorio, per scoprire che quel cadavere ha molte cose in comune con la donna che cercano da giorni.

Ma il riconoscimento definitivo tocca a un familiare, in modo da chiudere almeno la questione dell'identità. Ci pensa il fratello maggiore di Francesca, Domenico Vacca Griffagni, che arriva in Francia ventiquattr'ore dopo, portandosi le radiografie delle arcate dentali della sorella, conservate all'indomani di alcune sedute odontoiatriche.

Con encomiabile delicatezza, i carabinieri lo aspettano fuori dall'ingresso dell'obitorio, per evitargli così lo spettacolo atroce di quei poveri resti. Si fanno consegnare le lastre e le confrontano con gli esiti dell'autopsia. Tutto combacia. Ci sono poi anche i due anelli, e uno in particolare porta incisa una data, il 4 novembre 1950. Quando li mostrano a Domenico, lui non ha dubbi: «Sono le fedi di nostro padre e della sua seconda moglie. La data incisa è quella del loro matrimonio».

L'esame del Dna mette fine a ogni incertezza.

Il cadavere appartiene dunque alla contessa Francesca Vacca Agusta, e i francesi, appena ricevuta la notizia, si affrettano a lavarsene le mani.

L'atto ufficiale porta la data del 4 settembre 2001, e lo firma mademoiselle Isabelle Delande, giudice istruttore presso il Tribunal de Grande Instance di Tolone. C'è scritto che ci sarebbero anche gli estremi di un procedimento penale contro ignoti, un omicidio, ma la cosa che importa è che la contessa Agusta è arrivata in territorio francese priva di vita, per un evento accaduto a Portofino.

Se la vedano quindi gli italiani, risolvano loro il dubbio se la donna sia caduta in mare, abbia voluto togliersi la vita, oppure qualcuno l'abbia aiutata a fare un salto nel vuoto.

Omicidio, suicidio o incidente?

I carabinieri e i magistrati di Chiavari, la procura competente, sanno che per arrivare alla soluzione del giallo bisogna cominciare dalla storia della vittima.

E da lì iniziano.

Francesca nasce a Genova nel 1942. La bellezza, e una naturale eleganza nel portamento, la portano a un'ottima carriera da fotomodella; nei salotti bene della Milano anni '60, incontra poi il conte Corradino Agusta, che se ne innamora perdutamente, lasciando per lei moglie e figli.

Corrado è il figlio minore di quel Giovanni che già nel 1907, poco dopo l'impresa dei fratelli Wright, ha progettato e costruito uno dei primi aerei al mondo. E qualche anno più tardi ha fondato la Costruzioni Aeronautiche Agusta s.p.a., l'azienda di cui si faranno poi carico i due figli maggiori, Vincenzo e Domenico. Saranno loro ad allargare l'attività originaria al settore degli elicotteri e delle moto, le leggendarie moto con cui Giacomo Agostini dominerà il mondo delle corse, a colpi di titoli mondiali.

Corrado e Francesca si sposano nel 1967, e il loro matrimonio, tra alti e bassi, si conclude con una separazione nel 1985. Nel 1989, a soli 48 anni, Corrado Agusta si spegne per un tumore al fegato.

Del rapporto fallito a lei non resta la consolazione di un figlio, solo l'amarezza di tre gravidanze interrotte. Deve accontentarsi del titolo nobiliare, di una buona fetta del patrimonio di famiglia, e di Villa Altachiara, dimora principesca, a picco sulla costiera fin dal 1874, anno in cui fu fatta costruire da un inglese pieno di quattrini e di nomi, Lord George Edward Stanhope Molyneux Herbert, barone Porchester di High Clere e quinto conte di Carnarvon; lo stesso Lord Carnarvon, appassionato dell'antico Egitto, che passerà alla storia per aver finanziato nel 1922 la spedizione che porterà alla scoperta della tomba del faraone Tutankhamon.

L'8 gennaio del 2001 è una giornata come tante.

Due ospiti sono in casa con la contessa: uno è Tirso Roncado Chazaro, detto «Tito», un affascinante messicano di cinquant'anni che da un paio d'anni è il nuovo compagno di Francesca; l'altra è la trentenne Susanna Torretta, un tempo dama di compagnia della contessa, e ora occupata nel ruolo ben più impegnativo di sua migliore amica.

Tirso abita praticamente lì, in villa, mentre Susanna avrebbe una casetta sua a Rapallo, ma si trattiene spesso, anche per la notte, da quando si è separata dal marito e le hanno più volte svaligiato la casa.

Susanna e Tito hanno imparato a conoscere le bizzarrie della padrona di casa. Non è raro che Francesca sparisca all'improvviso, anche quando la sua villa è piena di invitati. Solo chi non la conosce può stupirsi, o sentirsi a disagio; gli amici sanno che bisogna soltanto cercarla, perché lei ama giocare.

Dentro un armadio, in una stanza isolata, dietro una libreria o un divano, sotto un letto. Le piace nascondersi ed essere ritrovata.

Quel giorno Francesca si trattiene di sopra, nella sua camera, fino alla fine della mattinata. Non è una novità. Ama fare un'abbondante prima colazione e più tardi un pasto leggero. A cena, poi, si concede più a lungo alla tavola.

Anche Tito è su, al primo piano. Susanna arriva invece verso l'una, in pausa dal lavoro d'ufficio. Francesca è lì. «Ciao, Susannina, come va?» La contessa sembra di buonumore, si ferma giusto un istante, poi si allontana, salutando l'amica con uno squillante «Ci vediamo dopo».

Susanna si mette allora al computer per sistemare un problema con i biglietti aerei. Hanno deciso di partire tutti per una vacanza in Messico, e mentre Francesca e il compagno hanno il volo prenotato per venerdì 12 gennaio, è stabilito che Susanna s'imbarcherà il giorno dopo.

Passano un paio d'ore, e la contessa ricompare.

Il suo «Tutto bene, Susannina?» non è più così sonoro. Si capisce che ha bevuto, ha la voce impastata da troppi bicchieri di champagne, l'amato Kristal.

«Sto bene, Franci» le risponde l'amica, con l'accenno di un sorriso triste.

«Ora tornerai al lavoro a Santa Margherita, Susannina?»

«No, resto qui. Questo pomeriggio sono libera.»

Susanna mente. In ufficio la aspettano tre giovani con cui ha avviato una piccola attività, ma non ha alcuna intenzione di lasciar sola l'amica, non in queste condizioni.

«Ok, vado di là. Ci vediamo dopo.»

Sono le 17.30, quando Susanna incontra Tirso.

«Ciao, ma Francesca dov'è? È più di un'ora che non si fa viva.» «Non so» è la risposta dell'uomo «dopo pranzo non l'ho più vista. Ero di sopra. Ho fatto un bagno».

Si lanciano uno sguardo carico di rassegnazione. Sanno entrambi che adesso dovranno darle la caccia, e fingere di divertirsi al gioco. Sanno che quando l'avranno scovata dovranno apparire sbalorditi, e mai rinfacciarle quella messa in scena assurda e puerile. Sarebbe capace di offendersi, poi magari di bere fino a incattivirsi.

La bizzarra ricerca ha inizio. Tirso è annoiato, Susanna ci mette un po' più di impegno. Ma in fondo non è un grande sforzo, bastano pochi minuti. Francesca si è nascosta nella camera di Tirso, chiusa e accovacciata in un armadio. Accanto ha una bottiglia di whisky ormai quasi vuota, è in pantofole e indossa soltanto un accappatoio.

«Ti abbiamo scoperta! Vieni fuori, dai.»

Francesca è più che euforica, decisamente sopra le righe.

«Chiquita» la vezzeggia il compagno «adesso rivestiti e metti via quella bottiglia.»

Alle loro spalle Teresa Podbial, la domestica polacca, osserva la strana recita del gruppo, ma soprattutto quel piccolo flacone che rotola sul pavimento. Lo riconosce, sa che contiene il sonnifero che usa la contessa, e nota che è completamente vuoto.

Francesca nel frattempo si lascia convincere, segue gli amici. Ma è smaniosa, iperattiva e insieme irritabile; resta con loro per non più di mezz'ora, e alla fine sbotta: «Vado fuori a prendere un po' d'aria. Magari faccio anche un bagno».

«Fuori? Chiquita, ma è gennaio, si gela.»

Chiquita lo ignora, apre la porta del salone che dà sul giardino e la richiude sbattendola alle sue spalle. È pieno inverno, e l'idea di uscire in accappatoio è tutt'altro che sensata. Lei però è fatta così, inutile tentare di fermarla, si rischia solo di peggiorare le cose.

«Ma dove diavolo è finita?» pensano Tirso e Susanna. Provano a seguirla, ma appena lasciata la casa, Francesca sembra svanita nel nulla. Non c'è nel giardino, non la si vede tra gli alberi, e non serve a nulla chiamarla.

«Francesca! Francesca!»

Sta facendosi tardi. Susanna si sente male al pensiero dell'amica sola e al freddo. Sa che in questi momenti starle accanto non è proprio divertente, ma non può abbandonarla nel buio del suo nascondiglio. Tirso solleva un po' le spalle. Il suo rapporto con Francesca è in un momento delicato. Si piacevano, un tempo, e molto, ma la magia sembra ormai svanita.

Per giunta, attorno a loro continua ad aleggiare la presenza di Maurizio, l'uomo con cui la contessa Vacca Agusta ha vissuto in passato la sua storia d'amore più tempestosa e romanzesca, ma certo la più profonda. Una storia che il tempo non ha cancellato, che è viva nella memoria, nella carne, forse anche nel cuore di entrambi.

Maurizio Raggio: chi lo detesta lo definisce un barista qualunque. In realtà ha fatto il ristoratore, e negli anni passati ha pure conquistato la solida stima di Bettino Craxi, che lo ha nominato suo fiduciario; un ruolo che, nel pieno della bagarre di tangentopoli, gli garantisce un'accusa di riciclaggio, costringendolo a fuggire all'estero. Raggio scappa in Messico, dove viene raggiunto da Francesca, che dopo la morte di Corradino Agusta, è diventata la sua compagna. Ed è proprio durante il soggiorno in Messico che la donna finisce per incontrare *el señor* Chazaro.

Raggio si trasforma in uno strano ex. «Il loro era un amore profondo» racconta Susanna Torretta, «molto di più di una semplice relazione sessuale, un aspetto che in realtà non c'era più dal 1995. All'epoca Maurizio l'aveva tradita con Adriana, una bellissima ragazza messicana. Poi Maurizio era finito in carcere e lei si era trovata sola con Tito, la persona che inizialmente era stata incaricata di seguirla, ingaggiata come guardia del corpo. Francesca si era invaghita di Tito, e da quel momento si era messa con lui. Ma senza Maurizio non poteva stare. Sì, è vero, il suo compagno era Tito, ma poi aveva comunque sempre bisogno della presenza di Maurizio. Si trattava di due cose diverse. E poi Tito, di Francesca non è che si occupasse troppo.»

Il carcere, anche solo per pochi giorni, tocca anche a lei. La contessa finisce in una cella del penitenziario di Opera, con il sospetto che molti fondi neri siano passati anche per le sue mani. Lei sceglie di patteggiare, e se la cava con una condanna a un anno e due mesi, pena scontata nell'estate del 1997, passata agli arresti domiciliari in un lussuoso appartamento del centro di Milano.

È buio, lì fuori. E l'aria è gonfia di un'umidità cattiva che pizzica la pelle. Susanna spalanca gli occhi per capire dove siano rifugiati l'amica e i suoi capricci.

«Francesca!»

Le risponde solo un brutto silenzio, rotto dal minaccioso rumore del mare.

«Francesca!»

Stavolta grida, e in quell'urlo c'è tutta la voglia di dirle che è il momento di smetterla, di rientrare, che lei non ha proprio nessuna intenzione di restare ancora lì fuori. Ma c'è un nuovo silenzio, e questo sembra carico di angoscia.

«Francesca!»

Grida ancora, e adesso prova la strana sensazione che sia già tutto inutile.

«Tito, Francesca non mi risponde. Vuoi venire, per favore?»

Il buio non li aiuta, e nemmeno la paura che comincia a prenderli. Lei non ha mai fatto così. Susanna guarda ogni tanto verso lo strapiombo che scende a picco sul mare, ottanta metri più in basso.

«Se n'è andata? Dici che se n'è andata?» Tirso scuote la testa: «Che ne so! Vuole che la cerchiamo. Quella matta ha ancora voglia di giocare». Il panico s'affaccia quando l'orologio dice che manca pochissimo a mezzanotte. «La polizia, Tito. A questo punto dobbiamo chiamare la polizia. E bisogna avvertire immediatamente anche Maurizio.» Chazaro riesce solo a stare zitto. Anche lui comincia a temere che a Francesca sia successo qualcosa, ma non gli va giù che sia coinvolto quell'altro. Quel maledetto c'è, c'è sempre, di continuo, anche ora che non c'è.

Un lampo azzurro illumina a tratti l'ingresso principale di villa Altachiara. In basso, un vociare diffuso, e uomini in divisa in piedi tra le aiuole ben curate del giardino. Le loro auto regalano bagliori lividi e momenti di buio nerissimo a una notte ormai fonda.

Si cerca una donna, si cerca la contessa sparita. La notizia è arrivata prima a Miami, poi è rimbalzata in Italia, alla caserma dei carabinieri più vicina. Susanna ha telefonato a Maurizio che è lì in vacanza. «Chiamai lui» dirà in seguito «perché sapevo bene quanto si amavano. Lei era ancora gelosa di Maurizio, e Maurizio lo era di lei. Quando a Natale era andato via, l'ho sentita piangere fuori dalla porta della sua stanza. Continuavano a vivere l'uno per l'altra.»

Dunque, è Maurizio che si è preso il compito di chiamare i carabinieri. Lui che potrà rientrare solo il giorno successivo. Domenico Vacca Griffagni, invece, il fratello di Francesca, si fa vivo ad Altachiara verso le 2 del mattino. Guarda con disprezzo i compagni della sorella, ha mille sospetti scritti sulla faccia. D'un tratto prende Tirso in disparte: «Guarda che io e te, se per disgrazia Francesca non si dovesse trovare, dobbiamo fare due chiacchiere». Uno scambio aspro e acceso, che non porta ovviamente a nulla.

Intanto, lungo la scarpata che dalla casa scende a picco tra le onde, i carabinieri trovano un paio di pantofole della donna. «Sì» confermano agli investigatori Susanna e Tirso «sono proprio quelle che indossava oggi.»

Le ricerche continuano.

Si chiuderanno solo nell'obitorio di Tolone.

A chi investiga resta sempre l'interrogativo di partenza: si è trattato di omicidio, di suicidio oppure è stato un tragico incidente?

Alla fine viene chiamato in causa uno psichiatra, il professor Giandomenico Sacco. A lui, il 7 giugno, il pubblico ministero Margherita Ravera affida una perizia «retrospettiva», che analizzi tutte le caratteristiche della contessa utili a gettar luce sulla sua morte.

Il professore si prende ogni cosa, dalle trascrizioni degli interrogatori ai certificati medici. Trova, prima di tutto, la traccia di precedenti ricoveri in cliniche private del Messico, dove si parla di momenti maniacali seguiti da fasi depressive, di abuso di sostanze e tentativi di suicidio.

Alla fine lo specialista conclude che c'è una diagnosi che meglio di altre si adatta al quadro, una diagnosi che può dire qualcosa sulla morte di Francesca: la contessa era affetta da un disturbo di personalità, un disturbo borderline. Il che non significa che fosse pazza, ma che aveva delle caratteristiche ben definite, come l'impulsività, l'instabilità negli affetti, un senso interiore di vuoto, la tendenza a cedere a scoppi improvvisi di rabbia.

Ma, soprattutto, la donna si portava sempre dentro una paura devastante di essere abbandonata, un timore senza fondamento, a cui reagiva con atteggiamenti esagerati e scomposti.

Il Natale e le feste in generale sono momenti di grande difficoltà per chi si sente solo, ed è facile che la depressione prenda il sopravvento. Per Francesca, a complicare la situazione, c'era stata la partenza di Maurizio Raggio; non voleva che se ne andasse in vacanza a Miami, che la «abbandonasse», fosse anche per poche settimane.

Ma non era riuscita a trattenerlo.

Convinta di non valere nulla, inutile e disperata, era ricorsa a una specie di gioco, quello che faceva per attirare l'attenzione: si era nascosta. Era un comportamento che spesso funzionava: tutti si preoccupavano di dove fosse finita, si mettevano a cercarla e alla fine, quando la trovavano, le raccomandavano di non farlo più, che li aveva spaventati.

Lo aveva fatto quella stessa mattina, quando Tirso e Susanna l'hanno scovata chiusa in un armadio con accanto la bottiglia vuota di whisky; lo ha ripetuto la sera, uscendo dalla villa e andando a finire dietro a una siepe, giusto sul bordo dello strapiombo, scivolando su un mucchio di foglie umide.

Cosa abbia pensato mentre cadeva nel vuoto, non possiamo nemmeno immaginarlo.

L'urto violento del capo contro una roccia, il dolore di un istante, il buio.

Quando ha toccato le gelide acque del mar ligure, Francesca era già morta.

Nel settembre del 2002, il caso viene archiviato con la formula di «morte accidentale».

Nemmeno il tempo di piangere l'assurda fine di una donna fragile, che già si apre la battaglia sull'eredità.

Spuntano fuori non uno, ma ben cinque testamenti, che a leggerli sembrano ripercorrere le storie d'amore della contessa. I primi documenti consegnati al notaio Solimena di Santa Margherita risalgono ai primi anni '90, quando per Francesca esistevano solo Maurizio e il legame col fratello. Per questo le indicazioni sul patrimonio dicono che era destinato a loro due, in parti uguali.

Poi era arrivato Tirso, e allora nel 1998 era subentrato lui al fratello, dividendosi l'eredità con Raggio.

Ma nonostante il legame con Maurizio, confermato dalle parole di Susanna Torretta, Chazaro aveva scavalcato l'italiano nell'ultima decisione, messa nero su bianco il 22 maggio del 2000: la villa da 35 miliardi, 5 miliardi in contanti, appartamenti e gioielli, tutto era destinato all'amante messicano.

Un atto subito contestato, e alla fine Tirso si era accordato con Raggio per una più equilibrata spartizione a metà. Salvo rimangiarsi ogni cosa e pretendere l'intera torta.

Di testamento, in verità, ne esisteva una sesta versione, olografa, e precedente. Ma per Maurizio Raggio la musica non cambiava granché. Nel dicembre del 1999, per Francesca c'era spazio per Tirso, al 50%, per il fratello, al 25%, e per i due nipoti Federico e Lorenza, per il rimanente 25%. A Raggio soltanto la liquidazione dei rimborsi spesa sostenuti per le attività di consulente amministrativo.

Una girandola di cifre, illazioni, denunce, o meglio, minacce di denunce. Perché è inutile cercare di capire chi abbia vinto oppure perduto: un accordo tra i contendenti c'è stato, ma riservato, lontano dai riflettori, e difficilmente ne conosceremo mai i dettagli.

Possiamo solo dedurre che Domenico Vacca Griffagni non ne sia rimasto entusiasta, visto che quattro anni dopo la morte della sorella, chiede di riaprire il caso. Altro che morte accidentale, per lui «Francesca è stata uccisa dopo un litigio», e poi aggiunge, parlando di Tirso Chazaro: «La picchiava, l'ha sempre picchiata. Certo non voleva ucciderla. Ma quella sera non è andata come dicono i carabinieri. Mia sorella non è affatto caduta». Accuse pesanti, se non di omicidio volontario almeno di un gesto oltre l'intenzione, forse una spinta malaccorta e letale.

Ma nessun magistrato ci trova un fondamento per riprendere le indagini, e anche Domenico si defila.

Le ultime notizie sulla vicenda di Villa Altachiara e dell'eredità della contessa sono cosa recente. Nel 2008 il fisco ha concluso le sue indagini sulle operazioni finanziarie di Maurizio Raggio, presentandogli un conto salato. Tornano fuori le antiche storie sui fondi di Bettino Craxi, che Raggio avrebbe gestito per conto dell'uomo politico, fondi su cui c'è ora da pagare le tasse.

Venticinque milioni di euro.

Maurizio Raggio, in virtù di non si sa bene quale accordo, da anni vive con moglie e figlioletto nella villa di Portofino che fu della contessa; e venticinque milioni non sa proprio dove recuperarli.

Per questo, il 18 gennaio del 2010 è iniziata la vendita all'asta degli arredi, dei quadri e di tutti gli oggetti contenuti nella splendida dimora a picco sul mare. Ma non basteranno a saldare il debito con le casse dello Stato, e forse andrà all'incanto la stessa villa, oggi stimata almeno 32 milioni di euro.

Il fatto è che non è semplice trovare un acquirente, perché si è sparsa voce si porti appresso una strana maledizione.

A parte Lord Carnavorn, quello della tomba di Tutankhamon, morto poco dopo la scoperta in un ospedale del Cairo per una puntura d'insetto, villa Altachiara è stata teatro di altre sciagure. All'inizio del '900, una nipote del Lord inglese precipita in mare e muore, scivolando nello stesso punto in cui è caduta Francesca. Anche il conte Agusta, suo marito, ha vita breve.

Perfino Maurizio Raggio deve fare i conti con la brutta

aria che tira. Nel 2006 suo figlio, che all'epoca ha solo tre anni, cade da un balcone. Ma fortunatamente non ci rimette la pelle.

Una maledizione?

Soltanto coincidenze, niente di oscuro e misterioso.

Così non c'è come nulla di oscuro e misterioso nella fine della contessa Vacca Agusta. Soltanto la grottesca combinazione di un gioco infantile e un mucchio di foglie umide.

XIV

2004 – Donne, champagne e sangue

La storia di Anthony Ashley-Cooper, X conte di Shaftesbury

Ha il volto segnato da rughe profonde, che le danno autorevolezza e insieme sembrano nascondere segreti depositati dal tempo. Il resto lo fanno la voce arrochita da mille sigarette, il tono solenne e quel foulard rosso che le copre i lunghi capelli.

Le manca solo la sfera di cristallo, ma non c'è dubbio che Madame Dupres-Cordier sia una maga.

«Sarà un divorzio semplice, senza grossi traumi. Vedo davanti a te una vita felice.» Non aggiunge che se la sua premonizione sarà corretta, si tratterà di una felicità breve. Ma breve davvero. Non più lunga delle ventiquattr'ore di vita che restano ad Anthony, quelle che lo separano dall'incontro col suo assassino.

È il 4 novembre 2004. Anthony Ashley-Cooper, decimo conte di Shaftesbury, con gli occhi arrossati dall'alcol, ascolta madame che gli regala consolanti profezie. Il conte non ha un bell'aspetto, e nemmeno un aspetto da conte. Indossa abiti modesti, e porta decisamente male i suoi sessantasei anni.

Ora è lì, in quella stanza occupata da immagini sacre e simboli infernali. Pende dalle labbra di una chiromante che costa 50 euro ad appuntamento. Il decimo conte di Shaftesbury non ha tolto il soprabito e continua a tenere le mani infilate nelle tasche. Fuori c'è l'umido di una giornata piovosa, e dentro la piccola stufetta che madame Dupres-Cordier tiene accanto, basta a malapena a riscaldarle le gambe.

«A me interessa sapere di Nadia. Madame, voglio che mi parli della nostra bambina. Ne stiamo aspettando una. È così, no?»

La maga tace, a raccogliere in quel silenzio tutta la solennità del momento. Sa bene che concedersi un tocco di mistero è l'arma più efficace nell'arsenale di una veggente. Ma l'uomo davanti a lei è mosso da un'impazienza irrefrenabile.

«Sarà una femmina, lo sento. Sa come la chiameremo? Framboise. Non le sembra un nome meraviglioso? Io adoro i frutti di bosco, adoro il loro profumo. In quell'aroma ritrovo ogni volta tutta la vostra terra. E Framboise è una parola francese, vuol dire lampone.»

Una figlia, la figlia che desidera da sempre e che adesso chiede a Nadia Orche, la nuova amante, la donna che presenta a tutti come la sua compagna.

Nadia è in realtà un'abile manipolatrice, una donna che ha speso buona parte dei suoi trentatré anni guadagnando soldi in cambio di amore e compagnia venduti al miglior offerente. Di Nadia, il conte è pronto ad accettare anche i suoi due figli, nati da una relazione piuttosto breve ma tempestosa con un danaroso uomo d'affari tedesco.

Anthony ha conosciuto Nadia nel locale notturno dove lei lavora. Al sonno, il conte ha sempre infatti preferito il divertimento, tanto che le sue notti si concludono nei locali riservati ai soli uomini, tra le attrazioni sfavillanti di un sexy bar o un eccitante spettacolo di streep tease.

In fondo, se ha deciso di trasferirsi in Costa Azzurra, è proprio per il numero e la raffinatezza dei ritrovi di questo genere. Al Barracuda, per esempio, lo vedono così spesso che per tutti ormai non è più il conte di Shaftesbury, ma soltanto Atty. «Sì, Atty. Quel signore maturo e raffinato. È sempre così gentile!»

Tanto gentile soprattutto con le ragazze, che vanno pazze per i suoi radi capelli bianchi, e soprattutto per i tanti biglietti da cento dollari che distribuisce senza farsi pregar troppo. «Basta regalargli il sorriso giusto quando sei seduta sulle sue gambe, e ti sei guadagnata una ricca banconota. Certo, si vede che è un uomo molto, molto raffinato.» Olga è una flessuosa e intrigante ballerina bielorussa. Casca dalle nuvole quando scopre che, al di là dei modi garbati, Atty è davvero un uomo di nobili origini. «Dite sul serio? Un conte? No, davvero non immaginavo che si trattasse di un vero aristocratico.»

Lui, l'aristocratico, adora assistere alle esibizioni di lap dance, adora le ragazze dell'Est e le fiere bellezze nordafricane. Le sue passioni sono note, ed è per questo che i suoi amici più spiritosi gli hanno da tempo regalato una definizione: «Anthony? È un filantropo con una missione ben precisa: salvare giovani spogliarelliste dai night del Sud della Francia».

Shaftesbury e Nadia si vedono piuttosto spesso. Il conte si presenta nel locale dove la donna d'origine marocchina lavora, e chiede puntualmente di lei. Da alcune notti, senza eccezione, la vuole sempre accanto. Si guardano, si parlano, si raccontano pezzi della loro storia. Vivere così è la passione di lui, vivere così è il lavoro di lei.

È ovvio che quelle ore fatte di parole, di tocchi lievi, di sguardi e di sorrisi, debbano comunque terminare col pagamento dell'onorario previsto; ma Anthony fa sul serio, ha voglia di portarsela via quella donna che gli scalda il sangue, e che comincia a farlo impazzire.

Ci vuole poco a convincere Nadia. I due si promettono amore, magari anche eterno, proprio sui velluti rossi del divanetto di quei privé. Un cameriere, abilissimo, intuisce quel che accade e già stappa una seconda bottiglia di Veuve Clicquot.

Non era un'avventura nuova per il divano, non lo era nemmeno per Nadia Orche, né per il conte. Lui di donne ne ha già sposate tre. L'ultima, Jamila, è un'affascinante tunisina, una donna calda come il suo deserto, con una splendida pelle liscia di colore ambrato. Anthony ha conosciuto anche lei in circostanze simili: notte, champagne, abiti provocanti, luci, cuscini. Jamila ha adesso quasi quarantaquattro anni. Al conte quella promessa non mantenuta è già costata un patrimonio, e non è affatto finita. Il prezzo di quel matrimonio in crisi sta per crescere smisuratamente. Oltre ogni limite.

Nello studio di madame Dupres-Cordier il silenzio è interrotto dalla melodia accattivante di un cellulare. Il conte pesca il telefono che ha sepolto nella tasca, e riconosce subito chi lo sta cercando. «Mi scusi, madame, devo rispondere.» Scambia poche parole, poi si rivolge alla maga. Il suo viso si è illuminato, raggiante come quello di un ragazzino nell'entusiasmo del primo amore: «È lei, madame, è Nadia». Sussurra ancora qualche dolcezza all'amante, poi, d'improvviso, si rabbuia.

Sembra turbato, tanto da allontanare da sé il telefono e passarlo con un chiaro gesto a madame Dupres-Cordier. La compagna si è lanciata in un'improvvisa e tremenda scenata di gelosia: «Dimmi con chi sei, Anthony! Lo so che sei con un'altra». Quelle uscite, quei sospetti non sono una novità, ma oggi il conte fatica ad arginarli. «Madame, vuole dirglielo lei che non ha nulla di cui essere gelosa? Vuole dirglielo per favore che sono qui con lei?»

Le paure di Nadia sono legate soprattutto a Jamila, la moglie da cui Anthony non ha ancora ottenuto il divorzio. Ma non solo, perché il mondo è pieno di attraenti professioniste pronte a gettarsi su una ricca preda. Lui però è andato a consultare una maga. E si ritrova lì, in quella stanza illuminata con furbizia dalla luce rossastra di due lampade, soltanto perché sente di essere perdutamente innamorato della sua Nadia. Ha dentro la smania di sentirsi raccontare del loro futuro, dei giorni che trascorreranno insieme. Lui, la sua meravigliosa Nadia, e se il cielo lo vorrà, la piccola Framboise.

«Buonasera signorina. Sì, è proprio così! Sono madame Dupres-Cordier e sono col suo amico Anthony. È venuto da me per farsi predire il futuro. Posso dirglielo? Lei è fortunata, ha accanto un uomo buono e innamorato!»

Ma d'un tratto cambia tono, e abbassa la voce fino a trasformarla in un sussurro appena percettibile, mentre con la mano sinistra ripara la bocca. «Mi dica, signorina, aspettate mica un bimbo?» La donna che è all'altro capo del telefono sembra sicura di sé: «No, almeno non ancora. Io credo proprio di no». La voce di madame torna subito squillante: «Arrivederci allora. Buona fortuna, signorina» dice chiudendo la conversazione, e ripassa il cellulare al conte. Poi sistema il foulard che ha in testa, come per rimettere ordine tra i pensieri, e s'immobilizza in un lungo e assorto silenzio. È una maga, dunque pronta a sbalordire con i suoi arcani poteri.

L'uomo che ha davanti deve sembrargli così sprovveduto, talmente ingenuo perché lei di scatto sollevi la testa, faccia schioccare le dita e concluda la sua grossolana esibizione. «Tu volevi sapere del bambino, giusto?» Il conte spalanca gli occhi, si sporge sulla sedia, perché finalmente è arrivato il momento della rivelazione.

«Mi spiace, ma sento che per il bambino non è ancora il momento. Penso però che arriverà, e sento che non dovrete aspettare tantissimo. Sì, credo proprio che arriverà. Sarà il primo?»

«No. Ne ho già due. Ormai sono grandi però, quasi due uomini, ma lei non può immaginare quanto ho faticato prima che nascessero.»

Ma chi è veramente Anthony Ashley-Cooper, conte di Shaftesbury? E perché si è ridotto a bersi le improbabili sceneggiate di una veggente a buon mercato?

Novemila acri di pura meraviglia. Colline, falsopiani, prati verdissimi qua e là interrotti dalle macchie di rosso del peperoncino naga. E ancora fagiani, volpi, cervi, aiuole ravvivate dai ciuffi del carice e dall'allegro violaceo dell'erica. St. Giles sta nel cuore del Dorset, nel Sud dell'Inghilterra, ed è proprio su questa terra che sorge la tenuta della casata di Ashley-Cooper.

È il 25 marzo del 1961, quando Anthony diventa il decimo conte di Shaftesbury. Cinque anni più tardi, il suo primo matrimonio. Lei si chiama Bianca de Paolis, figlia di Gino, banchiere in Roma, anche se qualche maligno sussurra sia piuttosto un semplice bancario. Per uno strano gioco del destino, il viaggio di nozze li porta in Costa Azzurra e proprio a Montecarlo, nei luoghi che il conte frequenterà più tardi, a caccia di avventure frizzanti.

Ma a quel tempo «Atty» ancora non esiste. Anthony invece, al fianco di Bianca, trascorre una semplice e comune luna di miele, romantica quant'è il caso, familiare più del previsto, perché alla coppia si accoda una bambina, la giovanissima sorella della sposa.

Ma bastano pochi mesi a sconvolgere il rassicurante quadretto.

«Sto male, non ce la faccio.» Anthony è disteso sul letto da un paio d'ore, il volto di un pallore cadaverico e il corpo scosso dai conati. Bianca gli è accanto, pronta a intervenire e a sostenerlo. Anche se l'umiliazione cui l'ha costretta è dura da sopportare.

Erano ospiti in casa di vecchi amici, per una serata che si annunciava simpatica. Le serate organizzate da Nancy Mitford hanno sempre un fascino speciale, diverse nell'organizzazione e decisamente gradevoli nei sapori della tavola. Ma il giovane Shaftesbury ha perso il controllo, e non è stata la prima volta. Ha cominciato a bere, e ha proseguito senza alcun limite. «Smettila, Anthony» continuava a sussurrargli la moglie, «lo sai che poi ti fa male.» Ma lui non ha badato ai preoccupati inviti di Bianca, finendo con l'esagerare, fino a ubriacarsi e perdere conoscenza, crollando a terra come un peso morto, e procurandosi anche una brutta ferita alla fronte.

Alcuni amici sono intervenuti, lo hanno sollevato a braccia e portato, lontano da sguardi sprezzanti, più che dispiaciuti.

Perché sin all'inizio della festa, ancora prima di sedersi a tavola, qualcuno ha preso a ridere di lui. In smoking scuro, si era fatto un paio di coppe di champagne, col risultato di mettersi a lanciare occhiate ammiccanti a tutte le più belle ospiti della serata. Così, alle sue spalle, c'era chi si era divertito facendo in modo che bevesse ancora. Gli hanno fatto preparare e servire i suoi cocktail preferiti, assicurandosi che fossero tutti di robusta gradazione alcolica. E non si furono fermati fino a quando hanno capito che la sbronza stava drammaticamente trasformandosi in qualcosa di pericoloso.

Bianca ne ha sofferto, ma il senso del ridicolo non ha minimamente sfiorato suo marito, capace di una grottesca indifferenza alla peggiore figuraccia. Per lui si è trattato solo di un piccolo e banale episodio, cui metterà rimedio già l'indomani, facendo recapitare alla padrona di casa un grande mazzo di rose gialle. Ecco, basterà quel gesto di scuse, per cancellare l'insignificante disagio creato il giorno prima.

Un uomo affascinato dagli eccessi, Shaftesbury, ma pure un uomo di sangue e temperamento autenticamente nobili. Il patrimonio genetico che gli arriva dai suoi omonimi antenati non si è affatto diluito in una decina di passaggi. E lui può vantare ascendenti d'eccezione: il terzo conte di Shatfesbury, vissuto a cavallo tra il '600 e il '700, fu per esempio scrittore, filosofo, ma anche politico di levatura e appassionato patriota. Ebbe la buona sorte di essere educato dal filosofo John Locke in persona, e si racconta che in ogni circostanza se ne mostrasse degno. Anche lui trovò la morte sulle coste del Mediterraneo, precisamente nel Golfo di Napoli, un migliaio di chilometri più a sud di Montecarlo. Scelse il clima dolce dell'Italia, ma gli toccò un destino simile a quello del pronipote: finì soffocato, ma non da un paio di robuste mani assassine, piuttosto da una banale crisi d'asma.

È il 1967, e quello che per il casato di Shaftesbury è il decimo conte, a trent'anni, si appresta a cambiar vita, congedando la prima delle sue mogli. Bianca de Paolis che non solo ha dieci anni più di lui, ma è già madre di due bimbi, nati da un precedente matrimonio. Se Anthony ha sposato quella donna bella e intelligente, un po' lo ha fatto per amore, ma soprattutto perché gli desse un erede.

Ma non ha mai smesso di circondarsi di belle ragazze, e miete pure un buon successo. Perché è giovane e spigliato, ha un aspetto gradevole e poi tanti, tanti quattrini: difficile trovare chi abbia la forza per resistergli. Una splendida sciatrice svedese, poi tocca a una graziosissima amica canadese; storie passeggere che s'intrecciano con tante altre. Storie di cui Bianca non fa nemmeno tempo ad accorgersi. La sua vita di contessa la obbliga alle battute di caccia alla volpe nelle lontane tenute del Dorset, o alla cura dei dettagli per le cene di gala nell'appartamento romano.

Bianca non assomiglia a colei che più tardi le succederà, a Jamila 'Mbarek. Le è naturale essere sempre e comunque madre e moglie modello, una donna elegante e sobria. Non sa essere avida e si mostra, in ogni circostanza, del tutto incapace di mutare in odio la sua comprensibile gelosia.

Il solo fattaccio memorabile che la vede protagonista succede in casa, in un pomeriggio più burrascoso di altri. Ormai Anthony la tradisce senza la minima cautela e ritegno, e dopo un'accesa discussione, Bianca perde il controllo, scagliandogli addosso uno specchio. Un lancio che per fortuna di Anthony è male indirizzato, e manca di parecchio il bersaglio. Alla fine è soltanto lei a piangere amaramente e a pentirsi per quel che è accaduto.

Non smette di volergli bene nemmeno il giorno in cui lui trova la forza per dirle ciò che in realtà ha deciso da tempo: «Dobbiamo separarci, Bianca. Dobbiamo mettere fine a questo matrimonio. Non ha molto senso che io e te stiamo ancora insieme». In quella separazione non c'è però il rancore di chi, finita la passione, ha preso a mal sopportarsi, piuttosto l'incontenibile determinazione del conte di avere un figlio. Bianca ormai non ha più l'età per dargliene uno, e Anthony vive con terrore il fantasma della propria sterilità. La sua è una vera e propria ossessione, e allora si dà da fare, consulta medici costosissimi, si sottopone a visite, controlli, diete e cure.

Ecco il demone segreto di Anthony Ashley-Cooper.

Fin da giovane si è votato all'autodistruzione, giorno dopo giorno, attimo dopo attimo. L'alcol lo ha rovinato nel corpo, e insieme gli ha messo addosso il terrore di invecchiare. Ha tanta paura da mandar giù in un giorno una gran quantità di Viagra, rassicuranti pillole azzurre in dosi buone per due settimane. La sua è una vita senza regole, fatta di lunghe notti, di alberghi, di ristoranti e bettole, di sesso, tanto sesso, e sempre a pagamento.

Sembra corteggiare la morte, e al tempo stesso insegue il mito di un'eterna giovinezza. Ormai da tempo, soltanto le donne che sono già madri accendono le sue emozioni, e non è certo una coincidenza. Può darsi che voglia semplicemente la garanzia di una fertilità sicura, una donna che già abbia generato, che sia stata e che possa essere ancora madre, una donna cui affidare il compito di perpetuare la nobile stirpe degli Shaftesbury.

Lui che non smette di annientarsi, ha bisogno di lasciare traccia del suo passaggio nel mondo. Una traccia che possa restituire gloria e onore al nome e al ruolo che sta interpretando in modo così poco convenzionale.

«So che ormai pensi soltanto a quella puttana. Ma voglio vederti, dobbiamo chiarire tutto. Non può finire così tra noi!»

Jamila non ha nessuna intenzione di mollare la sua nobile preda. È vero, da un pezzo ha lasciato che pure Naima, la sua stessa sorella minore, intrecciasse una storia col ricco marito. Ma non si è trattato affatto di una resa, somigliava piuttosto a un ignobile espediente per tenerselo comunque accanto, e per evitare che l'incontinenza sessuale di Anthony lo conducesse in altre case e in altri letti.

La morbosa attrazione del conte per il corpo femminile gliel'aveva fatto piovere dal cielo, e oggi rischiava di strapparglielo per sempre; tanto meglio accettare che l'affare restasse in famiglia.

Maliziosamente, uno speaker della rete televisiva inglese Channel 4 chiamerà quell'insolito ménage «family meal ticket», un «buono pasto per famiglia». Un modo per continuare a mangiarci in due; anzi, a volere essere precisi, in tre, perché la calda e astuta tunisina ha pure un fratello, un tipo decisamente losco, che di nome fa Mohammed e da tempo convive con seri problemi psichici.

Il trucco di Jamila sembra funzionare, perché ogni giorno che passa sono sempre più numerosi e frequenti i messaggi romantici che il conte invia alla giovane Naima. «Ti amo. Sei meravigliosa. Sei un sogno». A questi si aggiungono i più diretti: «Voglio fare l'amore con te, vediamoci nella lavanderia e facciamolo».

Jamila è al corrente di ogni cosa, anzi è lei a conservare sempre la regia degli eventi, raccomandando alla sorella di tenere in caldo l'uomo da cui dipende il loro benessere e il loro futuro.

Ma il piano è destinato a fallire, i sogni a crollare.

Lo ha soffocato Mohammed. Gli ha stretto le mani alla gola finché ha smesso di respirare. È il 5 novembre del 2004. Agli investigatori lo racconterà proprio l'assassino, ma solo dopo che la polizia francese avrà scoperto l'omicidio.

Dirà che c'è stata una colluttazione proprio nella casa di Lord Anthony, ma che il primo a usare la forza è stato il conte. Quell'uomo prepotente, come al solito del tutto ubriaco, ha cominciato a offendere la sua amata Jamila. «L'ha insultata dopo tutto quello che mia sorella ha fatto per lui.» E quando Mohammed ha tentato di difenderla, il vecchio inglese gli ha pure messo le mani addosso, addirittura in faccia. Il tunisino spiegherà che quel gesto minaccioso era troppo, che l'ha reso cieco di rabbia. Per questo ha ceduto alla furia e l'ha aggredito. A sentire Mohammed, non c'era nulla di premeditato, si era trattato solo di un incidente.

Ma perché l'assassino era lì con la sorella, con Jamila? Come mai lei gli aveva appena passato 150.000 euro? E perché i due hanno evitato di denunciare il presunto incidente alla polizia? Si erano preoccupati piuttosto di caricare il cadavere nel baule dell'auto, e di arrivare fino a Théoule-sur-Mer, dove si erano sbarazzati del corpo gettandolo in una discarica all'aperto.

Al giudice di Nizza, Catherine Bonicci, quei due tunisini che ha davanti non convincono nemmeno un po'. Niente di quel che dicono è credibile. E poi, alle risposte vaghe e balbettate, si aggiunge l'aggravante del tempo. Per cinque mesi, Mohammed e Jamila hanno tranquillamente custodito il loro segreto, lasciando che il trascorrere dei giorni e l'appetito dei predatori facessero scempio del cadavere.

«Se avessimo raccontato tutto e subito, non ci avreste creduti» si giustificano «perché siamo stranieri, e non certo degli aristocratici.»

Settemila sterline al mese, questo valeva per loro il decimo conte di Shaftesbury. Sul patrimonio del marito scomparso, Jamila non sarebbe mai riuscita a mettere le mani; ne era consapevole, e per questo taceva. Ma fino a quando non si fosse scoperto il cadavere, l'assegno da settemila sterline mensili, pattuito da tempo con il conte, quello poteva continuare a incassarlo.

Ma quale credito concedere a una donna che considerava il marito alla stregua di un enorme salvadanaio, capace persino di spingergli la sorella tra le braccia, pur di non rinunciare al suo denaro?

Alla sbarra, perciò, Jamila e Mohammed non trovano di meglio che gettar fango sulla famiglia del conte.

Una famiglia colpita in quei giorni da un altro tragico lutto, l'improvvisa morte del primogenito di Anthony, nato dal secondo dei tre matrimoni. Anch'egli conte, l'undicesimo nella dinastia Shaftesbury, muore stroncato da un infarto a soli 28 anni, pochi mesi dopo il ritrovamento del corpo del padre.

Gli accusati, nel tentativo di alleggerire la propria posizione, accusano la sorella di Anthony di averlo impietosamente abbandonato, a se stesso e ai suoi vizi, le gridano addosso che è riapparsa solo al momento di mettere le mani sull'eredità.

«Sì» ruggisce in aula la tunisina, «può darsi che io sembri a tutti voi una cortigiana d'altri tempi. Ma di questo non mi vergogno, io almeno lo amavo. E dei suoi soldi non ho bisogno. Anthony era ricco, lo so bene. Ma non crederete mica che sia il primo uomo importante che mi abbia voluto e che io abbia frequentato.»

Chiacchiere. Vuote parole con le quali Jamila tenta di disorientare chi la ascolta. La sua posizione peggiora poi con le deposizioni evasive dei testimoni chiamati a discarico. Com'era presumibile, un'ipocrita convenienza suggerisce a tutti di prendere le distanze da quell'imbarazzante e becera figura. Negano perfino di conoscerla, di averla mai vista. Qualcuno magari la ricorda, ma aggiunge subito di non aver mai saputo bene chi fosse o cosa rappresentasse.

Molti poi nemmeno si presentano, nonostante il loro nome risulti chiaro sulla lista testi, e le notifiche di comparizione debitamente consegnate nelle loro mani.

C'è George Clooney, tra questi. Che non ci pensa proprio a interrompere il suo lavoro sul set per correre a testimoniare in favore di una sconosciuta signora 'Mbarek, affrontando il rischio di coprirsi di ridicolo. Gli sarebbe per di più toccato controbattere a ciò che la donna ha raccontato ai giurati: che alcuni anni prima anche lui, anche il più attraente divo di Hollywood, aveva tirato fuori qualche migliaio di dollari per passare una notte con lei, ex intrattenitrice oggi imputata d'omicidio.

Impossibile, assurdo pensare che Clooney salga davvero sul banco dei testimoni. Assurdo come l'eventualità che si presenti Bruce Willis, pure lui chiamato in causa da Jamila col ruolo di «mio vecchio cliente».

La lista dei nomi celebri è lunga, sul taccuino dei testi invitati a Nizza compare anche Bjorn Borg, il numero uno del tennis mondiale negli anni Settanta e Ottanta. Quand'era sui campi, tutti chiamavano lo svedese «uomo di ghiaccio», e infatti non si scompone nemmeno un po'. Nel giorno in cui riceve la convocazione del tribunale, scrolla solo le spalle e strappa sorridendo i due fogli che un messo gli ha notificato. Al processo sarà rigorosamente assente. Diserterà anche lui, senza poi pensarci troppo, la tribuna vuota delle celebrità.

Se alla difesa di Jamila va male coi tanti assenti, va ancor peggio coi presenti. Perché al processo arriva Mrs Gurtler, la maîtresse alla quale il conte si rivolgeva più spesso negli ultimi anni.

Mrs Gurtler parla dell'ultima moglie del suo nobile cliente, del suo attaccamento al denaro, della sua totale mancanza di scrupoli. Anche se non risparmia frecciate alla nobile casata del defunto Shaftesbury. Nobile nei titoli, a sentir lei, assai misera nell'onorare un banale assegno da 1279 sterline, con data 4 febbraio 2004.

«Non me l'hanno pagato. La banca lo ha rimandato indietro» gracchia la maîtresse con malignità. Colpa del giovane Nicholas, altro conte, altro figlio del secondo matrimonio di Anthony, che si è rifiutato di onorare il piccolo debito contratto dal padre qualche mese prima di essere ucciso.

La giuria ascolta pure lady Frances Ashley-Cooper, sorella di Lord Anthony. E la nobildonna tenta di restituire a Jamila le accuse ricevute: «È chiaro che quella donna volesse solo approfittare di mio fratello. Era attraente e piena di attenzioni. Abilissima nel farlo sentire importante. Ma so bene che era ossessionata dai soldi, e per questo anche molto possessiva».

La sentenza di primo grado che la corte francese emette nel maggio del 2007 condanna Jamila 'Mbarek e suo fratello Mohamme a 25 anni di carcere per l'omicidio di Lord Anthony Ashley-Cooper. Una pena che la corte d'appello riduce poi a vent'anni.

Loro sono dunque i colpevoli, ma non sono i soli a uscire sconfitti.

Sulla casata degli Shaftesbury resta la macchia di non aver voluto vedere, di avere ignorato con ostinazione quel povero ubriacone malandato che il mondo continuava a chiamare conte.

La maîtresse che spacciava donnine ha perso il suo piccolo assegno da poco più di mille sterline.

Il conte dalle mille donne, l'aristocratico del Dorset, il lord d'Inghilterra gonfio di titoli, si è ritrovato ammazzato come un animale.

Cadavere senza nome tra i rifiuti di una discarica.

Anche Madame Dupres-Cordier ha motivo di rammaricarsi: ha perduto uno dei suoi migliori clienti.

XV

2009 – I bambini perduti

La storia di Michael Jackson

Da quegli occhi scuri come la notte sta per uscire una lacrima di vergogna e di innocenza.

Lui stringe i denti, cerca di trattenerla.

Ha solo undici anni, e una cosa tanto brutta e difficile non gli è mai capitata. Vorrebbe scappare di lì, nascondersi da qualche parte sperando che nessuno lo cerchi, nessuno gli faccia più quelle domande.

«Allora, mi racconti cosa diavolo è successo in quel maledetto ranch?»

La voce che lo inchioda è quella di suo padre, Evan Chandler, un dentista perennemente a corto di denaro, e con qualche precedente di giustizia.

Jordan sta seduto su una sedia, al centro della stanza, mentre l'uomo gli gira intorno, ripetendogli sempre la stessa domanda. Ogni tanto si ferma di scatto, si avvicina e gli pianta gli occhi addosso.

Al ragazzo sembra tutto un film, quelli dove il cattivo ha preso l'eroe, lo ha legato e adesso cerca di fargli sputare i segreti. Ma quello non è il cinema, e lui ha paura. Paura di parlare, paura di sbagliare.

«Devi per forza ricordarti quello che è successo. Mi hai già detto che ti ha toccato, no? E che ti ha chiesto di abbassare i pantaloni e anche gli slip, giusto?»

Evan si è promesso di star calmo, di avere molta pazienza, ma il silenzio ostinato del figlio manda all'aria i suoi buoni propositi. Lo afferra per le braccia, lo scuote, gridando: «L'hai detto? Maledizione! L'hai detto o no?»

Il piccolo Jordan ha solo la forza di abbassare un paio di volte la testa, e non trattiene più quella lacrima, che scende piano a rigargli il volto.

Ma Evan non si ferma, non gli basta, deve sapere: «Poi anche lui ha abbassato i pantaloni e ti ha detto di toccarlo. Vero, Jordan?»

Indagano su di lui, su mister Michael Joseph Jackson, il re del pop. E non se ne occupa soltanto la polizia della California, ma anche l'FBI, perché l'accusa è gravissima, da reato federale: molestie sessuali ai danni di uno, o forse più bambini.

Ma gli investigatori non sono certo entusiasti della faccenda, perché quella è una storia da rischiarci la carriera, tanto ingombrante è il nome e la popolarità dell'indagato.

Tutto è cominciato nel 1992, quando Evan Chandler ha accompagnato il piccolo Jordan a conoscere Michael Jackson. Jordan stravede per il cantante, è uno dei suoi fan più entusiasti, e gli sembra di toccare il cielo con un dito quando, l'anno dopo, il suo nome viene estratto a sorte tra migliaia di giovanissimi candidati: ha vinto l'opportunità di poter passare alcune settimane accanto al suo idolo, vivendo nella sua casa da fiaba, il Neverland Ranch.

Un sogno, che si trasformerà presto in un incubo.

L'Unità Minori del Dipartimento di Polizia di Los Angeles irrompe sulla scena sul finire dell'agosto del 1993. Gli agenti si presentano con un mandato di perquisizione firmato dal giudice della contea, e interrogano tutti e trenta i minorenni che in quell'estate vivono o hanno vissuto nel ranch.

Il padrone di casa non c'è, partito da qualche giorno con destinazione Bangkok, dove proprio per quella sera, il 21 agosto, è prevista la seconda tappa del suo *Dangerous World Tour*.

Il giudice dispone subito che sia convocata un'équipe di psicologi, con il compito di assistere i giovani testimoni; gli esperti devono controllare che le domande dei detective non producano traumi nei ragazzi, e accertarsi poi che le loro risposte non siano condizionate dalla forma e dal tono di chi li interroga.

Alla fine, da quell'indagine, non salta fuori niente di concreto. Nessuno di quei ragazzini presenta i sintomi di un abuso sessuale. Nessuno racconta di fatti strani o situazioni equivoche vissute in compagnia della star, di quel personaggio tanto cordiale e famoso che ha deciso di ospitarli.

Nelle mani degli investigatori resta però quella denuncia: scottante, precisa, piena di dettagli scabrosi, un'accusa orribile che all'improvviso getta su Michael Jackson una luce del tutto diversa.

Lo chiamavano Peter Pan, lo chiamavano Re Mida. Adesso una spaventosa macchia sporca i limpidi contorni di quella figura elegante, padrona dei misteri del ritmo e della musica.

Certo che prima di lanciarsi in processi sommari ed esecuzioni mediatiche, sarebbe il caso di valutare con attenzione i fatti, cercare le prove. Per esempio, basterebbe ascoltare l'intercettazione di un dialogo telefonico che risale a meno di due mesi prima, il 2 luglio del 1993, per farsi un'idea più precisa. Una conversazione in cui il dottor Chandler parla a un amico di Michael Jackson, e dell'avvocato che intende assumere per affrontare la brutta storia che coinvolge suo figlio Jordan.

«... Ho ingaggiato il peggior figlio di puttana che potessi trovare» dice, riferendosi all'avvocato Barry Rothman. «Ciò che lui vuole davvero è sparare tutta la vicenda in pubblico il più in fretta possibile, nel modo più evidente, gettando discredito su tutti quelli che sarà possibile rovinare. È pericoloso e meschino, ma è brillante e ha una gran fame di pubblicità. Tutto sta procedendo secondo un piano che non ho ideato da solo. Una volta che gli avrò telefonato, sarà pronto a distruggere tutte le persone in vista, in modo subdolo, cattivo, nella maniera più crudele che può. Gli ho dato io piena autorità per farlo. Michael Jackson è un uomo malvagio, è anche peggiore di quanto oggi io possa dimostrare. Se vado fino in fondo, vinco alla grande. Non c'è possibilità che ne esca sconfitto. Avrò ciò che voglio, e voglio che loro siano distrutti... La carriera di Michael sarà finita per sempre.»

Nel nastro registrato, si sente poi il suo interlocutore chiedergli: «E non hai paura che questo peserà su tuo figlio e sul suo futuro?»

Chandler risponde senza starci a pensare troppo: «È un aspetto che per me non conta niente... se non otterrò ciò che voglio sarà un massacro. Sta per accadere qualcosa che è più grande di tutti noi messi insieme... Quest'uomo (Michael Jackson) sta per essere umiliato più di quanto si possa immaginare... Non venderà più un disco».

I legali che difendono il cantante vedono nella registrazione della telefonata la prova per dimostrare che in realtà il papà di Jordan mira solo a intascare un bel mucchio di quattrini e rovinare la carriera di Michael Jackson. Ma per cavilli di procedura, non troveranno però il modo di utilizzarla in tribunale.

È invece Barry K. Rothman, il legale che Chandler descrive in modo così efficace, a contattare l'entourage del cantante. E lo fa solo cinquanta giorni prima che il mondo venga a sapere dai giornali e dalla televisione che Michael Jackson è accusato di pedofilia.

Agli avvocati della star, Rothman si rivolge con toni ambigui, evitando di esporsi troppo; lascia però intendere che, tutto sommato, ci si può mettere d'accordo, senza passare per giudici e giurie.

Questo ovviamente significa soldi, tanti soldi.

I legali di Michael in gran segreto provano a trattare, cercano di capire quali cifre abbia in mente il dottor Chandler, mentre tengono faticosamente a bada il loro cliente. Perché Michael nega ogni cosa, lui non ha mai molestato nessun ragazzo, piange, grida a tutti che quella storia è una vergogna, una disgustosa montatura.

La trattativa con lo studio Rothman parte male.

L'avvocato di Chandler risponde con una grassa risata, quando sente l'importo della prima offerta, «soltanto» un milione di dollari. Lui ed Evan Chandler hanno in mente ben altro, vogliono cifre importanti, importanti quanto il personaggio che hanno di fronte. Ma si continua a parlarne.

Il guaio è che nel frattempo la storia è fragorosamente esplosa, sollevando ondate di sorpresa e indignazione. Ci sono i fan che rifiutano ogni accusa, soltanto per l'assoluta fiducia e devozione che riservano al loro idolo, e nemmeno vogliono sentir parlare di indizi e prove.

C'è poi un'opinione pubblica più varia e diffusa, poco informata sui fatti, sulle accuse e sulle testimonianze, ma già pronta a emettere una sentenza: Michael Jackson è sicuramente un pervertito, un orco travestito da artista, un po' mostro, un po' vittima di un'orribile forma di depravazione.

Nelle settimane che seguono, pochi sapranno che a Michael tocca subire perfino un'umiliante e minuziosa perizia ai genitali, in maniera che li si possa confrontare con quelli descritti da Jordan Chandler.

Il procuratore distrettuale, Tom Sneddon, accompagnato da un detective, un fotografo e un medico, si presenta in casa sua e gli ordina di mettersi completamente nudo. Devono studiarlo, fotografarlo, videoregistrarlo, devono annotare tutto, e raffrontare le intimità di Michael Jackson con il Michael Jackson senza mutande visto dal ragazzino.

Per circa mezz'ora scrutano ed esplorano, senza ritegno. Alla fine, le conclusioni degli esperti sono riassunte in un breve rapporto: «Ci sono alcune somiglianze tra le descrizioni del ragazzo e il corpo di mister Jackson. Ma non si può parlare di corrispondenza precisa».

Insomma, nulla che dimostri davvero qualcosa.

Ma il re del pop ha superato ogni limite di sopportazione, al punto che vuole parlare direttamente e al mondo intero spiegare quel che gli sta accadendo, il dramma che vive: «Chiedo a ciascuno di voi» dice in un video che i network tv mettono in onda «di aspettare e sentire tutta la verità prima di giudicarmi e di condannarmi. Non trattatemi come un criminale, perché io sono innocente. Alcuni giorni fa sono stato costretto a sottopormi a un esame disumano e umiliante. È stata la prova più mortificante della mia vita. Ma se tutto quello che ho dovuto sopportare è stato utile per dimostrare la mia innocenza, la mia completa innocenza, va bene anche così».

Siamo ormai sul finire di dicembre.

Michael ordina ai suoi avvocati di sistemare la faccenda. «Risolvetela, a qualsiasi costo. Date a questi signori quello che vogliono. Io ho soltanto bisogno di uscire da questo incubo.»

È la capitolazione che Rothman ha puntualmente pronosticato. La continua aggressione, la minaccia di portare la questione davanti a un tribunale penale, le notizie, false soprattutto, passate con astuzia ai giornali, prima o poi dovevano produrre quel risultato. Ed ecco che finalmente ci si intende, si comincia a trattare su cifre più adeguate.

L'accordo si chiude in pochi giorni, il primo gennaio del 1994. Il risarcimento pattuito ammonta a 22 milioni di dollari, e una prima, robusta rata viene subito accreditata sul conto bancario del dottor Chandler. Contestualmente, si firma un accordo che obbliga le parti a non parlare più di quella faccenda. La famiglia Chandler intasca e si ritira, e salta così definitivamente l'ipotesi del processo. Il Grand Jury, venuta meno la testimonianza del piccolo Jordan, stabilisce che non ci sono elementi per procedere.

Più tardi, molti criticheranno Michael per il pagamento dei 22 milioni. Quella cifra sembra il prezzo concordato per mettere tutto a tacere, somiglia maledettamente a un'ammissione di colpa.

«Io volevo solo proseguire la mia vita» spiega lui «quella storia aveva già fatto del male a troppe persone. Io voglio soltanto far dischi, voglio cantare, voglio stare su un palco. So fare questo, è il mio lavoro. Ed è il solo motivo per cui ho fatto quell'accordo.»

A entrambi, al dentista e alla star, quella storia cambia completamente la vita. Chandler acquista un lussuoso appartamento da 3 milioni di dollari a Long Island, un attico a Manhattan e un intero palazzo a Santa Barbara, sul mare della California.

Michael spera di aver comprato la pace. Ma è solo un'illusione.

«Ehi, avete visto cosa c'è in tv?»

È il 2003, e i fan di Michael sono di nuovo in allarme, e questa volta è colpa della Granada Television, un network del Nord-Est dell'Inghilterra, che trasmette in continuazione un documentario dal titolo ambiguo: «Living with Michael Jackson», vivere con Michael Jackson.

Nel programma si riparla di abusi su minori, e stavolta la denuncia parte da Gavin Arvizo, un ragazzino di 13 anni, anche lui ospitato a Neverland, com'era successo a Jordan.

Ma questa volta non ci sono patteggiamenti e accordi extragiudiziari, questa volta si va dritti in tribunale, e la posta in gioco è una pesante condanna al carcere.

Nella testa della gente, ormai Jackson è la più straordinaria delle popstar, e insieme un inguaribile perverso.

Una volta ancora, la pratica finisce sulla scrivania del procuratore Thomas Sneddon. Il processo che si celebra nel tribunale della contea di Santa Barbara è durissimo. Davanti al giudice c'è «il popolo dello stato della California contro mister Michael Joseph Jackson».

Al termine di cinque mesi di dibattimento, i giurati della Corte Superiore dichiarano l'imputato «non colpevole».

Michael viene prosciolto da ogni accusa.

«We've just learned Michael Jackson has died. He was 50.» «Abbiamo appena appreso che Michael Jackson è morto. Aveva 50 anni.» La notizia è firmata dalla redazione di tmz.com. Così il più temuto e informato sito americano di gossip anticipa tutti, e annuncia al mondo la tragedia.

Sulla costa occidentale degli Stati Uniti sono le 2 e 44 pomeridiane del 25 giugno 2009. Sette minuti dopo, arriva la conferma del «Los Angeles Times». A partire da quell'istante, tutte le agenzie di stampa rimbalzano il comunicato che dà la conferma definitiva del decesso, ripreso nelle edizioni speciali dei notiziari di tutto il mondo.

Il traffico su internet impazzisce, viaggia su livelli del venti per cento superiori al normale, e il sito di tmz.com e quello del «Los Angeles Times» si paralizzano subito, a causa del numero straripante di contatti.

Tra le 3 e le 4 di quel pomeriggio californiano, Google, il motore di ricerca più utilizzato al mondo, crede di essere sotto un attacco dei pirati informatici. Perché non è mai successo che nel giro di pochi istanti, tanti milioni di utenti abbiano digitato tutti un solo nome, quello di Michael Jackson.

I suoi fan si radunano spontaneamente in tutti i luoghi cari alla popstar: Neverland Ranch, la sua ultima casa di Holmby Hills, gli studi della Motown a Detroit, dov'era cominciata l'avventura con i Jackson Five, la casa dei genitori in Hayvenhurst, a Encino.

Nelle settimane successive alla scomparsa, le classifiche della rivista musicale «Billboard» in Europa registrano un evento mai accaduto: nella top ten, ci sono otto dischi di Michael Jackson. E per il sito inglese della Amazon sono suoi 14 dei 20 cd più venduti on line. Negli Stati Uniti l'impatto è ancora più clamoroso. Tre settimane dopo la sua morte, tutte le prime dodici posizioni della classifica di «Billboard» sono occupate da pezzi di Michael. In solo un mese vengono venduti 6 milioni di dischi nel mondo, e quasi 8 milioni di brani on line soltanto negli Stati Uniti.

Michael Jackson è già entrato nella leggenda.

Ma la vicenda che riguarda la sua morte è un mistero ancora tutto da scoprire.

Al termine di un'inchiesta, il 28 agosto 2009, il coroner

della contea di Los Angeles annuncia la sua sconvolgente conclusione: «Michael Jackson è stato vittima di un omicidio. Ha ceduto all'impatto chimico di una serie di farmaci, quali propofol, lorazepam e midazolam, che nel suo organismo si sono combinati con effetti letali».

Eppure solo il giorno prima Michael pareva in gran forma, al punto di fermarsi tutto il giorno allo Staples Center di Los Angeles, il meraviglioso tempio del basket dove giocano i famosi Lakers. In totale segreto, davanti alle poltroncine vuote, aveva cantato e danzato come soltanto lui sapeva fare, nonostante una fastidiosa laringite che da giorni lo disturbava.

Era stato per ore sul palco, in compagnia della sua musica e dei suoi musicisti, con la grazia e il talento che la natura gli aveva regalato, e che anni di duro allenamento avevano reso perfetti.

Si trattava delle prove dei concerti londinesi fissati per le settimane successive, concerti che lui stesso aveva annunciato nel marzo precedente. Voleva che fossero una decina, nel mese di luglio, all'arena O2 di Londra, ma sul suo sito, appena terminata la conferenza stampa, già un milione e mezzo di fan avevano tentato di assicurarsi i biglietti. Così, aveva deciso che le date fossero addirittura cinquanta, e probabilmente nemmeno un programma così fitto sarebbe bastato a soddisfare la montagna di richieste che continuavano ad arrivare da tutto il mondo.

Quella sera, Michael capisce che qualcosa non va. Si sente debole, e chiede al dottor Murray, il suo medico di fiducia, di trattenersi per la notte. Cosa sia realmente accaduto di qui in avanti, è difficile dirlo con certezza, e probabilmente la verità non si saprà mai per intero. Perché chi permette di ricostruire gli eventi, il cardiologo Conrad Murray, è anche l'unico indagato per la morte del cantante.

La mattina dopo, Michael resta in camera da letto, e non compare nemmeno quando mezzogiorno è passato da un pezzo. Si aspetta ancora un po', può darsi che debba smaltire la fatica del giorno prima. Ma nelle prime ore del pomeriggio, il dottor Murray comincia a preoccuparsi, e decide così di entrare in quella stanza.

Trova Michael in condizioni già disperate, ma ancora vivo, il corpo è ancora caldo. Prova a rianimarlo, ma si accorge che la situazione sta peggiorando rapidamente. Accanto a lui c'è Prince Michael jr., il figlio dodicenne di Michael Jackson. Murray non ha telefoni fissi a disposizione, e non può chiamare un'ambulanza col suo cellulare perché non conosce l'indirizzo in cui si trova. Scende di corsa al piano di sotto della casa e trova il cuoco, al quale chiede aiuto: «Bisogna chiamare il 911. Subito. Michael sta morendo».

La telefonata giunge al pronto soccorso del Ronald Reagan Medical Center alle 12.21. Con le sirene spiegate, l'ambulanza arriva a destinazione alle 12.26, esattamente cinque minuti dopo.

I paramedici per ben 42 minuti gli praticano il massaggio cardiopolmonare, ma il paziente non risponde, e allora lo caricano a bordo dell'autolettiga, e tornano in ospedale a tutta velocità.

Se per il dottor Murray Michael Jackson durante il trasporto in ambulanza conservava un barlume di vita, un funzionario del Fire Department di Los Angeles, l'unità che interviene in caso di incendi e di emergenze mediche, riferisce invece che era già morto. Lo era già quando i sanitari sono giunti in casa sua.

Una volta in ospedale, anche i medici tentano l'impossibile. Per più di un'ora provano con tutte le loro forze di riportarlo in vita, fino alle 2.26, quando devono rassegnarsi, e accettare che Michael Jackson sia clinicamente deceduto.

Ma dove finisce il lavoro dei clinici, comincia quello dei medici legali. Il giorno successivo il corpo viene trasferito all'ufficio del coroner, dove si procede all'autopsia, e chi si occupa dell'esame porta l'impronunciabile nome di Lakshmanan Sathyavagiswaran.

Indiano di Madras, lavora da anni nell'ufficio del coroner della Contea di Los Angeles, e non è certo la prima volta che si trova davanti a casi delicati. Può anzi dire che dopo essersi occupato delle due vittime di O.J. Simpson, niente può più mettergli altrettanta pressione.

Sul cadavere della star inizia a lavorare lui, ma di autopsie ce ne saranno ancora un paio. Nessuno degli esami trova però segni di traumi o di violenze, ma il coroner conclude che si tratta in ogni caso di «omicidio», una morte non dovuta a cause naturali, né a un incidente, ma alla somministrazione di una miscela letale di farmaci.

All'indomani del responso medico, sul finire dell'agosto del 2009, il dipartimento di Polizia apre ufficialmente la propria indagine. In realtà la Procura segue il caso già da settimane. Un mese prima ha preso contatti con la Drug Enforcement Administration, l'agenzia governativa che in casi particolari può investigare sui rapporti tra medico e paziente, superando il vincolo del segreto professionale.

Si scopre così che Michael Jackson, e i medici che lo assistevano, per procurarsi quantità incredibili di sostanze, usavano nomi di copertura con le farmacie alle quali si rivolgevano. Sulle ricette sequestrate, Michael a volte era Omar Arnold, altre volte Jack London, altre ancora si serviva dei nomi delle sue guardie del corpo.

Nella sua casa si ritrovano decine di flaconi di paroxetina, omeprazolo, idromorfone, sertralina, alprazolam, carisoprodol. Ma il farmaco su cui gli inquirenti puntano la loro attenzione è il propofol, un potente anestetico impiegato per addormentare i pazienti in sala operatoria, noto anche con il nome commerciale di Diprivan. Gli agenti ne scoprono numerose boccette, alcune vuote, altre ancora sigillate.

Il cerchio si stringe pian piano attorno a Conrad Murray, sospettato di essere colui che da tempo prescriveva al cantante dosi eccessive di farmaci, spesso sotto falso nome. Alla fine è lo stesso medico a raccontare agli inquirenti che da almeno sei settimane aveva deciso di aiutare il sonno del suo assistito con 50 milligrammi di propofol ogni sera, iniettati per endovena. Ma per evitare che si abituasse, era poi sceso a 25 milligrammi, aggiungendo però altri due sedativi.

Lo dice come se fosse qualcosa di normale, per cui non ha nulla da rimproverarsi. Basta invece leggere le caratteristiche del farmaco per scoprire una realtà inquietante.

Innanzitutto che il propofol, o Diprivan, «è indicato per l'induzione e il mantenimento dell'anestesia generale. Per sedare pazienti ventilati artificialmente nelle Unità di Terapia Intensiva», e non certo per chi fatica ad addormentarsi.

Poi che «deve essere somministrato solo da specialisti di anestesiologia e/o di terapia intensiva e devono essere sempre prontamente disponibili i mezzi di rianimazione. Durante la somministrazione di propofol, i pazienti devono essere costantemente monitorati per osservare possibili ipotensioni, ostruzione del tratto respiratorio o insufficiente ossigenazione».

E infine, oscuro presagio a ciò che effettivamente è accaduto, sta scritto che «gravi effetti collaterali, inclusi decessi, sono stati riportati in relazione con l'uso improprio di propofol».

E che il dottor Murray abbia usato la sostanza in modo improprio è ormai certo. Ma come ha fatto Michael Jackson a volere accanto a sé un professionista tanto incapace?

Conrad Murray è il medico più fidato della star da almeno tre anni, da quando a Las Vegas nel 2006 è capitato di curare uno dei suoi figli.

A Michael quell'uomo piace subito, tanto da convincere i capi della AEG Live, la società che organizza i suoi spettacoli dal vivo, a metterlo sotto contratto e a riconoscergli un lauto stipendio, pur di averlo al suo fianco per l'intero periodo di quei concerti londinesi.

Anche questo diventerà un problema, e insieme farà capire di che pasta sia fatto il medico. Nel novembre 2009, Ed Chernoff, avvocato del dottor Murray, ha ingiunto alla AEG Live il pagamento di 300.000 dollari che il suo cliente rivendica come onorario per le prestazioni rese a Michael Jackson, prestazioni mai retribuite. L'ufficio legale dell'impresa ha prontamente fatto sapere che non intende sborsare un centesimo.

Ma Conrad Murray non è l'unico medico che si sia interessato a Michael, vedendo nel cantante un'inesauribile fonte di guadagno più che un paziente da assistere.

Su tutti c'è Arnold Klein, un dermatologo del Michigan che ha in cura il cantante fin dal lontano 1986. Una sua infermiera, Debbie Rowe, conosce Michael durante le visite che costringono da tempo la star a recarsi periodicamente nello studio del dottor Klein per curare una brutta forma di vitiligine.

Il tempo di divorziare da Lisa Marie Presley, stella del rock e soprattutto figlia di Priscilla ed Elvis Presley, e Debbie diventa la sua seconda moglie e la madre dei suoi primi due figli.

Il matrimonio si celebra nel novembre del 1996 all'Hotel Sheraton di Sidney, in Australia.

Nel febbraio dell'anno successivo nasce il primogenito, Prince Michael I, e appena un anno dopo arriva Paris Katherine. Il terzo figlio del cantante, Prince Michael II, viene alla luce nel 2002, con l'inseminazione artificiale di Helena, una giovane e bella ragazza messicana.

Ma c'è il sospetto che anche i primi due bimbi siano il risultato di una fecondazione assistita. Un sospetto che proprio il dottor Klein alimenta, nelle settimane successive alla morte di Michael, dichiarando che in realtà è lui il padre biologico dei figli di Debbie Rowe.

«Ma questo adesso non conta» aggiunge, «perché i figli sono stati legalmente di Michael e Debbie, e dunque restano nella sostanza i loro bambini.» È il motivo per il quale, all'indomani della rivelazione, Klein si rifiuta di sottoporsi alla prova del Dna, che cancellerebbe ogni dubbio sulle sue parole. «Non servirebbe a niente» spiega «e soprattutto non sarebbe in nessun modo utile nulla alla felicità di quei ragazzi.» Ragazzi che, in seguito alla morte del padre, il giudice immediatamente affida alla nonna paterna, la quasi ottantenne Katherine Jackson.

Non c'è mai stato nulla di semplice nella vita del musicista più popolare di ogni tempo, il più ammirato e discusso. Il re del pop capace di battere ogni record di vendita, sia prima che dopo la morte, nella vita di ogni giorno era il più fragile degli uomini.

Ha subìto l'infamia di accuse orribili, e pure la fatica di due divorzi. Anche se le mogli che ha avuto non hanno mai mostrato nei suoi confronti alcun rancore, anzi. «È il più dolce degli uomini» ha detto di lui Lisa Marie Presley «e una persona che non sarebbe mai stata capace di far del male, e nemmeno qualcosa di sleale, verso dei ragazzi».

Qualcosa di molto simile ha dichiarato Debbie Rowe, al tempo del processo per le presunte molestie a Gavin Arvizo. «È buono e generoso come nessun altro. L'ho sempre visto onesto e integro nei confronti dei suoi figli.»

Anche queste testimonianze hanno contribuito alla sua assoluzione, al verdetto che gli ha restituito un briciolo di serenità.

Certo Michael Jackson avrebbe pianto lacrime amare, se avesse potuto ascoltare quel che Jordan Chandler ha pubblicamente raccontato solo nel luglio del 2009, qualche giorno dopo la sua morte: «Fu mio padre che mi costrinse a raccontare tante bugie. Ora non serve più a nulla mentire. Non avrei voluto distruggere l'immagine di Michael, vorrei che fosse ancora qui e che potesse perdonarmi, lui non mi ha mai fatto nulla. Fu tutta una manovra di mio padre. Voleva quei soldi, voleva a ogni costo uscire dalla povertà».

Forse devastato dalle parole del figlio, Evan Chandler si è tolto la vita lo scorso novembre. Il dentista che per primo ha accusato Michael Jackson di pedofilia si è sparato a una tempia. Ha vissuto da disperato e da clandestino ognuno dei giorni trascorsi da quel lontano 1993. Da una parte i tanti quattrini ricevuti dal clan di Jackson, dall'altra la paura delle rappresaglie dei suoi fan. Nascondeva a chiunque il proprio nome, e con interventi chirurgici si era più volte fatto modificare l'aspetto del volto.

Ma forse le parole tardive di Jordan non sono arrivate troppo tardi, forse hanno restituito al mondo il candore del re del pop, il suo fascino di eterno Peter Pan.

Peter Pan.

C'è un modo per capire il mondo interiore di Michael Jackson, al di là delle stravaganze e degli eccessi, e la chiave sta proprio nella fiaba di Peter Pan.

Strana cosa le favole per bambini, capaci come nessun altro strumento di far comprendere il lato oscuro che ci portiamo appresso, l'ambivalenza di ogni sentimento d'amore, che non è mai totalmente puro, piuttosto sempre mischiato a momenti di rabbia e aggressività.

Basta pensare a tutti quei racconti in cui la mamma non c'è, sta in cielo. E al suo posto l'autore ci ha messo la matrigna cattiva, su cui il bimbo che ascolta può scaricare la sua rabbia, senza la paura di distruggere l'oggetto d'amore. E poi ci sono le fiabe dove i bambini vengono abbandonati, dove la miseria e la malattia e la morte la fanno da padroni. Dentro le favole c'è tutto quello che serve a capire come un figlio arrivi a uccidere i propri genitori, o una madre a rubare la vita del suo bimbo.

Ma c'è anche chi, segnato da un dramma reale, si è presa la sua tragedia e ci ha costruito intorno un mondo fantastico. Per riuscire a sopravvivere. Come è successo a James Matthew Barrie.

James cresce in una famiglia di modeste condizioni. Tra fratelli e sorelle sono in otto, oltre alla mamma e al papà. Lui è un bambino tranquillo, sereno, che vive all'ombra del fratello maggiore, David, destinato a diventare una persona importante. Lo sa James, lo sa sua madre, che lo adora, che le luccicano gli occhi ogni volta che lo vede o sente la sua voce.

James ha sei anni, e David quattordici quando cade mentre pattina. E muore.

Allora nella casa scende il silenzio. La mamma si mette a letto e per mesi non si alza più. James da quel momento comincia a passare tutto il tempo che può con la donna, seduto sul bordo del suo letto. Vuole che non soffra più, che sia contenta, e pian piano comincia il sogno di prendere il posto di David, di assomigliargli così tanto che lei non si sarebbe accorta della differenza.

James cresce, e diventa anche famoso come sarebbe successo al fratello, se non ci fosse stato quello stupido incidente. Ma che diventi più grande lo dice l'anagrafe, non la sua anima, e nemmeno il suo corpo. È un ragazzo, poi un uomo dall'aspetto gracile, la voce da bimbo, un'altezza che non supera il metro e cinquanta. Tutta una vita come se avesse sempre quattordici anni, e quando si sposa, a trentaquattro anni, nemmeno consuma il rapporto, perché per lui l'amore fisico non conta.

Lui vuole bene alla sua mamma. Lui vuole che la sua mamma gli voglia bene. Per sempre.

Un giorno, mentre sta passeggiando per i giardini pubblici, incontra tre bimbi che camminano accompagnati dalla governante. I piccoli lo affascinano, e allora inizia a giocare con loro, a raccontare favole sempre più strane e meravigliose. Ogni giorno, al parco, James ritrova i bambini, e poi conosce i loro genitori. La mamma, che si chiama Sylvia, lo guarda con simpatia ed è ricambiata con una platonica adorazione. Col padre, Arthur, James invece non lega nemmeno un po'.

Quando James, che di mestiere fa lo scrittore, decide di raccontare la sua storia, la sua anima e il ritratto dei nuovi amici incontrati ai giardini, quello che ne viene fuori è un capolavoro.

Si chiama Peter Pan, la storia di un ragazzino che non vuole crescere mai.

La storia di un coccodrillo che ha ingoiato una sveglia e

si sente il ticchettio del tempo che passa quando lui sta per arrivare. Lui che è la morte.

La storia di una ragazzina, Wendy, che è anche una piccola mamma. Wendy per cui combattono Peter e Capitan Uncino. Il primo che non tollera di essere toccato, il secondo che la vuole per i suoi pirati. Perché anche loro hanno bisogno di una mamma.

La storia che ha dentro tante storie, ma ce n'è una che torna sempre.

La storia dei bambini perduti.

Che la fiaba c'entri con la vita di Michael Jackson, lo ha pensato il dottor Stanley Katz, lo psicologo di Los Angeles incaricato di visitare Michael Jackson, e decidere se le accuse di pedofilia che gli contestavano erano fondate oppure no.

Alla fine della sua relazione, lo psicologo è stato chiaro: il cantante non è mai stato un molestatore di bimbi, piuttosto il suo modo di sentire e pensare era proprio come quello di un bimbo di dieci anni, un bimbo a cui il padre aveva negato l'infanzia, obbligandolo a crescere e convivere con una fragilità insostenibile.

E il tribunale ha archiviato il caso.

Ma è impossibile parlare della vita, e della morte di Michael Jackson, senza pensare a un'altra leggenda della musica, Elvis Presley, al quale Jackson è legato non solo dalla parentela, dal genio creativo, dalla teatralità dei gesti e degli abiti di scena, ma pure da una sottile disperazione.

Elvis Presley muore il 16 agosto 1977. Ha solo 42 anni, anche se a vederlo ne dimostra almeno dieci di più. E per conoscere il risultato dell'autopsia ci vogliono mesi. Certo, a uccidere il re del rock è stata un'aritmia ventricolare e quindi un arresto cardio-respiratorio, ma non si capisce cosa abbia innescato il battito irregolare, e a Memphis iniziano a circolare la voce di un overdose da stupefacenti.

Ma nel corpo del cantante non c'è traccia di eroina, morfina o cocaina, piuttosto residui di farmaci di impiego comune, come antistaminici, antidolorifici, tranquillanti e sedativi.

Alla fine l'attenzione cade su George Nichopoulos, il medico personale di Elvis Presley, e si scoprono cose incredibili. Solo due giorni prima della morte, Nichopoulos ha compilato ricette per una decina di farmaci diversi. Negli ultimi sette mesi, il dottore ha prescritto a Presley più di 5000 compresse, e considerando i due anni e mezzo precedenti, il conto arriva ad almeno 19.000 pillole! Il cantante era diventato una vera e propria farmacia ambulante, che trascorreva la giornata inghiottendo farmaci in continuazione.

Nichopoulos è riuscito a schivare la radiazione dall'albo, dimostrando che il suo paziente era in grado di ottenere medicine da chiunque, che prescrivendole lui poteva in qualche modo controllarlo, e che spesso è riuscito a infilare qualche flacone di innocuo placebo tra le boccette che affollavano la casa di Presley.

Elvis Presley e Michael Jackson: tutti e due malati di quel disturbo che si chiama «farmacofagia», che li ha resi dipendenti dai sostegni chimici. Tutti e due circondati da un buon numero di «amici», che hanno preferito girare la testa e far finta di non vedere, piuttosto che perdere i loro favori.

Elvis e Michael: la grandezza, il successo, l'ammirazione di milioni di fan, l'insicurezza spaventosa che si portavano dentro.

Michael si è trasformato pian piano nel miglior candidato possibile per una mutilazione rituale. Sul suo corpo decine di chirurghi si sono accaniti a trasformarne i lineamenti e persino i tratti razziali.

Elvis negli ultimi anni parlava apertamente della morte come qualcosa da non temere, piuttosto una tappa inevitabile per chi, come lui, aveva avuto tutto dalla vita.

Uno ha voluto Graceland, bizzarra costruzione da lui progettata per viverci, l'altro gli ha risposto con Neverland, un parco giochi, più che una dimora.

Ma quello che veramente li ha legati, e lo farà per sempre, è il buco nero dell'anima che si portavano dentro, quel bisogno d'amore dei bambini perduti.

Ringraziamenti

Ad Alfonso Signorini, che fin dal primo istante ha creduto nella strana idea di mescolare il nero e il rosa, il crimine e il gossip, con risultati che hanno sorpreso e divertito entrambi.

A Roberto Santachiara, il mio prezioso agente che da anni mi segue e mi sostiene.

A Francesco Anzelmo e Sergio Pellaschiar: a loro, e da tempo, spetta non solo di sostenermi, ma pure di sopportarmi.

E grazie a tutti quelli che ho dimenticato di ringraziare.

State certi che lo farò di persona.

Massimo Picozzi

Rivolgo il mio grazie sincero a Massimo Picozzi, è stato il suo slancio di studioso a trasmettermi l'entusiasmo per lavorare a questo libro. Ringrazio anche Enzo D'Elia e Gustavo Affinita, amici ai quali mi lega un'antica e salda collaborazione.

Alfonso Signorini

Arnoldo Mondadori Editore S.p.A.

Questo volume è stato stampato
presso Mondadori Printing S.p.A.
Stabilimento Nuova Stampa Mondadori - Cles (TN)

Stampato in Italia - Printed in Italy